LOS MEJORES
CHISTES 2
DEL
SIGLO

PEPE MULEIRO

LOS MEJORES
CHISTES
DEL
SIGLO 2

grijalbo

© 2000, Ricardo Parrotta

© 2000, Grijalbo S.A. (Grijalbo Mondadori)
Avda. Belgrano 1256 (1093) Buenos Aires - Argentina
Diseño de tapa e interiores: Ricardo Parrotta

Primera edición: octubre de 2000

ISBN 950-28-0263-2

Queda hecho el depósito
que previene la ley 11.723

Impreso en Antártica Quebecor S.A.,
Av. Pajaritos 6920, Santiago de Chile

A Julia Roberts:

Para mí también fue una noche inolvidable, Juli...

¡BIENVENIDOS AL MILENIO!

Gracias por la risa

¡Aaah!

El viejo Matías Alem estaba a punto de morir. Reunió alrededor del lecho a familiares y amigos.
–*A ti, Manuel, hijo, te dejo los 20 pisos de Avenida del Libertador. A ti, Felipe, los 10 pisos de Avenida Alvear. Y a ti, Carlos, los 50 chalets en los countries...*
Uno de los amigos le comentó a un hijo:
–No sabía que tu padre era tan rico.
–*¿Rico? ¡Mi viejo es repartidor de leche!*

–*Bueeeeenas. ¿Tiene pastillas para los nervios?*
–Sí, claro.
–*Entonces tómese tres, viejo, ¡¡¡esto es un asalto!!!*

Se abre el telón y aparece *la viuda de Pinochet* en el entierro de *Menem..*
¿Cómo se titula la película?...
Mejor Imposible.

Subió el gallego Muleiro totalmente borracho al autobús. Pagó y se desplomó en los primeros asientos. El cura del barrio, desde un par de asientos más atrás, le gritó:
–*Muleiro, ¡¡¡de esta manera estás yendo directamente al infierno!!!*
–¡No puede ser! ¡¡¡He vuelto a equivocarme de autobús!!!

Científicos *alemanes* excavaron 50 metros bajo tierra y descubrieron *pequeños trozos de cobre.*
Después de estudiar esos trocitos, Alemania llegó a la conclusión de que los antiguos germánicos tenían

PERSONA MUY OCUPADA Y ORGANIZADA BUSCA RELACIÓN SERIA PARA EL *13 DE MAYO DE 2004,* A LAS *22:30.*

11

una *red nacional de teléfono* hace ya 25.000 años.

Los *franceses* les pidieron a sus científicos que excavaran más hondo y 100 metros más abajo encontraron *pequeños trozos de cristal*. Por lo tanto, llegaron a la conclusión de que formaban parte del *sistema de fibra óptica nacional* que tenían los antiguos rusos hace 35.000 años.

Científicos *gallegos* no se dejaron impresionar. Excavaron 200 metros más profundo y *no encontraron nada*.

Entonces llegaron a la conclusión de que los antiguos gallegos, hace más de 55.000 años, *ya tenían teléfonos celulares.*

La Paca se compró una peluca y quiso sorprender a su marido, el Pepe, en la oficina. Entró en su despacho y le dijo:

–*¿Usted cree que podría encontrar un lugar en su vida para una mujer como yo?*

–¡De ninguna manera! Me recuerda mucho a mi mujer.

El argentino Nahuel Pérez Pérez era muy *fanfarrón* y nuevo rico.

Se compró una camioneta 4 x 4, como "debe ser" para un *fanfarrón* y nuevo rico.

Su vecino, Lucas Ottegui, otro argentino *fanfarrón* y nuevo rico, se volvió loco de envidia y salió a comprarse otra 4 x 4.

–*Che, Nahuel, mirá: yo también tengo una 4 x 4.*

–Sí, pero la mía tiene todos los accesorios del ejecutivo moderno: *teléfono, fax, ordenador, compact disc, televisión, conexión con internet, todos los vidrios polarizados.*

Lucas salió a comprarse todos los accesorios.

Cuando regresaba a su casa, en un semáforo descubrió que la camioneta de al lado era la de Nahuel.

Hizo sonar la bocina un par de veces, pero Nahuel

LAS SALAS VELATORIAS SON CUARTOS DE FINAL.

HOY ME SIENTO GARDEL: *¡ESTOY MUERTO!*

GALLEGO PRÁCTICO: –*SI DIOS EXISTE, ¡ES SU PROBLEMA!*

no contestaba. Insistió y… ¡nada! Se bajó del coche y golpeó la ventanilla de vidrios polarizados con los nudillos.

Nahuel bajó su ventanilla.

–¿Qué te pasa, Lucas?

–*Te quería decir que ya me compré ¡todos los accesorios!*

–¿Y para decirme esa boludez me sacás del *jacuzzi*?

El gordito Machín pescaba tranquilamente en el muelle del Club de Pescadores *El Atún Vengativo*.

De pronto, apareció el vasco Patxi y se paró detrás del gordito.

Pasó una hora: el vasco no se movió. Casi ni pestañeó.

Pasó otra hora y el vasco permanecía ahí, quietito.

Tres horas más y el Patxi seguía inmutable mirando cómo pescaba el gordito.

El pescador, ya nervioso, *después de siete horas*, empezó a recoger sus cosas. Con tono irónico y bastante molesto, le dijo al vasco:

–*¡Por lo visto, a usted le encanta la pesca!*

–¿La pesca? No, ¡jamás podría dedicarme a la pesca! Es que *no tengo paciencia, ¿*sabe usted?

–En mi último viaje a la Antártida me encontré rodeado de montañas de hielo. De pronto, apareció un feroz lobo marino. Entonces subí a una palmera.

–*¿Cómo? ¡Si en la Antártida no hay palmeras, Muleiro!*

–Ya sé, pero ¿qué querías que hiciera?

Intentaban venderle un seguro al gallego Muleiro.

–*O sea, vamos a entendernos: yo pago la prima del seguro. Mañana, pongamos por caso, se incendia mi casa y ustedes me dan 200.000 dólares. ¿Es así?*

–Bueno, sí. Pero primero abrimos una investigación.
–¡Ahhhh! Ya me parecía que alguna trampa había!

Van a ejecutar al asesino. Se acerca el verdugo para vendarle los ojos.
–¿Lo vendo?
–¡Véndame, préstame o regáleme! Pero *¡sáqueme de aquííí!*

–Maestro, ¿cuál es la diferencia entre civilización y barbarie?
–Barbarie es cuando matas a alguien con una hoja de afeitar, o cuando lo ahorcas. Y civilización es cuando lo matas desde mil metros con un *Rifle de Alta Definición AP34Z de fabricación checa.*

–A mi hijo le he regalado un tanque a pilas, una pistola a pilas, un tren a pilas y un auto a pilas.
–¿Y? ¿Le gustaron?
–Le encantan: ¡se pasa el día entero *haciendo torres con las pilas*!

–¿Cómo es posible que para venderme un simple ansiolítico me pida receta, y para el arsénico no hace falta nada?
–¡Hombre! ¡Muy sencillo: el arsénico no crea adicción!

–El boliviano Cambacerevsky era un tipo tranquilo. Más que tranquilo, era manso. Era el tipo más manso y obediente del mundo.
–¿Ah, sí?
–Era tan manso que cuando fue al médico y vio un cartel que decía "Sea breve"... se murió.

¡Aaay!

Pepe Muleiro se acomodó en la silla junto a su esposa, que cosía a máquina, y empezó a gritarle:
–*¡Despacio! ¡Cuidado! ¡Se te va a romper el hilo! ¡Da vuelta la tela! ¡Cuidado, no la dobles! Tira de la tela…*
–¿Te quieres callar, Pepe? Sé coser perfectamente.
–*Lo sé, Paca. Sólo quería que supieras qué siento cuando tú me haces lo mismo mientras conduzco.*

–Hijo mío, ahora que vas a cumplir 16 años, ¿qué querrías que te regalase?
–*¡Quiero una muñeca Barbie, papi!*
–¡Pero, hijo! ¡Eres casi un hombre! ¡Debes pedir algo fuerte, algo potente, algo de hierro!
–*¡¡¡Entonces quiero una planchita!!!*

Los gallegos María y Pepe hacían el amor debajo de un pino. Pepe, encima; María, debajo. De pronto, María vio que un niño los espiaba.
–*Pepe, ¡un niño, un niño!*
–Es igual, María: *¡lo que venga!*

La policía detuvo a dos jovencitos mientras vendían droga. Los llevaron ante el juez.
–*Voy a darles una oportunidad porque son jóvenes. Quiero que durante el fin de semana traten de convencer a otros de dejar la droga. Los veré aquí el lunes.*
El lunes, los muchachos se presentaron en la corte.
–*¿Cómo te fue el fin de semana?*
–Bien, señor juez. Persuadí a veinte chicos de dejar la droga para siempre.
–*¿Veinte? ¡Pero muy bien! ¿Qué les dijiste para convencerlos?*

EL PEOR INSTRUMENTO DE CUERDA: *LA HORCA.*

SÉ BUENO CON TUS HIJOS. ELLOS SON QUIENES *ELEGIRÁN TU GERIÁTRICO.*

–Con una tiza dibujé dos círculos: uno pequeño y uno grande. Señalé el círculo grande y les dije: *"Así es un cerebro antes de las drogas"*. Entonces señalé el más pequeño, y les dije: *"Así queda después"*.
–*¡Admirable! ¿Y cómo te fue a ti?*
–Bien, Su Señoría, yo convencí a doscientas personas de dejar las drogas definitivamente.
–*¿¿¿Doscientas??? ¿Y cómo lo hiciste?*
–Usé un sistema similar. Dibujé dos círculos, uno grande y otro pequeño. Señalé el círculo pequeño y les dije: "Así es un culo *antes* de ir a prisión".

Un argentino observa durante horas Nueva York desde el Empire State Building.
Se le acerca un guardia.
–*Disculpe, pero hace horas que mira hacia abajo sin moverse...*
–Estoy observando cómo se ve la ciudad *sin mí*.

–¿Cómo se reconoce a un gallego en una zapatería?
–*Es el único que se prueba las cajas.*

Una mujer joven y bonita conducía por la carretera.
De pronto, vio que la perseguía un platillo volador.
Espantada, se estrelló contra un árbol.
Al rato, recobró el sentido. Un extraterrestre de casi tres metros de altura le masajeaba los senos.
–*Pero, ¿¿¿qué hace???*
–¡No te preocupes, terrícola! Ya te he cosido *la herida que tenías entre las piernas*. Ahora estoy tratando de quitarte *las abolladuras del pecho*.

El gallego Manolo subió con su camión a la terraza de un edificio de 24 pisos y se tiró alocadamente al

16

vacío. El golpe contra el suelo fue terrible.

A los seis meses, cuando salió del estado de coma, el médico le preguntó:

–¿Se puede saber por qué cuernos se tiró desde la terraza con su camión?

–¡Hombre! ¡Quería probar los frenos de aire!

Exhibición de tiro con arco frente al rey.

Apareció un chico con una manzana en la cabeza. Llegó un arquero, lanzó la flecha y ensartó la manzana. Todos gritaron:

–¡¡¡Bien!!! ¡¡¡Bravo!!!

El arquero se presentó al rey:

–I am Guillermo Tell...

Y se marchó.

Entró el siguiente arquero y al fondo apareció otro niño con una nuez en la cabeza. El arquero lanzó la flecha y ¡partió la nuez! Todos gritaron:

–¡¡¡Bien!!!¡¡¡Bravo!!!

El arquero se presentó al rey:

–I am Robin Hood.

Y se marchó. A continuación apareció un arquero gallego. Al fondo, un chico con una cereza en la cabeza. El arquero gallego arrojó la flecha y la ensartó en medio de la frente del niño. Todos gritaron:

–¡¡¡Fuera!!! ¡¡¡Fuera!!!

El gallego le dijo al rey:

–I am sorry.

Abogados

–¿Qué le pasó a tu coche? Está casi destruido: cubierto de barro, hojas, sangre.
–*Atropellé a un abogado.*
–Eso explica la sangre, pero ¿cómo es que también está cubierto de hierba, hojas y fango?
–*Bueno, ¡tuve que perseguirlo más de media hora por el parque!*

Se encuentran dos abogados en los Tribunales:
–*¿Vamos a tomar algo?*
–Bueno… ¿de quién?

Un topo y una serpiente se encontraron en lo más profundo de la tierra. El topo era ciego y la serpiente nunca había podido salir a la superficie. Ya que no sabían cómo eran, decidieron tantearse. La serpiente empezó a tocar al topo.
–*Tienes pelos, hocico afinado, nariz pequeña.*
–¡Ya sé, soy un topo!
Luego el topo tanteó a la serpiente:
–Eres fría, te arrastras y tienes colmillos…
–*No puede ser… ¡soy un abogado!*

A un ama de casa, un contador público y un abogado les preguntaron: *¿Cuánto es dos más dos?*
El ama de casa respondió:
–*¡Cuatro!*
El contador público:
–*Creo que son tres o cuatro. Déjame correr la macro de mi hoja de cálculo una vez más.*
El abogado bajó la intensidad de la luz, entrecerró los ojos y, con tono suave, contestó:
–*Usted, ¿cuánto quiere que sea?*

Absurdos

–¡Vamos a ver! ¿Cómo se llama el animal que vuela y come piedras?
–*El volador-come-piedras.*
–¿A qué velocidad cae una piedra tirada desde un avión al suelo?
–*A ninguna velocidad, porque se la come el volador-come-piedras.*

Manolo lleva a Paco en su auto. A cada curva que toma, Manolo dice:
–*¡Pío, pío, pío, pío!*
Toma otra curva:
–*¡Pío, pío, pío, pío!*
Y así todo el viaje. Al llegar, Paco pregunta:
–Oye, ¿por qué en cada curva decías *¡Pío, pío, pío, pío!*?
–*Es que mi padre se mató en una curva y no le dio tiempo a decir* ni pío.

–*¿Sabes, Paca? Acabo de remodelar las habitaciones. Ahora mi marido duerme en un extremo del piso y yo en el otro.*
–Y cuando tenéis ganas de hacer el amor, ¿cómo os arregláis?
–*Pues si él tiene ganas de juerga, sale al pasillo, silba, yo voy, ¡y ya está!*
–¿Y si tienes ganas tú?
–*Salgo al pasillo y le digo: ¿Me has silbado, Pepe?*

El gallego Manolo abrió un puestito de venta de hot-dogs frente al *Banco de Galicia*. Fue tal el éxito, que un día el Paco se decidió a visitarlo:

EN LA RULETA RUSA HAY QUE SABER SER *BUEN PERDEDOR.*

SI TIENES *LEUCEMIA,* YA TE HICISTE *MALA SANGRE.*

LA TERCERA EDAD *ES LA VENCIDA.*

EL TUERTO TIENE UN SOLO *PUNTO DE VISTA.*

MULEIRO ESTÁ MÁS ENROLLADO QUE PERRO CON TRES COJONES.

–Oye, ya que te va tan bien con el negocio, ¿por qué no me prestas unos miles de pesetas?
–No, mira, es que hemos llegado a un acuerdo los del banco y yo. Ellos no venden castañas y yo no presto dinero.

Un tipo con capa y antifaz entró en un bar y gritó:
–¡Soy Batman!
–¡Y yo el camadedo!

–Mi mujer no me comprende, Pepe... ¿Y la tuya?
–Pues no sé, Paco, nunca le he hablado de ti.

–¿Tú qué tomas?
–Lo mismo que tú.
–¡Camarero, dos cafés!
–¡Yo otros dos!

–Oiga, ¿tiene hora?
–No gracias, no fumo.
–¡Ah! Perdone, pero como le había visto el peine en el bolsillo...

–¿Cómo harías para que una mujer se convierta en burra?
–Metiéndola en una habitación muy pequeña, sin nada que hacer hasta que se-aburra.

–Papá, ¿algún día seré soldado?
–No te preocupes: si te rompes ya te llevaremos al chapista...

EL PUEBLO UNIDO SE VA A ESTADOS UNIDOS.

EN NUESTRO PAÍS HAY POCOS DESOCUPADOS... HABLAMOS DE TELÉFONOS, CLARO.

LA ARGENTINA ESTÁ ENTRE LOS PRIMEROS PAÍSES DEL MUNDO... POR ORDEN ALFABÉTICO.

MANTENGA LIMPIA GALICIA: TIRE LA BASURA EN EL PAÍS VASCO.

Adivinanzas

–¿Qué le dijo la aceituna al escarbadientes?
–*¡Eres como una espinita que se me ha clavado en el corazón!*

–¿Por qué el caníbal no se come a Michael Jackson?
–*Porque contiene colorantes artificiales.*

–*¿Qué le dijo un pelado a otro?*
–¡Cuánto tiempo sin vernos el pelo!

–¿Por qué los soldados en el Far West llevaban tijeras en las alforjas?
–*Para cortarles la retirada a los indios.*

–¿Cuál es el animal que más sufre durante el parto?
–*El congrio, porque da a luz con-gritos.*

Yo estaba fría. Cuando él me agarró, *sus manos empezaron a deslizarse.* Acariciaba *todo mi cuerpo, hacia abajo,* no pude resistir.
Sus manos *ardientes* me tocaron y cuando su deseo no pudo más, me acercó hacia él *y llevó mi boca a sus labios.*
Una, dos, tres, hasta nueve veces *mi boca se unió a la suya.* Aunque me sentía fría aún, mi cuerpo *comenzó a calentarse al contacto de sus manos.*
Gotas de sudor recorrían mi silueta. *Él me gozó toda.* Me tomó como quiso, *me acarició, me apretó frenéticamente,* y cuando *me vació toda,* me tomó

ESTE PAÍS ES UN CRISOL DE RAZAS... *¡AQUÍ SE FUNDE CUALQUIERA!*

PACIFICAREMOS ESTE PAÍS AUNQUE DEBAMOS *MATARLOS A TODOS.*

EL PACO TRABAJA MENOS QUE *UN ESPÍA SORDO.*

–SI SERÁ BESTIA EL GALLEGO MANOLO, QUE TIENE MENOS LUCES QUE EL CAMARÍN DE STEVIE WONDER.

entre sus manos y *me tiró violentamente por una ventana...*
Así me encuentran ustedes: tal como soy.
¿Qué es?
Una lata de cerveza.

−¿Cuándo un fax fue enviado por un gallego?
−*Lleva estampillas.*

Tiene pelos por arriba y por abajo. Y en el medio es una abertura húmeda que se abre y se cierra.
¿Qué es?
El ojo.

Una vez al día, es manía,
una vez por semana, es cosa sana,
una vez por mes, es dejadez,
una vez al año se te oxida el caño.
¿Qué es?
Bañarse.

Lo agarro con la mano, lo pongo en el agujero,
empujo con la panza y empieza el traqueteo...
¿Qué es?
El cospel del subte.

−¿Cuál es la ratita más pequeña del mundo?
−*Minnie.*

−¿Cuál es el auto de los pollitos?
−*El Poyota.*

22

Alucinantes

El flaco *Calzón Quitado* en el restaurante con su mujer y *Cachín*, su hijito de cuatro años:
—*Oiga, mozo, haga el favor de envolvernos lo que sobró del bife. Es para nuestro perrito, ¿sabe?*
Y Cachín empezó a gritar:
—¡Papi me va a comprar un perrito! ¡Papi me va a comprar un perrito!

—*Oye, Paca, ¿se puede saber por qué le compraste a tu padre una corbata y un pañuelo de colores tan chillones?*
—Es que, ¿sabes, Pepe?, el pobrecito se ha vuelto *bastante sordo*.

Bosque de Sherwood.
—*¡¡¡Alto!!! ¡Soy Robin Hood, robo a los ricos para darles a los pobres!*
Así asaltaba Robin a cuanto viajero pasaba por el bosque. Hasta que un día, detuvo a un viejo andrajoso que por ahí pasaba.
—*¡¡¡Alto!!! ¡Soy Robin Hood, robo a los ricos para darles a los pobres!*
—Pero, ¿¿¿qué dices??? Mírame: estoy muriéndome de hambre. Mi ropa está sucia y mi mula está más muerta que viva.
—*¡Ah! ¿¿¿Eres pobre???*
—¡¡¡Sí, yo soy pobre!!! ¡Soy muy, muy pobre!
—*Entonces, toma...*
Y Robin Hood le dio todas las monedas de oro que tenía, producto de sus anteriores atracos. Entonces, el viejo comenzó a gritar:
—¡¡¡Soy rico, soy rico!!!
—¡Alto! ¡Soy Robin Hood, robo a los ricos...!

LAS INUNDACIONES NO SE PRODUCEN PORQUE LOS RÍOS CRECEN, SI-NO PORQUE *EL PAÍS SE HUNDE*.

COLABORE CON LOS DI-RIGENTES... *NO PIENSE*.

CUANDO DIOS CREÓ LA LUZ, *YO YA DEBÍA TRES MESES*.

DIOS LE DA PAN AL QUE TIENE *JAMÓN Y QUESO*.

ROBE, MATE, TORTURE, Y CONSIGA ALGUIEN QUE *SE LO ORDENE*.

Amor
(Lección en dos pasos)

1° Cómo satisfacer a una mujer:
Debe coquetearle, acariciarla, alabarla, mimarla, saborearla, masajearla, darle una serenata, felicitarla, apoyarla, regalarle flores, alimentarla, darle de comer en la boca, bañarla, complacerla, aplacarla, estimularla, acariciarla, consolarla, ladre, ronronee, abrácela, consiéntala, excítela, pacifíquela, protéjala, telefonéele, correspóndale, anticípese, recuerde las fechas, besuquéela, atiéndala, perdónela, sacrifíquese, corra, salga, vuelva, pida, suplique, enterténgala, entréguese, encántela, arrástrese, demuestre igualdad, oblíguela, fascínela, célela sin excesos, asístala, implórele, grítele, aféitela, confíele, zambúllase, gire, bucee, rebájese, ignórela, defiéndala, haláguela, vístala, móntela, presuma, perfúmese, prevalezca, racionalice, actualícese, acéptela, acéitela, escúchela, entiéndala, cepíllele el cabello, ruegue, pida prestado, robe, suba, nade, sostenga su pelo mientras ella está vomitando en el retrete, resucítela, repare, remiende, respétela, enterténgala, cálmela, alíviela, asesine, muérase, sueñe, dé, prometa, exceda, entréguese, fastídiela, enciéndala, aflíjase, engatúsela, murmúrele al oído, acurrúquese, elévela, enérvela, sírvale, frótela, sálvela, úntela, mordisquéela, satisfágala, llévela, arrástrese como un cangrejo en el suelo del océano de su existencia, eche, vuele, gire, resbálese, apriétela, hidrátela, humedézcala, enjabónela, mójela, séquela, ámela, pliéguese, congráciese, complázcala, deslúmbrela, asómbrela, encántela, idolátrela y ríndale culto, leáse todos los libros de cómo hacerle el amor a una mujer. Entonces, regrese y… *¡hágalo todo de nuevo!*

2° Cómo satisfacer a un gallego:
Chúpele la polla.

Analgésicos

Manolo se enroló en la Real Marina española.
–¡¡Capitán, capitán, que nos hundimos, capitán!!
–¡Cállese, imbécil! ¡Esto es un submarino!

–¿Cuál es la mejor universidad del mundo?
–Aerolíneas Argentinas. Porque en la Argentina suben al avión barrenderos, cajeros de banco o secretarias, y cuando bajan del avión en el exterior son directores de cine, profesores de literatura y/o psicoanalistas.

Juancho Borrás, paraguayo, eternamente enfrentado con el boliviano Lombriz Ávalos.
–¡Ustedes los bolivianos son una porquería! Miren este pueblo: ¡ni siquiera tienen asfalto en la calle principal!
–La calle principal tiene asfalto. Pero lo tapamos con tierra para que no se lo roben ustedes, los paraguayos.

Iba el vampiro Muleiro por la carretera.
De pronto ¡bplum! se le pinchó una llanta. Se bajó, sacó el gato, levantó el coche. Agarró la llave de cruz y al tomarla y verla de frente... ¡se murió!

–Desde que te conocí, no como, no duermo y no bebo.
–¿Y por qué no?
–No me queda un centavo.

–¿Ves ese tipo que molesta a nuestra hija, Pepe?
–¡¡¡Si ni siquiera la mira!!!
–¡Eso es lo que la molesta!

SE HA ESTABLECIDO QUE LOS CIGARRILLOS SON LA MAYOR CAUSA DE *LAS ESTADÍSTICAS*.

¡JUAN PABLO ES UN IMPOSTOR!
EL PAPANICOLAU

DIJO PEPE MULEIRO: ME PASÉ TODA LA NOCHE JUGANDO AL PÓQUER CON CARTAS DE TAROT. RECIBÍ UN FULL Y *CUATRO PERSONAS MUERTAS*.

Animalitos

Un perro piensa:

–*¡¡¡Eh!!! Esta gente con la que vivo me alimenta, me ama, me da calor, una casa seca y me cuida. ¡Deben ser dioses!*

Un gato piensa:

–*¡¡¡Eh!!! Esta gente con la que vivo me alimenta, me ama, me da calor, una casa seca y me cuida. ¡Debo ser Dios!*

Una hormiguita le preguntó a un elefante al verlo tan grande:

–*Amiguito, ¿cuántos años tienes?*

–Tengo un año. ¿Y tú?

–*También tengo un año, pero... ¡¡¡es que he estado muy enfermita!!!*

La hormiguita estaba muy feliz viendo "Antz" en el cine de su barrio.

En eso llegó un elefante y se sentó *justo adelante*.

Indignada, la hormiguita se fue a sentar *adelante* del elefante. Se dio vuelta, lo miró entrecerrando los ojos y le dijo:

–*¿Ves cómo molesta?*

Gran reunión de todos los animales para hablar con Dios. Arremetió el elefante.

–*Dios, ¿por qué me hiciste con estas enormes y horribles orejas?*

–Tus orejas son majestuosas y además te sirven para que te abaniques en verano.

Contento quedó el elefante. Preguntó la jirafa:

–*¿Por qué tengo este horrible cuello, largo y antiestético?*

–Tu cuello te permite llegar a los mejores brotes, que son los de las copas de los árboles y, además, puedes ver si te acecha el peligro desde lejos.
Satisfecha y orgullosa quedó la jirafa. Bajaron más animales y todos quedaron contentos hasta que le llegó el turno a la gallina, que dijo a los gritos:
–*Mira, Dios: dejémonos de idioteces. Yo sólo te digo esto: o me agrandas el culo, o achicas los huevos. Pero yo, así, ¡¡¡ya no puedo más...!!!*

El caracol cruzaba la calle. Imprevistamente, lo atropelló una tortuga.
El caracol despertó en la sala de terapia intensiva.
El médico le preguntó:
–*¿Cómo sucedió?*
–No sé. Todo fue *¡tan rápido!*

–Quiero divorciarme. Mi marido me trata como a un perro.
–*¿La maltrata, le pega?*
–No. ¡Quiere que le sea fiel!

El árabe Saúl montó un taller para reparar camellos en el Sahara. Una tarde llegó un cliente con un camello destartalado.
–*Mire mi pobre camello: aunque creo que ya nadie lo podrá reparar, me gustaría que lo intentara...*
–No hay problema, ya le reparo su camello.
Y gritó:
–¡¡¡Ameeeeeeeedddddd!!!
Apareció un negro como de dos metros con un pene gigantesco. Se puso atrás del camello, "empujó"

con su pene y el animal inmediatamente se revitalizó y echó a correr y a correr y a correr hasta que casi desapareció en el horizonte.

–¡¡¡Genial!!! *¡Qué método sensacional para reparar camellos! Pero ¿cómo hago ahora para alcanzar al camello que ha salido disparado?*

–¡Ah! No se preocupe: *¡¡¡Ameeeeeeeeddddd!!!*

El Arca de Noé.

Para que los animales no se reprodujeran, Noé les cortó el pene a todos los machos y los metió en un cajón.

Después de los cuarenta días de diluvio, ya en tierra firme, los reunió para devolverles su respectivo pene a cada uno.

Sacó el del león y el león dijo:

–*¡Ése es el mío!*

Sacó el del cerdo y el cerdo dijo:

–*¡Ése es el mío!*

Sacó el del burro y la mona dijo:

–*Mono, ¡dile que ése es el tuyo! ¡Dile que ése es el tuyo!*

–Todas las mañanas, Pepe le daba una moneda a su fiel perro Fido. El animal llevaba la moneda entre los dientes y se iba hasta el pueblo. Volvía al ratito con el diario. Un día, Pepe no tenía cambio y le dio un billete de cien pesos.

–¿Y?

–Fido no volvía. No volvía. Pasaron dos horas. Pasaron tres horas. Hasta que lo fue a buscar al pueblo. Lo encontró en el bar, bebiendo y jugando a las cartas con un grupo de perros vagos y con una caniche sentada en sus rodillas. *"¡Pero Fido! Vos nunca habías hecho esto antes."* Y el perro le contestó: *"Bueno, es que tampoco había tenido antes tanto dinero".*

Apodos

A un presentador de la tele le dicen *Pedo Mortal*,
porque cuando sale al aire no hay quién lo aguante.

A María Martha Serra Lima le dicen *Carpa de Indio*,
porque jamás le entró un vaquero.

Al presidente español Aznar le dicen *Tortilla de Pobre*,
porque tiene pocos huevos.

A la cantante Shakira le dicen *Canario de Inodoro*,
porque canta para el culo.

Al vicepresidente le dicen *Seco de Vientre*:
está todo el día sentado y no hace nada.

A Menem le dicen *Papel Celofán*:
se hace el fino y no sirve ni para limpiar el culo.

A Manolo le dicen *Mosquito de Manicomio*,
porque *chupa* a lo loco.

A una respetada actriz argentina la llaman *Rolex*:
sólo los que tienen mucha guita se lo ponen.

Al travesti Florencia le dicen *Coche Fúnebre*,
porque siempre le meten el fiambre por atrás.

LE DICEN CONEJO NE-
GRO: "NO LO HACE TRA-
BAJAR NI EL MAGO".

MATUSALÉN MURIÓ
POR LA LEY DE *LA GRA-
VE-EDAD.*

NUNCA HAY QUE PE-
GARLE A UN HOMBRE
CAÍDO. *PODRÍA LEVAN-
TARSE.*

A la vasca Marutxa le dicen *Tapón de Corcho*,
cuando no está pegada a la botella
está tirada por el suelo.

A la Paca le dicen *La Vergonzosa*,
porque siempre está de espaldas cuando goza.

A la gallega María le dicen *La Paja*:
sólo le gusta a los burros.

A una conocidísima vedette le dicen *Publicidad*:
nunca da lo que promete.

A la actriz Joan Collins le dicen *Álgebra*,
porque está llena de operaciones.

A una modelito muy rubia le dicen *Muñeca a Pila*:
si no se la ponen, no anda.

A la Paca le dicen Bolivia:
es alta y plana.

A Manolo Muleiro le dicen *Cebolla*
porque tiene más pelos en el culo
que en la cabeza.

A un conocido político le dicen *Murciélago,*
duerme de día y chupa de noche.

Argentinísima

Un curita vasco tenía una gran aversión a los argentinos.

Se llamaba Iñaki Iñaquirreta y dedicaba cada segundo de su vida a una cruzada virulentamente antiargentina.

Desde luego, no perdía la oportunidad de demostrarlo en las misas cada vez que subía al púlpito.

Decía, por ejemplo:

–Caín mató a Abel, y como todos ustedes saben, los descendientes de Caín son los argentinos.

O si no:

–*Herodes ordenó la Matanza de los Niños y como todos ustedes saben, precisamente de Herodes se creó la raza, esa raza maldita de los argentinos.*

O esto otro:

–*Pilatos se lavó las manos. Ustedes se preguntarán: ¿quiénes se lavan más las manos que Pilatos? Y yo les contesto: quienes se lavan las manos aún más que Pilatos, muchas veces más, setenta veces siete veces más que Pilatos, son ¡los argentinos!*

La comunidad de argentinos habló con el obispo para quejarse.

El obispo llamó al sacerdote Iñaki Iñakirreta, el ya famoso antiargentino:

–¿Estás loco, Iñaki! ¡Si vuelves a mencionar a los argentinos en tu misa, te voy a mandar a catequizar pingüinos a la Antártida. ¿Has entendido, reverendísimo insensato?

–*Perfectamente, monseñor.*

A la siguiente misa fueron todos los argentinos para ver qué hacía el hombre.

El curita empezó su sermón:

–*En la última Cena, Jesús dijo: "Uno de ustedes me traicionará", y cuando se quedó mirando a Judas, éste le dijo: "¿Qué te pasa, che? ¿Te la agarraste conmigo, loco?".*

LA PIZZA SIN QUESO ES COMO *EL AMOR SIN SEXO.*

"LO TENGO EN LA PUNTA DE LA LENGUA".
MONICA LEWINSKY

VAS A TERMINAR COMO LA COCA COLA: *SUCCIONADO POR LA PAJA.*

31

Argentinos

–¿Por qué los argentinos no usan paracaídas?
–*Porque de todas maneras siempre caen mal.*

Definición de *océano Atlántico* para un argentino:
océano situado entre África, Europa y América, que
desemboca en el Río de la Plata.

–¿*Qué resulta de la cruza de un argentino y una em-*
pleada doméstica?
–Un portero que se cree dueño del edificio.

Comentarista deportivo argentino:
–*Diego Maradona es el mejor jugador de fútbol en el*
mundo y, en la Argentina, uno de los mejores...

Partido de fútbol entre México y la Argentina.
El encuentro termina cero a cero.
El narrador argentino grita ante el micrófono:
–*Resultado: Colombia, cero goles... Argentina, cero*
¡¡¡gooooooolaaaaaazos!!!

–¿Qué diferencia existe entre un argentino típico y
una pila?...
–*La pila tiene un lado positivo.*

El argentino Mario Gavilanes le da consejos a su hijo, que se va a estudiar al exterior.
–*Y ya sabés: cuando estés por ahí fuera, tenés que*

UNA *OFERTA* ES ALGO
QUE USTED NO PUEDE
USAR A UN PRECIO QUE
NO PUEDE RESISTIR.

EL QUE LLEGA PRIME-
RO ES UN FETO.
LOS ESPERMATOZOIDES

ANTE CUALQUIER DU-
DA... *LA MÁS TETUDA.*

ser educado y no preguntarle a nadie de dónde es.
−¿Por qué no le tengo que preguntar a nadie de dónde es?
−*Obvio: porque si es argentino, ya te lo va a decir él; y si no es, no tenés que hacerle pasar vergüenza, ¿mentendiste?*

−¿Qué es un argentino sin pies, manos, brazos y descerebrado?
−*Una persona digna de confianza.*

−¿Cuántos argentinos hacen falta para cambiar una bombilla?
−*Cinco. Uno para sostener la bombilla y cuatro para decirle que ellos lo harían mejor.*

−¿Cuál es la diferencia entre un argentino y un parto?
−*Uno es una dolorosísima, inexplicable, terrible experiencia. Lo otro es sólo tener un bebé.*

−¿Cómo comienzan los argentinos sus cartas de amor?
−*Ya sé que me extrañás....*

EL LOBO FEROZ LA TIENE CHICA.
CAPERUCITA ROJA

LO QUE AYER NOS UNÍA... HOY NO SE PARA.

SI LLORAS CUANDO ME VOY... ¿QUÉ SIENTES CUANDO *ME VENGO*?

En un avión viajaban tres curas: *un brasileño, un americano y un argentino.* De repente, una de las turbinas del avión *se incendió.*
El padre americano rezó para que la otra no se incendiase, pero *también fue atacada por el fuego.*
Los pilotos agarraron los únicos paracaídas *y salta-*

ron. Entonces el padre americano rezó nuevamente y le pidió a Dios que por algún milagro lo salvase. *El americano saltó y se estrelló contra el piso.*

El padre brasileño *también rezó y luego saltó,* pero también *se estrelló contra la tierra...*

Entonces, el padre argentino le rezó a Dios:

–*Señor, sé que vos no me vas a fallar y que me vas a salvar. No vas a dejar que muera el mejor de tus fieles, ¿no, che?*

El argentino saltó y justo cuando estaba por estrellarse contra el piso, se abrieron las nubes, una mano lo agarró y una voz tronó:

–*¡¡¡A este lo mato yo!!!*

–Esteee, vea don José: yo me quiero casar con su hija.

–*Todo esto me parece muy apresurado. Por favor, medítelo...*

–No se preocupe, che. Ya lo medí y entra perfecto.

–*¿Por qué los argentinos nunca van a sufrir con los terremotos?*

–Porque ni la Tierra los traga.

Un argentinito:

–*¡Papá, cuando crezca quiero ser como vos!*

El padre muy orgulloso:

–Y sí... pero ¿por qué exactamente?

–*¡¡¡Para tener un hijo como yo!!!*

Un argentino manejaba un taxi en Madrid. Subió una chica muy bella que preguntó:

–*¿Llega al Metro?*

–Al metro no llegará, pero que vas a gozar, ¡eso te lo aseguro!...

34

Avisos

Viejito con mal de Parkinson se ofrece para tocar maracas en conjunto musical cubano.

Psicópata asesino *busca chica para relación corta.*

¿Se encuentra solo o sola? Avísenos, *así entramos a robar.*

Anuncio por palabras:
¡Hola! Soy Lourdes. No soy virgen *pero hago milagros...*

Si su suegra es una joyita... ¡nosotros tenemos el mejor estuche! Funeraria Pérez.

Hombre maduro de buenas costumbres busca jovencita que se las quite.

Viejo verde busca *jovencita ecologista.*

Divorcios en 24 horas. *Satisfacción garantizada o le devolvemos a su cónyuge.*

Desempleado con muchos años de experiencia se ofrece para estadísticas.

Se ofrece piloto de pruebas *para fábrica de supositorios*.

Cambio flauta dulce por ampollas de insulina.

Hombre invisible busca *mujer transparente para hacer cosas nunca vistas*.

Cambio moto hecha mierda *por silla de ruedas*.

Cambio suegra por víbora. Pago la diferencia.

Busco urgentemente cursos para ser millonario. Pago lo que sea.

Cambio perro Doberman por mano ortopédica.

Vendo tangas. *Hagan cola.*

Busco señor con *bíceps*, que me llene de *besops*.

Sólo para enfermos pobres. Se vende lote de medicinas vencidas al por mayor.

Cambio pastor alemán *por uno que hable español*.

Fan de *Los Ramones* se ofrece para organizar disturbios en fiestas privadas, actos políticos, reclamos, cortes de rutas…

Violo a domicilio, solicite muestra gratis.

Viuda negra busca tipo millonario para casarse. Hasta que la muerte nos separe.

Cambio cajón con juguetes por revistas porno.

Vendo audífono, *no* escucho ofertas.

Cambio *alto parlante* por *enano mudo.*

Busco mujer demente y de cuerpo.

Joven solo y sin compromiso alquila media cama.

VENDO BOLSA DE DORMIR DE **20** METROS. PREGUNTAR POR ANA CONDA.

COLEGIALA PRECOZ. TE PRESTO LA GOMA SI ME DAS LA LAPICERA.

MONO RECIÉN ESCAPADO DEL ZOO, BUSCA TRABAJO PARA GANARSE EL MANÍ.

BUSCO PERRO Y SUEGRA PERDIDOS. RECOMPENSA POR EL PERRO.

MÁS VALE LLEGAR TARDE PERO SIN SUEÑO.

VOTE LISTA **69**: LA POSICIÓN ALTERNATIVA.

Avivados

Un hombre decide tomarse el día libre para jugar al golf. Está en el segundo hoyo cuando ve una rana sentada cerca del green que le dice:

–*¡Criiiickkk! Hierro 9.*

El hombre mira alrededor pero no ve a nadie.

–*¡Criiickkk! Hierro 9.*

Gira hacia la rana y decide hacerle caso.

¡Boom!, golpea la pelota dejándola a diez centímetros del hoyo.

–¡Joder, es increíble!

–*¡Criiiick! Rana de la suerte.*

El hombre decide tomar a la rana y llevársela al siguiente hoyo.

–¿Qué palo me recomiendas?

–*¡Criiick! Madera 3.*

El hombre saca la madera 3 y *¡boom!* Hoyo en uno. Está perplejo y no sabe qué decir. Al final del día ha hecho el mejor juego de su vida.

–Bueno, ¿y ahora qué hacemos, ranita?

–*¡Criiiick! Las Vegas.*

Van a Las Vegas.

–Okey, ranita. ¿Ahora qué?

–*¡Criiick! Ruleta.*

–¿A qué número apuesto?

–*¡Criiick! Tres mil dólares al 6 negro.*

Apuesta y *¡boom!* Toneladas de efectivo y fichas. El hombre recoge sus ganancias y pide la mejor habitación del hotel.

–Ranita, no sé cómo compensarte. Me has hecho ganar todo este dinero y te estoy muy agradecido.

–*¡Criiiick! Bésame.*

El hombre piensa: *"¿Por qué no?, después de todo lo que la rana ha hecho por mí, se lo merece".*

Con un beso, la rana se convierte en una hermosísima adolescente de 15 años.

–*...y fue así, Señor Juez...* –dijo Bill Clinton–, *como acabó la menor en mi habitación del hotel.*

EN ESTE MUNDO SÓLO HAY DOS TIPOS DE PERSONAS: *LOS QUE DICEN QUE SE MASTURBAN Y LOS MENTIROSOS.*

MI TÍA TOCA EL VIOLÍN Y MI TÍO, LA VIOLA.

LAS VÍRGENES QUE SE METEN A MONJAS *NO TIENEN CURA.*

Ayer pasé...

Ayer pasé por tu casa y me tiraste un portafolio...
¡No me dólio!

Ayer pasé por tu casa y me tiraste un inodoro...
¡Me salvé cagando!

Ayer pasé por tu casa y me tiraste una bicicleta...
¡Oh, rayos!

Ayer pasé por tu casa y me tiraste un ladrillo...
Del susto que me di, me cagué en los calzoncillos.

Ayer pasé por tu casa y me tiraste tu corpiño.
Tirame con lo de adentro, que lo atajo con más cariño.

Ayer pasé por tu casa... me tiraste Poxipol...
No rima, pero... ¡pega!

AYER PASÉ POR TU CASA Y ME TIRASTE UNA FLOR... LA PRÓXIMA VEZ *¡SIN MACETA, POR FAVOR!*

AYER PASÉ POR TU CASA Y ME TIRASTE UN JUGO... *¡TANG!*

AYER PASÉ POR TU CASA Y ME TIRASTE UNA ESTUFA... *¡NO ME CALIENTA!*

Ayer pasé por tu casa y me tiraste un champú…
¡Me vino al pelo!

Ayer pasé por tu casa y me tiraste agua sucia…
Menos mal que me agaché, ¡no contaban con mi astucia!

Ayer pasé por tu casa y me tiraste dos limones…
Creyendo que eran tus tetas, me los comí a mordiscones.

Ayer pasé por tu casa y miré por la cerradura…
Vi a tu hermana desnuda y *me quedó la picha dura.*

Ayer pasé por tu casa y me tiraste un revólver…
¡No te lo voy a devólver!

Ayer pasé por tu casa y me tiraste una birome…
¡Menos mal que la Bic!

Ayer pasé por tu casa y me tiraste una palta…
¡Qué palta de respeto!

Ayer pasé por tu casa y te estabas bañando…
Lo que yo quería ver, *¡lo estabas enjabonando!*

Ayer pasé por tu casa y me tiraste una puerta…
¡Menos mal que estaba abierta!

Blancanieves

Los Siete Enanitos iban por el bosque, rumbo a su casa, en fila india y cantando su típica canción. Pero al llegar, ¡oh, sorpresa!: la luz de la casa estaba encendida.

El enano que estaba en el primer puesto miró por la ventana y dijo a los demás:

–Hay alguien en la casa.

El mensaje fue pasando de uno a otro hacia atrás:

–Hay alguien en la casa.

–Hay alguien en la casa.

–Hay alguien en la casa.

Así hasta el séptimo enanito.

El que espiaba por la ventana dijo entonces:

–Es una mujer.

Y fueron repitiendo los otros seis:

–Es una mujer.

–Es una mujer.

–Es una mujer.

–Es una mujer.

El primer enanito gritó entonces:

–¡¡¡Y está desnuda!!!

Todos fueron diciendo:

–¡¡¡Y está desnuda!!!

–¡¡¡Y está desnuda!!!

–¡¡¡Y está desnuda!!!

–¡¡¡Y está desnuda!!!

–¡¡¡Y está desnuda!!!

–¡¡¡Y está desnuda!!!

Otra vez el primero:

–¡¡¡¡¡Se está parando!!!!!

Y todos repitieron:

–¡¡¡¡¡A mí también!!!!!

–¡¡¡¡¡A mí también!!!!!

–¡¡¡¡¡A mí también!!!!!

–¡¡¡¡¡A mí también!!!!!

–¡¡¡¡¡A mí también!!!!!

–¡¡¡¡¡A mí también!!!!!

CUANDO VEAS UN BUITRE QUE VUELA EN CÍRCULOS, NO TE PREOCUPES: ESTÁ MAREADO.

Barbaridades

El oficial de policía hacía su ronda habitual. De pronto, desde la azotea de un edificio de veinte pisos una mujer le gritó:

–*¡Policía! ¡Policía! ¡Suba rápido, por favor!*

El policía entró corriendo al edificio. El ascensor no funcionaba. Después de quince minutos de subir escalones llegó a la azotea y abrió violentamente la puerta, sin aliento. La mujer, que estaba esperándolo, le señaló una mesita donde un niñito tenía servido el almuerzo:

–*¡Policía, policía! ¡¿No es cierto que si el nene no se come toda la comidita usted se lo lleva preso a la comisaría?!*

El negro Leroy Williams ganó la lotería y compró un impresionante Cadillac rojo, con cromados, espejos, tapicería en piel de tigre y tablero en acrílico furioso, para hacerse notar en su vecindario: *el Bronx.*

Después de que lo vieran sus amigos, fue hacia el Harlem para visitar a un primo. Pero se le pinchó una goma. Se bajó a cambiarla.

En eso estaba, cuando otro negro se le subió al auto.

–*Oye, ¿qué haces?*

–Tranquilo, hermano. Tú sigue robando la goma que yo me robo el pasacasete.

BASTA DE MANIPULACIÓN, *¡QUEREMOS ERECCIONES LIBRES!*

— — — — —

DICEN QUE CUANDO PISCIS Y ACUARIO SE CASAN, *EL MATRIMONIO NAUFRAGA.*

— — — — —

BATMAN ES VIRGEN.
    GATÚBELA

— — — — —

Bizarros

El gallego Paco se perdió en las sierras.
Entró en una granja para pedir indicaciones.
Al llegar junto a la casa vio que adentro del gallinero había un teléfono público.
El gallego, muy extrañado, le preguntó al gallego Manolo, que había salido a recibirlo:
–*Disculpe, ¿no? Pero ¿para qué está ese teléfono en el gallinero?*
–¡Ah…, yo no sé! Las gallinas no son mías.

El gallego Muleiro encontró una *Lámpara Mágica*.
La frotó y salió *El Genio*.
–*Te puedo conceder cuatro deseos.*
–Pues, ¡quisiera que me rodearan las cien mujeres más hermosas del universo!
–*¡Concedido!*
–¡Quiero 1.000 millones de dólares!
–*¡Concedido!*
–¡Quiero las joyas más bellas del mundo!
–*¡Concedido!*
–¡Me quiero morir de alegría!
–*¡Concedido!*

Llega el *Lengua de Alfombra* borrachísimo a las cuatro de la mañana a su casa.
Lo recibe su esposa a punto de matarlo.
–*¿Te parece que estas son horas de llegar?*
El negro mira su reloj y miente descaradamente.
–Pero, ¿qué te pasa? ¡Si son las doce de la noche!
–*¿Las doce? Bueno, discúlpame.*
–Te disculpo. Ahora andá a la cocina y traeme un vaso de agua.
La mujer entra en la cocina y allí comprueba, en el

CUANDO EN UN FORMULARIO PREGUNTAN: "COLOR DE PELO", ¿QUÉ TIENEN QUE PONER *LOS PELADOS*?

BATMAN NO ES VIRGEN.
ROBIN

LA LECHE EN POLVO, ¿ES REDUNDANCIA?

reloj que estaba arriba de la heladera que, efectivamente, eran las cuatro de la mañana.

Vuelve enojadísima al living y le grita al negro:

–¡*Son las cuatro de la mañana!*

–¡Pero, carajo! ¿Cuatro horas tardaste, desgraciada, para traerme un simple vasito de agua?

Los santiagueños pasan por ser los más holgazanes. El Tranqui Pintos, debajo de la higuera, le pregunta a su compadre:

–*Oíme, Carpincho, ¿tenés un cigarrillito que me regales?*

–Tengo, ¡pero vas a tener que venir a sacarlo del bolsillo de mi camisa…!

–¡*Huuummmm! Para eso, mejor saco uno de* mi *bolsillo.*

Los cazadores se encuentran en África. Por la noche se reúnen para charlar sobre la caza.

–*Yo he cazado tres leones, dos jirafas y un avestruz.*

–*Yo he logrado cazar una pantera negra y un rinoceronte.*

–Y yo logré abatir un elefante y tres "buanaminos".

Los otros cazadores se quedan mirándolo con cara de asombro pero ninguno se atreve a decirle nada.

Al día siguiente, una vez más, salen a cazar por separado y por la noche se vuelven a encontrar:

–Hoy cacé tres leones, dos cebras y un guepardo.

–*Yo he cazado tres búfalos y dos leopardos.*

–Yo hoy he cazado dos leones, tres elefantes y cinco "buanaminos".

–Perdona, pero nosotros somos cazadores bastante experimentados y, la verdad, desconocemos qué es un "buanamino". ¿Qué tipo de animal es?

–No sé muy bien… Yo sólo sé que se me aparece una cosa negra, que cuando le apunto con el rifle me grita: "*¡Bwana a mí no! ¡Bwana a mí no!*".

Boludazo

Una importantísima compañía aérea publicó un aviso solicitando un ingeniero aeronáutico para su plantel. Comenzó una rigurosísima selección.

Se presentó el vasco Antxón Iparraterri.

–*¿Tiene estudios de una o más carreras superiores en alguna universidad reconocida a nivel mundial?*

–Pueeeeees… ¡no!

–*¿Alguna carrera superior en alguna universidad no conocida?*

–Estoooooo… ¡no!

–*¿Carrera técnica, por ejemplo: ingeniería, informática, telecomunicaciones, aeronáutica?*

–Estoooo…

–*¿Estudios de primarias, secundarios?*

–Nada de eso.

–*¿Domina algún idioma? ¿Inglés, francés, alemán, ruso, hebreo, árabe, tailandés, japonés, holandés?*

–Pues… ¡no!

–*¿Posee algún título escolar?*

–No.

–*¿Ha hecho algún cursillo de mecánica o algo por el estilo?*

–Ehhhhhhhhh… ¡no!

–*Entonces, ¿¿¿me quiere decir a qué ha venido aquí???*

–Es que en la puerta he visto un cartel que dice: *"Inútil presentarse sin referencias"*.

Si TE HE VISTO NO ME ACUERDO. Si TE DESVISTO *NO ME OLVIDO.*

A MÍ EL SEXO ME GUSTA COMO EL CAFÉ. BIEN *CALIENTE*, BIEN *FUERTE… Y SOBRE LA MESA DE LA COCINA.*

Borrachos

Llegó el gallego Manolo borrachísimo a su casa. Lo recibió su esposa:
—¡Vaya! ¡¡¡Vienes bien cargado!!!
—Sí, querida, era *por no hacer dos viajes.*

Un borracho llega a su casa cantando y gritando. Se asoma un vecino:
—¡¡¡Psss!!! ¡No haga ruido que su mujer se va a despertar!
—*¡No se preocupe! ¡Cuando llego así, mi mujer y yo jugamos a El Exorcista!*
—¿Ah, sí? ¿Y cómo es eso?
—*¡Ella me sermonea y yo vomito!*

El negro *Cartón Lleno*, sin duda era el más borracho de todo el pueblo.
Un día llegó uno de esos puestos sanitarios ambulatorios que van de pueblo en pueblo.
El negro creyó que era un bar nuevo y entró.
Cayó justito sobre la camilla.
El médico vio que al tipo le temblaba terriblemente el pulso.
—*¡Caramba! Usted bebe mucho alcohol, ¿verdad?*
—No, doctor, ¡¡¡la mayor parte *la desparramo!!!*

Borrachísimo, el gallego Paco entró en un velorio. Llegó haciendo bulla, cantando, gritando; al ver que nadie le seguía la corriente dijo:
—*¡¡¡Eh!!! ¡Qué gente tan apagada! ¡A ver, todos a cantar!*
Silencio total.
Entonces miró a su alrededor.

EL AMOR ES COMO LA ENFERMEDAD: *SIEMPRE TERMINA EN LA CAMA.*

LOS NOTARIOS NO CREEN EN LAS *SAGRADAS ESCRITURAS.*

LA INACTIVIDAD SEXUAL ES PELIGROSA: *PRODUCE CUERNOS.*

EN ESTOS TIEMPOS SE NECESITA MUCHO INGENIO PARA COMETER *UN PECADO ORIGINAL.*

Al ver el ataúd comprendió y dijo:
–*¡Con razón esta gente no bailaba! ¿¿¿Puede saberse quién fue el gilipollas que tumbó el altoparlante???*

Llega un flaco completamente borracho a la sede de Alcohólicos Anónimos.
Ve una señorita en la recepción y le dice:
–*Buenas, ¿está la encargada de las fichas?*
–¿Viene a afiliarse?
–*No, vengo a borrarme.*

Los dos borrachitos encuentran cien dólares en medio de la calle.
A los dos segundos están peleando por el billete.
–*¡Un momento! Hagamos una cosa: compremos 98 dólares de vino y dos dólares de pan.*
–Está bien. Me parece justo. Pero no entiendo muy bien qué cuernos vamos a hacer ¡con semejante cantidad de pan!

Salen dos borrachos de un bar a la madrugada:
–*Che, ¿tomamos un taxi?*
–No... mejor no mezclemos.

El vasco Antxón, muy borracho, caminaba, un pie sobre la acera y el otro en la calle.
Alguien le dice:
–*¡Oiga! ¡¡¡Usted está borracho!!!*
–¡Coño, qué suerte! ¡Creí que estaba rengo!

DETRÁS DE UN GRAN HOMBRE HAY UNA GRAN MUJER. DETRÁS DE UNA GRAN MUJER SEGURAMENTE HAY VARIOS HOMBRES... *TODOS EXCITADOS.*

–MICHAEL JACKSON VA A ENTRAR EN EL LIBRO DE LOS RÉCORDS.
–¿POR?
–EN DOS AÑOS SE HA CASADO DOS VECES Y HA TENIDO UN HIJO Y SIN EMBARGO AÚN SIGUE SIENDO VIRGEN.

Brutales

Ruta. Junto al camino, una jovencita bellísima. El conductor se detiene y la chica acepta ir a un motel.
—¿Cómo te llamas?
—Ana.
—¿Cuántos años tienes?
—Trece…
—¡¡¡Por Dios!!! ¡Vístete inmediatamente y lárgate de aquí!
—¡¡¡Carajo, otro supersticioso!!!

Un cubano quería escapar de Cuba y se le ocurrió irse con el Circo de Moscú, que visitaba la isla.
Para realizar su plan, se disfrazó de mono y se metió en la jaula de los animales. Estaba ya por salir de la isla con el circo, cuando llegó el domador y metió los leones en la misma jaula del mono.
El tipo se desesperó:
—¡Auxilio, auxilio!
Mientras trataba de quitarse el traje de mono, uno de los leones le dijo:
—¡Imbécil, quédate callado o nos jodes a todos la fuga de la isla!

Tres gallegos en el campo en medio de la noche. Alrededor de un fuego, discuten sobre quién es el más duro y bruto de los tres…
—Yo soy sin duda el más duro. Recuerdo aquella vez que se me escaparon las reses y tuve que perseguirlas corriendo descalzo por el suelo espinoso durante cuatro días y cuatro noches. Cuando las alcancé, tuve que dominarlas a todas con mis manos desnudas, atarlas con mi cinturón y arrastrarlas de vuelta. Todo sólo con la fuerza de mis brazos, sin agua ni comida.
—Eso no es nada. Yo estaba herrando a mis caballos

TOTAL LIBERTAD SEXUAL FEMENINA… *EXCEPTO MI NOVIA, MI MADRE Y MI HERMANA.*

"ERRAR ES HUMANO", DIJO EL PATO Y SE BAJÓ DE LA GALLINA. *"PERDONAR ES DIVINO",* DIJO LA GALLINA Y SALIÓ CORRIENDO ATRÁS DEL PATO.

EL *ONANISMO* ES LA VERDADERA *LIBERACIÓN FEMENINA.*

cuando se me rompió el martillo y perdí las tenazas, y con mis manos desnudas tomaba las herraduras de hierro fundido y las moldeaba pisándolas con los pies descalzos. Después de enfriarlas chupándolas con la lengua, tuve que clavárselas en las pezuñas golpeando los clavos con los dientes. Y así herré treinta caballos.

El tercer gallego, silencioso, escuchaba las historias de sus compañeros *mientras removía las brasas lentamente con la polla.*

–¿Qué tal te va, Paco?

–*Fatal, el otro día enterramos a mi padre.*

–¡No me digas! ¿Cómo pasó?

–*Pues nada, estábamos en el balcón haciendo una barbacoa y de pronto, queriendo ver la comida, se acercó demasiado al fuego y...*

–Se quemó vivo, ¿no?

–*No. Del susto se echó hacia atrás y tropezó con la barandilla del balcón...*

–Y se cayó por el balcón y se mató, ¿no?

–*No, para nada. Resulta que en la caída se pudo agarrar de la cornisa, pero se empezó a resbalar y...*

–Se la dio contra el suelo, ¿no?

–*¡Qué va! Alguien había llamado a los bomberos, que habían puesto la lona, pero tuvo tan mala pata que rebotó y...*

–Por fin murió, ¿no?

–*No, en el rebote se pudo agarrar de un cable de alta tensión...*

–¡¡¡Se electrocutó!!!

–*No, como estaba haciendo la barbacoa, llevaba guantes, pero el cable cedió y se rompió...*

–¿Y por fin murió?

–*No, porque los bomberos habían corrido la lona*

AME A SU PRÓJIMO SIEMPRE QUE NO SEA *MI ESPOSA.*

INVENTEN NUEVAS PERVERSIONES SEXUALES... *¡¡YO YA NO PUEDO MÁS!!*

ESTOY EN UNA SITUACIÓN TAN DELICADA QUE SI MI MUJER SE VA CON OTRO, *YO ME VOY CON ELLOS.*

abajo, pero aun así rebotó y, antes de caer, se colgó
de la cornisa de otro piso.
—Pero ¿¿¿me quieres decir cómo murió tu padre???
—*Verás: al final, los bomberos tuvieron que abatir-*
lo a tiros.

Dos punkies vascos, en el banco de un parque.
Eran, exactamente, dos bestias brutas.
—*Yo soy el tipo más cabrón del mundo. ¡Soy una*
bestia asquerosa! ¡Nada me detiene!
—Pero, ¿qué dices? El más cabrón del mundo soy
yo. A mí no me importa nada de nada. Pero nada de
nada, ¿mentiendes?
—*¡Que no, hombre, que no! Mira: te voy a demos-*
trar que yo soy más cabrón que tú. ¿Ves aquella pa-
reja de ancianitos? Pues, ¿qué te apuestas a que les
meto una paliza que les dejo por los suelos, fractu-
rados y para el hospital?
—¡Haz lo que te apetezca!
El muy bestia se acercó a la pareja de ancianitos y
los molió a patadas, puñetazos, palazos y pedradas.
Los destrozó.
Les dio una paliza de la re-hostia.
Luego volvió al banco junto al otro punkie:
—*¿Y? ¿Ves cómo soy el tipo más cabrón del mundo...?*
—Calla, imbécil. Para cabrón hijo de puta, yo: que
esos *¡eran mis abuelos y no te he dicho nada!*

La vasca Arantxa era una mujer golpeada. Pero una
noche se hartó... Con unas tijeras enormes le cortó
la polla a su marido, el Patxi, y la arrojó por la ventana. La polla se estrelló en el parabrisas de un camión que pasaba por allí.
Al sentir el golpazo contra el cristal, el conductor le
dice al acompañante:
—*¿Has visto qué mosquito ha golpeado el cristal...?*
—Sí, ¿y has visto el pedazo de polla que tenía?

HASTA AHORA LA CIEN-
CIA NO HA LOGRADO
DESCUBRIR CÓMO PUE-
DE SABER UN HOMBRE
QUÉ PIENSA UNA MU-
JER *CON SÓLO ESCU-*
CHAR LO QUE DICE.

LAS MUJERES SON CO-
MO LAS TRADUCCIO-
NES: SI SON FIELES,
DIFÍCILMENTE SEAN
TAN BELLAS. Y SI SON
BELLAS, DIFÍCILMENTE
SEAN TAN FIELES.

Buenísimos

Se muere un argentino y al llegar al cielo habla con San Pedro.

–¿Así que este es el cielo? Se parece a la Argentina, ¿viste? Pero mucho, mucho más chico. Aquí hay fútbol, ¿no, che?

–Por supuesto, sígame y le mostraré.

Llegan a un campito lleno de gente y hay un señor mayor que se la lleva desde la media cancha, sortea a todos los jugadores y anota un gol.

–¿Quién es ese señor?

–Pues ése es Jesucristo.

–¡¿Y qué se cree, Maradona?!

El gallego Muleiro recibió un anónimo:

"Estimado señor Muleiro, mañana, su mujer le será infiel conmigo a las diez en punto de la noche". Firmado: *"Un amigo".*

Muleiro, tranquilísimo, estrujó el papel y lo arrojó a la basura:

–Pobre, ¡otro imbécil que se hace ilusiones con la puntualidad de mi mujer!

Una cigarra viajó a Holanda para cambiar de sexo. Después de la exitosa operación, la cigarra quedó convertida en un hermosísimo *cigarro*.

En ese momento, un enfermero lo vio en la habitación y ¡¡¡*se lo fumó!*

El Flaco Cebolla estaba sentado en la plaza, desconsolado y con dos maletas a su lado.

–¿Qué hacés aquí, Flaco?

–Mi mujer me echó de casa por una discusión idiota.

–A vos te falta carácter, Flaco... Si mi mujer me lle-

–PEPE: ANTES DE CRITICAR A PACO, PIENSA UN POCO: *TENDRÁS EL DOBLE DE MOTIVOS.*

AUTOBIOGRAFÍA DE UN JAMÓN: *"YO ERA UN CERDO, PERO ME CURÉ".*

AVISO EN DIARIO GALLEGO: *"BUSCO URGENTEMENTE CURSO PARA SER MILLONARIO. ¡PAGO LO QUE SEA!".*

PICARDÍA GALLEGA:
–VE CON DIOS. YO ME QUEDO CON LA VIRGEN.

ga a echar de casa por una discusión idiota yo, en tu lugar, la mato.

–¿Y qué te creés que traigo en estas dos maletas?

–Yo jamás le daría permiso a mi mujer para que se tiñera el pelo, ¿sabés, Cacho?

–Pero ¿qué decís, Beto? ¡Si tu mujer hace un mes era pelirroja. La semana pasada se tiñó de morocha y ahora está rubia.

–Sí, pero *¡¡¡sin mi permiso!!!*

–Véndame una pistola calibre 32.

–¿Para defenderse, señora?

–Para defenderme ya conseguiré un abogado. Ahora véndame la pistola.

–¿Qué hace un gallego si encuentra una venda?

–Se hace un corte para aprovecharla.

–Pepe, mi amor… ¡¡¡Estoy excitada!!!

–¡¡¡Felicitaciones, mujer!!!... ¡¡¡Me alegro de tu éxito!!!

Diario de viaje del Titanic.

Escrito por una viajera argentina.

Día 1: He subido al barco y me ha parecido muy bonito y grande.

Día 2: El capitán no deja de mirarme.

Día 3: El capitán me ha invitado a una fiesta.

Día 4: El capitán me dijo en la fiesta que si no nos íbamos juntos a su camarote, hundía el barco.

Día 5: He salvado a 850 personas.

Día 6: Al capitán le gustó tanto que amenazó con chocar el barco contra un iceberg si no iba otra vez a su camarote. No fui, desde luego. ¡Qué mentirosos son los hombres! ¡Mirá si va a…!

–Todos se querían medir con él…
–*¿Un tipo muy valiente?*
–Modisto.

–¿Qué hicieron los caníbales cuando terminaron de comerse al equipo de fútbol?
–*Mandaron a calentar a los suplentes.*

–¿Qué se obtiene si se alimenta a una vaca con un millón de dólares?
–*Leche muy rica.*

–Te preparé una carne ¡que se te va a derretir en la boca, Pepe!
–*¿Qué? ¿Todavía no la descongelaste?*

Cinco amigos argentinos muy nuevos ricos entran ruidosamente en un restaurante hispano en Miami. El camarero, un mexicano bajito y ladino, apenas los oye ya sabe que tendrá una noche movida.
–*¡No, no queremos la carta, traenos lo más caro que tengas, che!*
El mexicanito los sirve.
–*A ver, che… traete otra vuelta de caviar para todos.*
El mexicanito se la lleva.
–*Che, mocito: ¡otra ronda de langostinos, aquí!*
Y así se la pasan ostentando toda la noche y a los

EL COLMO DE UN DE-GENERADO ES *NO CA-LENTARSE POR NADA.*

LAS MUJERES SON CO-MO LOS AUTOBUSES: UNAS VAN, OTRAS VIE-NEN… *DE NOCHE SON MENOS PERO MÁS RÁ-PIDAS.*

–EN EL DICCIONARIO, AL LADO DE *SÍFILIS* DI-CE: "VER ÍNDICE". ME LO MIRÉ: *ESTOY SANO.*

–SIEMPRE ESTÁ OSCU-RO SI TÚ *NUNCA ABRES LOS OJOS.*

gritos. El mexicanito piensa que les va a dar un escarmiento por agrandados.

—A ver, che: traeme la cuenta a mí. A mí, ¿eh?

Con el de la caja, deciden poner una cifra exorbitante.

—Aquí tiene… son 56.780 dólares.

—¡¡¡A la mierda!!! ¿Qué pasa? ¿Lo de ellos no me lo cobrás?

El gallego era una verdadera bestia:

—Muleiro, se lo acusa de haber asesinado a toda una familia y por eso lo condeno a cadena perpetua. ¡Ni siquiera ha mostrado un poco de arrepentimiento!

—Sí, señor juez: ¡estoy arrepentido!

—¿En serio?

—¡Claro! ¡Tendría que haber dejado vivo por lo menos a uno… *¡para que sufriera!*

—Estoy muy triste. Se murió mi perrito. ¡Justo ahora que estaba acostumbrándose!

—¿A qué?

—¡A no comer!

—Tengo que llamar a mi hermana María a Miami. Desde que murió Pepe, nuestro otro hermano, ella está muy apegada a mí. Soy el único hermano que le queda y se le hace difícil olvidar. ¿Puedo usar tu teléfono?

—Claro, llamala.

—¡Hola! ¿María? ¡Te habla tu hermano, desde Buenos Aires! ¡Sí, el que quedó vivo!

—Muleiro, ¿por qué cuando llamas por tu celular te quedas mudo con el teléfono en la oreja?

—Hombre, ¿no sabes que en telefonía celular, el que habla, paga?

Buffet
(De todo un poco)

–¿Cuántos años me da, Patxi?
–*Si me guiara por sus labios, Arantxa, diría 28. Si me guiara por su piel, 27. Si me guiara por sus dientes, 25. Si me guiara por su cabello, 23...*
–¡Ay, qué hombre más galante!
–*No, ¡espere que aún no he sumado!*

–¿En cuántas partes se divide el cerebro de un vasco?
–*Depende de lo duro que le pegues.*

Un americano, un francés y un gallego fueron a cazar osos.
El primer día, el francés volvió al campamento con un enorme oso.
–*Vi las huellas. Seguí las huellas. Descubrí la cueva y ¡bang! ¡Cacé al oso!*
Al día siguiente, el americano se apareció con un oso aun más grande.
–*Vi las huellas. Seguí las huellas. Encontré la cueva y ¡bang! ¡Cacé al oso!*
Al tercer día, apareció el gallego. Estaba ensangrentado. La ropa destrozada. Lleno de magullones y chichones.
–*Vi las huellas. Seguí las huellas. Astutamente descubrí la gran cueva del oso. ¡Bang! ¡Me atropelló el tren!*

Un grupo de españoles concurre a ver una carrera de piraguas. Se sitúan encima de un puente. Al rato pasa una piragua con los participantes alemanes y los aficionados españoles empiezan a gritar:
–*¡Hijos de puta! ¡Cabrones! ¡Cerdos de mierda!*

–¿SABEN CON QUÉ SE VISTEN LOS POLLITOS?
–CON *POLLI ESTER.*

MANUAL DE BRICOLLAGE GALLEGO. CONSEJO Nº 1: *SI YA ESTÁ HECHO, ¡CÓMPRELO!*

–CUANDO LA POLICÍA ARRESTA A UN MIMO, *¿TAMBIÉN TIENE DERECHO A PERMANECER CALLADO?*

Los alemanes los miran y continúan remando. Al rato pasan los franceses y los aficionados igual:

–¡Hijos de puta! ¡Cabrones! ¡Cerdos de mierda!

Los franceses se les quedan mirando y continúan remando. Al rato pasa otra piragua y los aficionados gritan nuevamente:

–¡Hijos de puta! ¡Cabrones! ¡Cerdos de mierda!

Los remeros contestan:

–¡¡¡Tu puta madre, cabrón!!!

Y los aficionados saltan:

–¡Estos son los nuestros! ¡España! ¡España! ¡España!

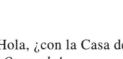

–Hola, ¿con la Casa de los Inodoros?
–¡Ocupado!

–¿Qué quiere ser la servilleta cuando sea grande?
–Quiere ser billete.

–¿Cuál es el primo músico de James Bond?
–Trom Bond.

–Che, ¡¡¡está saliendo sangre de tu maletín!!!
–Es que tengo todos los papeles en regla.

–Mi hermano abrió un negocio.
–¿Con qué?, si no tenía dinero.
–No, no… lo abrió con una barreta y se robó lo que había dentro.

–Me puse el pantalón de rayitas.
Y Rayitas se quedó en pelotas.

LOS QUE SE MASTURBAN SON *AUTODIDACTAS SEXUALES*.

¡CHICAS!… LA VIRGINIDAD PRODUCE CÁNCER: *¡HÁGANSE VACUNAR!*

668: EL VECINO DE EL DIABLO.

UNA BABY SITTER ES UNA ADOLESCENTE QUE ACTÚA COMO UN ADULTO, MIENTRAS LOS ADULTOS SALEN PARA ACTUAR *COMO ADOLESCENTES*.

Bufonadas

Un bandolero mexicano se había especializado en cruzar el río Grande y robar bancos en Texas. Un Texas Ranger decidió rastrearlo. Localizó al bandolero en una cantina. Apuntó su revólver a la cabeza del tipo y dijo:

–*¡Dígame dónde escondió el botín o le vuelo la tapa de los sesos!*

Pero el bandolero no hablaba inglés y el Texas Ranger no hablaba castellano. Afortunadamente, un *abogado bilingüe* bebía en la taberna y tradujo el mensaje del Ranger. El aterrado bandolero contestó inmediatamente:

–El botín está enterrado bajo el árbol de roble, detrás de la cantina.

–*¿Qué dijo?*

–Dijo: "¡Vete a cagar, Gringo! ¡No tienes los cojones para dispararme, *maricón de mierda*!".

Una viejita de unos 80 años, sentada en el banco de un parque, lloraba desconsoladamente.

Al verla, se le acercó una joven:

–*¿Por qué llora, abuela?*

–Tengo un marido de 22 años en casa. Me hace el amor todas las mañanas y después se levanta y me prepara panqueques, salchichas y café fresco.

–*Bueno, ¿y por qué llora?*

–Me hace sopa casera de almuerzo y mis pancitos favoritos, y después me hace el amor durante toda la tarde.

–*¡¿Por qué llora, entonces?!*

–De cenar me hace una comida gourmet con vino y mi postre favorito, y después me hace el amor hasta la madrugada.

–*Pero ¿¿¿por qué está llorando???*

–¡No me acuerdo dónde vivo!

Burradas

Estaba el niño Jesús junto con José y María.
De pronto, entra un pavo por la ventana y San José empieza a golpearlo violentamente con una escoba. El niño Jesús le dice:
–¿Pero qué haces, padre? ¿No ves que él también es una criatura del Señor?
–*Lo sé, pero imagínate: si una paloma en un instante embarazó a tu madre... Este cabrón en media hora ¡¡¡nos la pone a todos!!!*

Dos tipos pegándose. Un niño se acerca a un policía.
–*¡Venga rápido, que le están pegando a mi padre!*
–¿Cuál de los dos es tu padre?
–*No sé, por eso se pegan.*

El gallego Manolo va a Andalucía de vacaciones, toma un taxi y le dice al taxista:
–*Cuénteme un chascarrillo, que me han dicho que los andaluces son muy divertidos...*
–Paso.
–*Sólo uno, y le dejo en paz, por favor.*
–Vale. ¿Pares o nones?
–*Nones.*
–¡Tócame los cojones!
–*¡Muy bueno, muy bueno!*
El gallego vuelve a Barcelona, y se encuentra con Pepe.
–*Pepe, ven que te cuente un chascarrillo de Anda- lucía.*
–Dime, dime...
–*¿Pares o impares?*
–Pares.
–*Pues mira... ahora no recuerdo, pero me tienes que tocar los testículos, ¿entiendes?*

Cachondeo

El gallego Manolo exploraba la selva. De pronto, *¡cuatrocientos salvajes caníbales!*
–¡Coño! ¡Cagué fuego!
Entonces el cielo se abrió. Apareció un rayo de luz, resonaron unos truenos y se escuchó una voz:
–No. Lo que debes hacer es quitarle la lanza al jefe caníbal y clavársela a su hijo en el corazón.
El gallego peleó con el jefe. Le quitó su lanza y se la clavó en el pecho al pequeño, ante el asombro de todos los caníbales. El gallego miró al cielo. Entonces, se volvió a escuchar la voz:
–¡Ahora sí cagaste fuego, gallego!

En el cuartel gallego:
–A ver, soldado Muleiro, ¿cuánto es cuatro por tres?
–¡¡¡¡Cuarenta y ocho, mi sargentooooooo!!!
–¡Así me gusta, soldado! ¡Bruto pero enérgico!

–Mamá, tengo que darte una noticia…
–¡No vayas a decirme que perdiste la virginidad!
–¡Jo, Mamá! ¡Es que la ponen en un sitio…!

Se encuentran dos amigos; uno tartamudo y el otro no. Tienen el siguiente diálogo:
–Ho-ho-ho-la-la, ¿co-co co-co co-cómo-mo-mo e-e-esta-tás?
–Supermal, se me incendió la casa, me echaron del trabajo, mi señora me abandonó…
–No-nooo no-no te-te-tepreee te-preee ocu-cu-cupes, to-to to-tooo-do-do-dos lo-los pro-proo pro-proo pro-proble-ble ma-mas se-se se-se se-se solu-lu-lu ci-ci-ciona-na-nan.
–¡Claro, para ti es muy fácil decirlo!

Catalanes

El farmacéutico catalán salió corriendo detrás de un cliente.

–*Perdone: ¿acaba usted de comprar una aspirina en mi farmacia?*

–Sí, ¿cuál es el problema?

–*Pues que le he dado estricnina en vez de aspirinas.*

–¡Gracias por avisarme!

–*No, yo lo corrí porque son doscientas pesetas más.*

–¿Qué diferencia hay entre un vasco y un catalán que con la edad se quedan calvos?

–*El vasco se compra una boina. El catalán, vende el peine.*

–*Pero ¿qué te pasa que lloras, Jordi?*

–Es que a mi peine se le ha roto una púa, y ahora tengo que comprarme uno nuevo.

–*Pero hombre, no es para tanto. Puedes seguir peinándote con ese peine aunque le falte una púa.*

–No, no lo entiendes, ¡es que era la última púa!

Barco de crucero por el Caribe.

Se hunde.

Una familia catalana se refugia en un bote salvavidas de esos con techo.

El rescate no tarda en llegar.

Baja del helicóptero en movimiento un hombre rana y llama al bote:

–*¡Knock, knock!*

–¿Quién es?

–*¡La Cruz Roja!*

–Pues aquí ya hemos dado, ¿eh?

LA FRIGIDEZ ES UNA HISTORIA *DE NUNCA* ACABAR.

LEY DE MULEIRO: CLARO QUE USTED ENCUENTRA LO QUE BUSCA EN EL ÚLTIMO LUGAR QUE MIRÓ... SI NO LO HUBIESE ENCONTRADO, *TODAVÍA LO SEGUIRÍA BUSCANDO.*

Clásicos

Dos gallegos en la mili, durante una marcha:

–*Mira: un ligarto.*

–Pero ¡qué bruto eres! Se dice legarto.

–*¡Qué se va a decir legarto! Es ligarto.*

–Ahí está el sargento, que es un hombre de mundo. Vamos a preguntarle a él.

–*Mi sargento, queremos preguntarle cómo se llama ese bicho verde que hay encima de esta piedra, ¿es ligarto o legarto?*

–Pues se dice ligarto o legarto indistintamente. Pero la palabra trénica es sipiente.

–¿Me da un frasco de *Frecuencia*?

–*Lo siento, no tenemos ese producto.*

–No entiendo. El médico me dijo que me lavara los pies con *Frecuencia* y no lo tienen en ningún lado.

–*¿Cómo se le dice a un diputado menemista muy, muy, muy honrado?*

–No sé.

–*Extrapartidario.*

En los tiempos antiguos, un caballero se fue a las Cruzadas y se despidió de sus familiares y amigos diciéndoles:

–*Como vuestras mercedes saben, me voy a luchar a la Tierra Santa, para mayor gloria de la Cristiandad. Es muy posible que no vuelva. Esta es la llave del cinturón de castidad de mi esposa; si pasaren diez años sin que supiereis nada de mí, tened la merced de dársela.*

Apenas cruzó la puerta del castillo, un paje salió corriendo y le gritó:

–Mi mujer es un ángel.

–¡Qué suerte tienes, la mía todavía vive!

Anoche me echaron un polvo que casi me mata.

Una cucaracha

Los homosexuales no existen, pero que los gay, los gay.

–¡Don Álvaro, noble señor, gracias a Dios que le he alcanzado! *¡¡¡Nos ha dado la llave equivocada!!!*

–*¡Policía! ¡Policía!*
–¿Qué sucede, señorita?
–*Acaban de robarme cinco mil pesos en el colectivo.*
–¿Cinco mil pesos? ¿Dónde los llevaba?
–*¡Los tenía guardados en la braga!*
–¿En la braga? ¿Y no se dio cuenta cuando le metieron mano?
–*Es que pensé que el tipo tenía muy buenas intenciones...*

Paco, agente de policía, consiguió un relevo que le permitió finalizar su ronda nocturna dos horas antes. Al llegar a su casa decidió no encender la luz para no despertar a su mujer, que estaba durmiendo. Su esposa se despertó y en la oscuridad le gritó:
–*Amor, ¡tengo un dolor de cabeza que me está matando! ¿Puedes ir a la farmacia a buscar unas aspirinas?*
Paco, complaciente y siempre sin encender la luz, tanteó, volvió a ponerse el uniforme y se dirigió a la farmacia de guardia.
Al entrar, el farmacéutico lo miró, estupefacto:
–*¿Usted no es Antonio, el agente de policía?*
–Sí, claro. ¿Por qué lo pregunta?
–*Entonces, ¿qué carajo hace con uniforme de bombero?*

–¡Pero Pepe, hombre! Desde que te has casado no has aparecido por el club. Ya no juegas al fútbol con nosotros. ¡Cómo es eso, hombre…!
–*Nada, que mi mujer me dice que no vaya y para no hacerla enfadar...*
–Mira, lo que tienes que hacer es darle unas buenas pal-

madas en el culo y así aprenderá quién manda en casa.

–*¿Estás seguro?*

–Sí, hombre. Ya me contarás.

Al cabo de varias semanas el hombre seguía sin aparecer por el fútbol. Finalmente volvió a encontrarse con su amigo…

–Pero hombre, ¿no te dije qué tenías que hacer?

–*Y lo he hecho. Aquel domingo ella me dijo que no fuera al fútbol. Entonces yo la agarré, la puse sobre mi regazo y me preparé para darle unas buenas palmadas en el culo. Le bajé la falda, luego le bajé las bragas, y entonces apareció su culo. En cuanto vi esos enormes cachetes, pensé: "¿Qué mierda me importan a mí el fútbol, el club y esos imbéciles que me esperan?". Así que…*

–*Juan, ¿cómo se dice? ¿Cliptoris, clítoris o clitorís?*

–¡Joder! Si me lo hubieses preguntado ayer, *¡lo tenía en la punta de la lengua!*

Llega Pepe a casa de un amigo…

–*¡Hola, Pepe! Pero ¿no iba a venir tu mujer contigo?*

–Sí, pero la he dejado con cuarenta en la cama…

–*¡Lo siento, hombre! ¡Es que la que nace puta…!*

Una pareja hacía el amor. Cada vez que él empujaba, la mujer decía:

–*Si sale niño, se llamará Pepito.*

Y el tipo, algo cabreado, seguía empujando.

–*Si sale niña, se llamará Pepita.*

Y el tipo más cabreado, seguía empujando.

–*Si sale niño, Pepito.*

Y el tipo más cabreado todavía, seguía empujando.

–*Si sale niña, Pepita.*

Finalmente, el tipo, ya cabreadísimo, acabó la fae-

CADA HOMBRE QUIERE SER *EL PRIMER AMOR DE UNA MUJER*, CADA MUJER QUIERE SER *EL ÚLTIMO AMOR DE UN HOMBRE.*

ADÁN Y EVA TENÍAN UN MATRIMONIO IDEAL. ÉL NUNCA TUVO QUE OÍR LA HISTORIA DE LOS HOMBRES QUE SE HUBIESEN CASADO CON ELLA; Y ELLA NUNCA TUVO QUE ESCUCHAR *LO BIEN QUE COCINABA LA MAMÁ DE ÉL.*

ADULTO: PERSONA QUE HA DEJADO DE CRECER EN AMBAS PUNTAS Y AHORA ESTÁ CRECIENDO EN EL MEDIO.

na, se quitó el condón, le hizo un nudo y lo tiró contra la pared, mientras decía:
–*¡Y si sale de ésta, McGyver!*

Un negro, musculatura poderosa, nadaba en el mar. Salió del agua y caminó lentamente hacia la playa. La gente se quedó mirándolo, petrificada. El agua le llegaba a las rodillas y el pene todavía no acababa... Siguió saliendo; el agua por los tobillos y el pene todavía no terminaba de verse. Ya estaba a unos metros de la playa y llevaba arrastrando el pene. Todos lo miraban.
–*¿Qué pasa? ¿A ustedes no se les encoge con el agua fría?*

Un barco lleno de pasajeros está hundiéndose. Preparan los botes salvavidas. El capitán, el gallego Muleiro, se mete en uno de los botes antes que todos los demás.
–*Pero... capitán, ¡que hay mujeres!*
–Sí, hombre, ¡como para follar estoy yo ahora!

Un profesor de matemáticas envió un fax a su esposa:
Querida esposa:
Deberías darte cuenta de que ya tienes 54 años, y yo tengo ciertas necesidades que ya no puedes satisfacer. Yo estoy feliz de tenerte como esposa y, sinceramente, espero que no te sientas herida u ofendida al saber que al tiempo que recibas este fax, yo estaré en el Gran Hotel con mi asistente de 18 años. Regresaré a casa antes de la medianoche.
Cuando el esposo llegó al hotel había un fax para él.
Querido esposo:
Tú también tienes 54 años y al tiempo que recibas ésta, yo estaré en el Hotel Cantábrico con mi instructor de 18 años. Dado que eres matemático, puedes apreciar fácilmente que 18 entra en 54 más veces que 54 en 18, así que no me esperes...

EL AMOR ES COMO LA GUERRA: *SIEMPRE SE TERMINA CUERPO A CUERPO.*

MACHO ES EL QUE *LA PRUEBA Y NO LE GUSTA.*

LOS HOMBRES SON COMO EL CIGARRILLO: PRIMERO SE *ENCIENDEN* Y DESPUÉS SE HACEN HUMO.

Colmos

–¿Cuál es el colmo de un pirata?
–*Que su pata de madera lo abandone por un patito de goma.*

–¿Cuál es el colmo de un canguro?
–*Perderlo todo por jugar a la bolsa.*

–¿Cuál es el colmo de un mudo?
–*Ir a una mesa redonda y que no le den la palabra.*

–¿Cuál es el colmo de un exiliado uruguayo?
–*Que además de no conseguir trabajo lo confundan con un argentino.*

–¿Cuál es el colmo de la ancianidad?
–*Saber qué gusto tiene la sopa de dinosaurio.*

–¿Cuál es el colmo de los mitos?
–*El colmito.*

–¿Cuál es el colmo del misterio?
–*Lo siento, no puedo decirlo, es un secreto.*

–¿Cuál es el colmo de un músico?
–*Que al perder el conocimiento, en lugar de volver en sí, vuelva en do.*

LA MUJER PROPIA ES COMO LAS PRENDAS DE CUERO, SON CARAS, DURAN TODA LA VIDA Y NO CALIENTAN UN CARAJO.

AYER HICE CORNUDA A MEDIA CIUDAD, ME FOLLÉ A MI MUJER.

JUGANDO AL FÚTBOL SOY DE MADERA.
PINOCHO

EL QUE NO COGE VUELA, Y AL QUE VUELA SE LO COGE SUPERMAN.

–¿Cuál es el colmo de un negro?
–*Sentirse el blanco de todas las miradas.*

–¿Cuál es el colmo del tabaco rubio?
–*No tener los ojos azules.*

–¿Cuál es el colmo de un teléfono?
–*Ser negro, sufrido y que lo cuelguen sin razón.*

–¿Cuál es el colmo de un canceroso?
–*Que le den cuatro meses de vida cuando en realidad le quedan dos.*

–¿Cuál es el colmo de un tomate?
–*Ponerse colorado por cualquier cosa.*

–¿Cuál es el colmo de la paciencia?
–*Limpiarse el culo con papel picado, ¡ju, ju, ju!*

–¿Cuál es el colmo de una enfermera?
–*Atender a un enfermo que tenga la risa contagiosa.*

–¿Cuál es el colmo de un restaurante?
–*Cerrar para comer.*

–¿Cuál es el colmo de un diabético?
–*Morirse por tener un carácter demasiado dulce.*

−¿Cuál es el colmo de la esperanza?
−*Dos maricones comprando una cuna.*

−¿Cuál es el colmo de un electricista?
−*Cortar la corriente de un río.*

−¿Cuál es el colmo de un enano?
−*Sentarse en el suelo y que le cuelguen los pies.*

−¿Cuál es el colmo de un médico?
−*Que su hija se llame Remedios.*

−¿Cuál es el colmo de un boxeador?
−*Que su fruta preferida sea la piña.*

−¿Cuál es el colmo de un sordo?
−*Que al morir, le guarden un minuto de silencio.*

−¿Cuál es el colmo de un panadero?
−*Que le amasen a la hija.*

LA MARGARITA SIEM-
PRE TIENE UN PÉTALO
DE RESERVA *PARA LOS
CASOS DESESPERADOS.*

*DESDE HACE CUATRO-
CIENTOS AÑOS LOS PAÍ-*
SES SUBDESARROLLA-
DOS TIENEN UN GRAN
PORVENIR.

LA MUJER QUE PIDE
ENSALADA DE FRUTAS
PARA DOS ESTÁ *PER-
FECCIONANDO EL PE-
CADO ORIGINAL.*

−SI LA ESCUELA ES UN
JARDÍN Y LOS ALUMNOS
LAS FLORES, ¿LOS
MAESTROS QUÉ SON?
−¿EL ABONO?

Cómo se dice

–¿*Cómo se dice 40 años de casados en alemán?*
–Jodansen.

–¿*Cómo se dice abrir la puerta en alemán?*
–Destranken.

–¿*Cómo se dice autobús en alemán?*
–Suban-empujen-estrujen-bajen.

–¿*Cómo se dice adolescente en árabe?*
–Paralapaja.

–¿*Cómo se dice agricultor en árabe?*
–Jala la pala.

–¿*Cómo se dice ametralladora en árabe?*
–Allava labalabalabalabalabala.

–¿*Cómo se dice maravilla en argentino?*
–Yo.

–¿*Cómo se dice tomar el té a la tarde en guaraní?*
–Merendeté.

–¿*Cómo se dice felatio en armenio?*
–Penesorberán.

–¿*Cómo se dice adulterio en griego?*
–Atrapalos encopulas.

–¿*Cómo se dice caricatura en griego?*
–Garabatos.

–¿*Cómo se dice bigote en italiano?*
–Trampolini di moco.

–¿*Cómo se dice guerra en zulú?*
–Bomba-bomba.

–¿*Cómo se dice corazón en italiano?*
–Mio cardio.

–¿*Cómo se dice adivinador en japonés?*
–Komosabe.

–¿*Cómo se dice bañera giratoria en inglés?*
–Tina Turner.

–¿*Cómo se dice al contado en japonés?*
–Taka-taka.

–¿*Cómo se dice sediento en rumano?*
–Mereesku refresku.

EL NEGOCIO MÁS EX-
PUESTO A LA QUIEBRA ES
EL DE LA CRISTALERÍA.

NO SOY UN TONTITO
SUPERFICIAL. O SEA:
*LO JURO POR MIS REE-
BOK, ¿OKEY?*

MÁXIMA DE MULEIRO:
HAY QUE TRABAJAR
OCHO HORAS Y DORMIR
OCHO HORAS, PERO NO
LAS MISMAS.

POR MÁS QUE DES
VUELTAS QUE CULO
SIEMPRE QUEDA ATRÁS.

HAGA EL AMOR CON SU
ESPOSA... MILLONES
*DE SUS AMIGOS NO
PUEDEN EQUIVOCARSE.*

Comparaciones

Más abierta *que agujero de ozono.*

Más agarrado *que vieja en una moto.*

Agrandado, como *curriculum vitae.*

Más agrandado que *forro de burro.*

Al pedo, *como guardabarro de lancha.*

Al pedo, *como teta de monja.*

Más al pedo *que timbre de cripta...*

Más apretadito *que pedo de visita.*

Arrugado, como *frenada de gusano.*

Más áspero que *talón de indio.*

Más blanco *que culo de monja.*

Más bueno que *Lassie con bozal.*

DECÍA MULEIRO:
–¡QUÉ TRISTE ES IR AL HIPÓDROMO Y VER CÓMO HASTA LOS CABALLOS TERMINAN UNA CARRERA!

LA CIGÜEÑA VIENE DE PARÍS, Y SE VA CUANDO PARÍS.

MÁS PERDIDO QUE HITLER EN EL ONCE.

MÁS INÚTIL QUE UNA TETA EN LA ESPALDA.

MÁS PESADO QUE MUESTRARIO DE YUNQUES.

Más caliente *que panza de parrillero*.

Más colorado *que huevo de ciclista*.

Colorado, como *sorete de vampiro*.

Más cortito que *viraje de laucha*.

Más desubicado que *inodoro en el living*.

Desubicado, como *moco en la oreja*.

Más desubicado que *morrón en clericó*.

Más difícil que *cagar en un tubo de ensayo*.

Difícil, como hacer *gárgaras con talco*.

Más difíci que *limpiarse el culo con papel picado*.

Más difícil *que pellizcar un vidrio*.

Más falso *que billete de 7 pesos*.

Computadoras

–¿Cuál es la diferencia entre un vendedor de automóviles y uno de computadoras?...
–*El segundo no sabe cuándo miente.*

–¿Cuántos programadores se necesitan para cambiar una lamparilla?
–*¡Ninguno! Ese es problema de hardware.*

–*¿Cuál es el colmo de un hipocondríaco?*
–Ni idea.
–*Mantenerse alejado de la computadora porque puede tener un virus.*

–¿Por qué Dios necesitó seis días para crear el Universo?
–*Porque tuvo que preocuparse de hacerlo compatible con la versión anterior.*

Las computadoras no son inteligentes.
Sólo creen que lo son.

–¿Hola? ¿Hablo con Internet? Verá: llamo porque el ratón *se me ha ahogado mientras navegaba...*

El esfuerzo de utilizar las máquinas para emular el pensamiento humano siempre me ha parecido bastante estúpido.
Preferiría usarlas para emular algo mejor.

Condicionados

–¿A quién vas a votar? ¿A la izquierda, a la derecha o al centro?
–*A ninguno de esos. Voy a votar a los bufarrones.*
–¿Cómo a los bufarrones?
–*Pues sí, como de todas formas nos van a dar por culo, por lo menos que lo hagan* profesionales.

–*¿Cuál es el colmo de la sumisión?*
–Que te estén dando por culo, y tengas que pedir perdón por *dar la espalda.*

Una pareja de negros está en un río y se encuentra con un genio que les dice:
–*Si cruzáis el río con cocodrilos y todo, os convierto en blancos.*
Se tira el marido. Nada y nada. Un cocodrilo le come una mano, pero llega al otro lado y se vuelve blanco.
Se tira su mujer. Va por la mitad y un cocodrilo la toma por una pierna y la tira hacia abajo.
–*Socorrooooo... ¡¡¡ayúdaaaammeeeee!!!*
–¡Jódete! ¡Negra de mierda!

Una mujer muy voluptuosa se relame el labio superior. Le guiña el ojo al barman y lo llama *moviendo con languidez los dedos índice y anular de la mano derecha.*
El barman va de inmediato.
Seductora, ella le hace señas para que *le acerque la oreja a sus labios.*
Cuando él lo hace, ella comienza a *acariciar suavemente su tupida y boscosa barba,* murmurándole en el oído:

¡SONRÍE! ¡YO EXISTO!

SI QUIERES OLVIDAR AL QUE ESTÁS AMANDO... *IMAGÍNATELO CAGANDO.*

MÁS INÚTIL, QUE LIMPIAPARABRISAS DE SUBMARINO.

SEA AMABLE, *PÁGUELE EL ABORTO A SU SIRVIENTA.*

–*¿Eres el encargado de este bar?*
Dulce y juguetona, le frota ambas manos por el rostro.
–Para ser sincero, no; pero...
–*¿Podrías llamarlo? Necesito hablar con él...*
Desliza sus manos más allá de su barba, y *acaricia con dulzura los lóbulos de sus orejas, sus cabellos,* haciéndole cosquillas alrededor de la incipiente calvicie.
–Lo lamento, pero no está. Pero te aseguro, yo puedo ayudarte con lo que necesites...
–*Claro, claro que puedes. Necesito que le des un mensaje...*
Lleva muy lentamente los dedos hacia los labios del hombre, *acariciándole las encías,* metiéndoselos en la boca y dejando que él se los mordisquee y chupe con delicadeza.
–¿Cuál es el mensaje?
–*Por favor, dile que no hay más papel higiénico en el baño de mujeres...*

El marino Pepe Muleiro llega a su casa después de diez meses en alta mar.
–*María, quítate la ropa que te voy a echar el polvo del siglo.*
Cuando llega a la habitación, termina de quitarle toda la ropa a su mujer y empiezan a follar escandalosamente.
Era tal el ajetreo, que se oyen unos golpes en la pared del vecino:
–*¡Coño, paren! ¡¡¡Toda la semana igual, paren un poco!!!*

Confusionismos

Recuerda siempre esta enseñanza: Ríe, y el mundo reirá contigo. Ronca, *¡y dormirás solo!*

El hombre que tiene un agujero en el bolsillo *siente su pitilín en la mano tooooooodo el día.*

Quien vive en una casa de piedra debe evitar arrojar *vidrios contra las paredes.*

El hombre sabio responde: *"No, no soy viejo. Tengo muchos años porque los colecciono".*

El ordenador es la evolución lógica del hombre: *inteligencia sin moral.*

No creas que porque el médico sabe dar un nombre a tu enfermedad *sabe de qué cuernos se trata.*

Pierde una hora por la mañana y estarás *buscándola todo el día.*

Todo es posible... a menos que *no lo sea.*

Existen dos maneras de ser feliz en esta vida: una es hacerse el idiota. *La otra, es serlo.*

PAPÁ NOEL TRABAJA UNA VEZ AL AÑO Y ENCIMA *ES MENTIRA.*

ERRAR ES HUMANO, PERO ECHARLE LA CULPA AL OTRO *ES MÁS HUMANO TODAVÍA.*

SI A LA PRIMERA NO LO HACES BIEN, EL PARACAIDISMO *NO ES LO TUYO.*

Bienaventurados los que no esperan nada de nada *porque no serán defraudados.*

Si te caes de la cama, es importante que te despiertes. *De otro modo, te pisarás.*

Si necesitas una aguja no busques en un pajar; *busca en un costurero.*

Si a un hombre le das un pez, comerá hoy. Si le enseñas a pescar, comerá toda su vida. Si le enseñas a vender pescado al por mayor, se hará *muy, muy rico.*

Si en la vida sólo tienes un martillo, todo *te parecerá un clavo.*

Si el Universo es infinito, *¿por qué cuesta tanto estacionar?*

La vida sin peligro es *un despilfarro de oxígeno.*

Seguid mis consejos. Yo, igual no los uso.

La mitad de las personas de este mundo está por debajo *del término medio.*

No sufras la locura. *¡Disfrútala!*

Benditos sean los pesimistas porque ellos hacen *copias de seguridad.*

El que ríe último es porque *aún no escuchó las malas noticias.*

Recuerda: Si hablas de los demás, eres un *chismoso.* Si hablas de ti mismo, eres un *aburrido.*

Todo lo que debes ambicionar en esta vida es una cama abrigada, una palabra de aliento y *¡¡poder ilimitado!!*

Querido discípulo: *Si vas a pecar, sé original.*

¿Quién fue el primer hombre que vio un caracol arrastrándose y dijo: "Voy a comerme esa cosa"?

Recuerde: *Hoy es el último día de algo de su vida.*

El problema con los pesimistas es que *tienen razón la mayor parte de las veces.*

Si tuviste éxito al primer intento, *trata de no mostrarte sorprendido.*
Si al primer intento no tuviste éxito, *destruye todas las pruebas de que estuviste intentándolo.*

UNA MUJER ME ARRASTRÓ A LA BEBIDA... Y NUNCA TUVE LA CORTESÍA DE DARLE LAS GRACIAS.

SI DIOS HUBIESE QUERIDO QUE LA GENTE CHUPASE PENES, *NO LES HUBIESE DADO DIENTES.*

SI USTED CREE QUE A NADIE LE IMPORTA QUE USTED ESTÉ VIVO, *¡INTENTE OLVIDARSE DE PAGAR UN PAR DE CUOTAS DEL AUTO!*

EL AMOR *ETERNO DURA TRES MESES.*

LO IMPORTANTE NO ES SABER, *SINO TENER EL TELÉFONO DEL QUE SABE.*

Cortitos

-¿CÓMO SE DICE CO-
PIE BIEN EN INGLÉS?
-*COPYRIGHT.*

EL FABRICANTE DE
VENTILADORES *VIVE*
DEL AIRE.

EN EL ESCRITO ME FUE
BÁRBARO. PERO EN EL
ORAL ME CAGARON.
BERNARDO, EL
AYUDANTE DEL ZORRO

A LAS CUATRO DE LA
MAÑANA NUNCA SE SA-
BE SI ES DEMASIADO
TARDE O *DEMASIADO*
TEMPRANO.

-¿Qué gusto tiene la sal?
-*¿Sal fina o sal gruesa?...*

-¿Hablo con la gestoría?
-*Sí, ¿en qué puedo ayudarlo?*
-Pues verá: llamo porque he hecho *un mal gesto* y
pensé que...

-Oye, tu novia, ¿cómo folla?
-*No lo sé. Unos dicen que bien, otros que mal. Es-*
toy hecho un lío.

-¿Sabes que he conseguido un trabajo en Santiago?
-*¿Ah, sí? ¿De qué?*
-De Compostela.

Un avión cae en picada. Un pasajero se despierta y
le pregunta a la azafata:
-*¿Vamos a tomar tierra?*
-¿A tomar tierra? ¡Te vas a hartar de tierra!

Un vasco le dice a otro:
-*Oye, Patxi, que me han dicho que tu hija anda por*
ahí con gonorrea, ¿lo sabías?
-No, pero a mí, mientras sea vasco *no me importa.*

Entra el marido en la habitación conyugal, donde
está ya acostada su esposa, con un vaso de agua y

una aspirina.

–*Pero cariño, ¡si no me duele la cabeza!*

–Pues entonces… *¡a follar!*

–Papá, cómprame un coche.

–*¡Una mierda!*

–¡Noooo, un Twingo nooooooo!

Capitán: *¡Abordar el barco!*

Y el barco *quedó precioso*.

Capitán: *¡Tirad amarras!*

Y Marras se tuvo que volver a puerto nadando.

–*Papá, cómprame un traje claro…*

–No me sale de los cojones. ¿Lo quieres más *claro*?

Llega al consultorio del curandero un mudo muy rico con una notita:

"Soy mudo. Si consigue hacerme hablar le pagaré lo que me pida".

El curandero lo pone boca abajo, le quita los pantalones, lo apunta y le mete el dedo.

El mudo grita: *"¡¡¡Aaaaah!!!!"*.

–¡Muy bien! Vuelva mañana que continuaremos con la "b".

–Pepe, bésame en los labios.

CUANDO TE FUISTE, ME DEJASTE UN SABOR AMARGO EN LA BOCA.
    MONICA LEWINSKY

–*¿QUÉ SE SIENTE CUANDO SE JODE, MARÍA?*

–IGUAL QUE CUANDO TE CAE UNA PUERTA ENCIMA, PERO CON LA LLAVE PUESTA.

RECUERDA SER SOLIDARIO. CADA VEZ QUE PUEDAS, *MASTURBA A UN MANCO*.

—No, que cierras las piernas y me rompes las gafas.

Dijo el capitán:
—Disparen a discreción.
Y Discreción cayó abatido por el fuego amigo.

—¿Es aquí donde dan clases baratas de inglés?
—If, if... between, between...

—¿Cómo estás, Pepe?
—Vengo del hospital. Me han quitado los huevos.
—¿Cáncer?
—Colesterol.

—Papá, dime cómo tengo que hacer para dominar a una mujer. Es que me quiero casar, ¿sabes?
—Espera un rato, hijo. Apenas termine de lavar los platos y planchar toda esta ropa, te explico.

—¿Cómo se reconoce a un gallego en el Mc Donald's?
—¡Es el que se queda charlando con el automac!

CUANTO ANTES SE EXTINGAN LOS ANIMALES, MÁS PRONTO ENCONTRAREMOS DÓNDE ESCONDIERON TODO SU DINERO.

CRISTÓBAL, ¡NO ME ROMPAS LOS HUEVOS!
LA REINA ISABEL

—PARA MÍ, LA MUJER ES IMPORTANTE, MANOLO. ¿QUIÉN HARÍA LA COMIDA SI NO?

LO BUENO, SI BREVE, SE ACABA ANTES.

Cuernos

Juan y Juana se encontraron por primera vez en la playa, se miraron, se enamoraron y en tres días ¡¡¡se casaron!!! En la noche de bodas:

–*Querida, de hoy en adelante te llamaré Eva.*
–¿Por qué?
–*Porque eres mi primera mujer.*
–Yo te llamaré Peugeot.
–*¿Por qué?*
–¡¡¡Porque eres mi 504!!!

Síntomas de que tu mujer te engaña.
- *Cuando sale al supermercado vuelve siempre con el pelo mojado.*
- Te das vuelta rápidamente en una reunión y encuentras a 15 personas haciéndote "cuernitos".
- *En una semana pasa de repositora del supermercado a secretaria personal del gerente general.*
- Cuando estornudas en la noche, el ropero te dice *"¡Salud!".*
- *Comienzas a encontrar una gran cantidad de objetos, como vestidos nuevos, carteras, zapatos...*

–*¡Joder, Paco! Lo que me pasó esta mañana es increíble.*
–¿Y qué fue lo que te pasó, Manolo?
–*Yo estaba en la esquina cuando llegó una mujer en su auto y me invitó a un paseo. Fuimos a su casa y cuando estábamos dentro de la habitación, llegó el esposo y ¡menos mal que esa mujer era muy astuta! Me dijo que me pusiera a planchar un paquete de ropa.*
–¿Qué más pasó?
–*Cuando el marido me vio planchando, la mujer le dijo que yo estaba buscando trabajo y como ella tenía mucha ropa para planchar, me contrató. El*

hombre no quedó muy convencido y se me sentó al lado a ver si yo sabía planchar.
—¿Y entonces?
—Después de dos horas planchando, cuando terminé pude salir de la casa. Es decir que estoy vivo gracias a la astucia de esa mujer.
—Por curiosidad, ¿dónde vive esa mujer?
—En la calle Mayor número 8.
—¡Joder!, esa ropa que planchaste hoy, ¡la lavé ayer!

—Doctor, tengo eyaculación precoz. ¿Qué puedo hacer?
—Cómprese una pistola y cuando esté a punto de acabar, dispare dos tiros.
Se encuentran dos semanas después:
—¿Cómo le fue?
—Regular, la eyaculación se me cortó pero al disparar los dos tiros salió un hombre del armario gritando "¡A mí no! ¡A mí no!".

Llega el marido a las once de la mañana a la casa y encuentra a su mujer desnuda:
—¿Por qué estás desnuda a estas horas?
—Porque eres un tacaño y no tengo vestidos que ponerme.
El marido se dirige al armario y abre la puerta.
—¿Cómo que no tienes vestidos? ¡Mira!, un vestido, dos vestidos, tres vestidos, ¡buenos días!, cuatro vestidos, cinco vestidos...

Una mujer está en la cama con su amante cuando repentinamente oye el ruido del auto de su esposo en un horario en que no debería haber llegado. Desesperada, toma un envase de aceite, talco y le dice al amante:
—Quédate quieto que yo sé cómo salir de esta.
Dicho y hecho. Unta de aceite al amante, de pies a cabeza, y luego procede a empolvarlo todo hasta que

queda blanco. Al entrar el marido divisa algo blanco en una esquina del dormitorio y le pregunta a la mujer:
–¿Qué es esa porquería que veo en la esquina?
–*Mi amor, no seas así, es una estatua muy fina, decorativa, el otro día estuve en la casa de los Rodríguez y ellos tenían una, como me gustó mucho compré una igual. ¿¿¿No es linda???*
El marido, no muy convencido, se va. Pasan las horas, se hace de noche y se van a acostar. En medio de la noche al marido le da un poco de hambre y se va para la cocina. Cuando vuelve se para frente a la "estatua" y le dice:
–Tome, coma algo, *yo estuve parado como tres días en el dormitorio de los Rodríguez y no me dieron ni un vaso de agua.*

Un tipo sospecha que su mujer lo engaña con el médico del pueblo, así que convence al matón de la comarca para que vaya con él a casa del médico, pescarlos *in fraganti* y darles una paliza. Abren la puerta de la casa del médico y lo ven con una mujer. El bestia empieza a darles bofetadas a los dos, y el marido le dice:
–*No les pegues, no les pegues, ¡que esa no es mi mujer!*
–¡Pero es la mía!

Llega el marido a casa y encuentra a la mujer desnuda en la habitación, claramente trastornada.
–*¿Qué haces desnuda?*
–Tenía calor.
–*¿Y esa camisa sobre la cama? Mía no es.*
–La compré para ti.
–*Hay humo en la habitación y tú no fumas.*
–Comencé hoy por los nervios.
–*¿Y ese olor a perfume de hombre? ¡No es mío ni tuyo!*
–Lo compré para ti porque me excita.

–MARÍA, EL MÉDICO ME HA DICHO QUE TENGO 24 HORAS DE VIDA. DIME LA VERDAD. ¿ME HAS ENGAÑADO ALGUNA VEZ? ¡VENGA, CUÉNTAME!
–¿Y SI NO TE MUERES?

NUNCA TE PERDERÁS SI RECUERDAS QUE EL MUSGO *CRECE EN EL LADO NORTE DE LAS BRÚJULAS.*

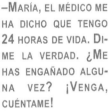

Totalmente convencido, se dispone a dejar su abrigo en el armario. Abre la puerta y en el interior descubre la presencia de un hombre.

–¿*Qué hace usted ahí?*

–¿Ha creído todo lo que le ha dicho su mujer?

–¡*Sí, claro!*

–Entonces, cierre la puerta que voy al quinto.

Resulta que un tipo vuelve a su casa después de haber estado con su amante y mientras se estaba arreglando se ve un terrible rasguño en el pecho. Preocupado, llega a su casa y justo ve pasar al gato. Le pega una terrible patada… ¡¡¡*miauuuuuuu!!!*, el gato maúlla y llega la mujer corriendo:

–*Pero querido, ¿qué pasó?*

–Nada, este gato de mierda me atacó y me rasguñó el pecho.

–*Sí, ¡mátalo, mátalo que a mí me dejó un terrible chupón en el cuello!*

Dos matrimonios van de acampada al bosque. Mientras las mujeres preparan la comida, los maridos charlan un poco apartados.

–¿*Sabes una cosa, Juan? Mi vida sexual cada vez es más aburrida. No sé qué hacer con mi mujer, que no haya hecho ya.*

–¡No me digas! A mí me pasa lo mismo, Pedro. Pero no sé cómo arreglarlo.

–*Mmmmm, ¿qué te parecería un intercambio?*

–Por mí, vale. Pero habrá que ver qué opinan nuestras mujeres.

Las mujeres aceptan sin ningún reparo. Cada pareja se mete en una tienda y así pasan toda la noche. Al día siguiente comentan los maridos:

–¿*Qué tal la noche, Juan?*

–¡No estuvo mal del todo, Pedro! Abramos la tienda de las mujeres *a ver cómo lo han pasado ellas.*

Si todo viene hacia usted es que *está en el carril equivocado.*

———

El sexo para Pepe:
–*A mí, la impotencia me la trae floja.*

———

–¿Qué es el arte, Pepe?
–¡Cagarte de frío!

———

–¿Podrías repetir qué dijiste después de *"¡Pepe, escucha con muchísima atención!"*?

———

–No es que Muleiro sea torpe. Es que tiene *menos reflejos que un espejo de corcho.*

———

84

Chascarrillos

En el aeropuerto, un guardia me racheó, me palpó y me dio unas palmadas cerca del culo. Me preguntó:
–*¿Lleva armas encima?*
–¿A quién le importa? *¡Bésame!*

Dos borrachos en un velorio.
–*Ramón, mira la vieja esa cómo llora.*
–Cállate, y vamos a escuchar qué dice...
–*"Se lo llevan donde no hay agua, donde no hay co-mida, donde no hay luz, donde no hay mujeres..."*
–¡Ramón! ¡Lo llevan para tu casa!

–*Doctor, todas las noches tengo la misma pesadilla. Cinco hombres se acercan, me acosan. ¡Yo lucho! ¡Los alejo a golpes y arañazos!*
–Yo soy traumatólogo. ¿Qué es lo que puedo hacer por usted, señor?
–*¡Enyéseme los brazos!*

Campeonato de Patinaje Artístico sobre hielo.
El jurado califica a un competidor. Todos los jueces dan cero puntos. El juez gallego pone un 10.
–*¿Cómo puede dar un puntaje tan alto a una actua-ción tan terrible, Muleiro?*
–¡Joder! ¡Pues porque hay que tener en cuenta lo resbaladizo que está ese hielo de mierda!

–¿Compañía de Jesús?
–*Sí, dígame.*
–Mire, soy Jesús y llamaba para decirles que ya no quiero que me acompañen más.

85

Chéveres

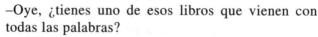

–Oye, ¿tienes uno de esos libros que vienen con todas las palabras?
–*¿Un diccionario, Manolo?*
–¡Anda, sí, ésa es la palabra que quería encontrar!

–*¿Qué es una ninfómana?*
–Una mujer que quiere tener relaciones sexuales con *la misma asiduidad que un hombre.*

TODO TIEMPO PASADO *FUE ANTERIOR.*

CUALQUIERA SE PUEDE EQUIVOCAR, *¡HASTA YO!*

SONRÍA. ES LA MEJOR SEGUNDA COSA QUE PUEDE HACER *CON LOS LABIOS.*

–YO SOY MUY OBJETI- VO. *¡OBJETO TODO!*

Dos mariquitas, en un túnel y desnudos, dispuestos a entrar en acción. Pasa un coche de la policía y los enfoca con la linterna. El marica que está detrás dice:
–*¡Huy!, qué bien, señor guardia. ¡Si no me ilu- minaba, hacía pipí encima de este señor!*

–Hermosa, ¿sabes el cuento del culo?
–*No.*
–Después te lo hago.

–*¿En qué se diferencian las Olimpíadas de las Paraolimpíadas?*
–Ni idea.
–*En que en unas corre Fermín Cacho y en las otras corren cachos de Fermín.*

Tres mujeres turistas, de diferentes nacionalidades, deciden ir al prostíbulo más grande de Amsterdam, que tiene cinco pisos.
Suben al primer piso y leen un cartel que dice:
"Aquí los hombres las tienen cortas y finitas...".

Las rubias deciden ir al segundo piso a ver qué encuentran y se topan con otro cartel que dice:
"Aquí los hombres las tienen largas y finitas...".
Se miran y prefieren seguir subiendo. En el tercer piso leen un cartel que dice:
"Aquí los hombres las tienen gordas y cortitas...".
Entonces deciden seguir subiendo al cuarto piso. Ahí llegan y leen un nuevo cartel que dice:
"Aquí los hombres las tienen gordas, largas y jugosas...".
Las rubias se vuelven a mirar y como todavía les quedaba un piso, deciden seguir subiendo para ver qué había. Llegan al quinto piso y leen un cartel gigante y luminoso que dice:
"Este piso fue creado para demostrar que a las mujeres ¡¡no hay poronga que les venga bien!!".

A UNOS LA VIDA LES SONRÍE, A OTROS SE NOS CAGA DE RISA EN LA CARA.

—Tengo una mala noticia y una muy mala noticia.
—*Bueno, déme primero la muy mala, doctor.*
—Usted tiene sólo seis meses de vida.
—*¿Y la mala noticia?*
—Tiene la enfermedad de Alzheimer.
—*¡Gracias a Dios! Temía tener cáncer.*

¡NO TE SUBAS AL TREN DE LAS DROGAS!: *SOMOS MUCHOS Y QUEDA POCA.*

ENTRE MORIR DE PIE O VIVIR DE RODILLAS, PREFIERO *SUBSISTIR SENTADO.*

Tres mujeres.
—*Mi marido tiene el pene grueso, pero chico. Eso es robustez.*
—Mi marido tiene el pene largo, pero delgado. Eso es elegancia.
—*Mi marido tiene el pene grueso y largo... ¡Eso es un pene!*

Invierta en Galicia, *compre un diputado.*

Chispeantes

En el avión que ha perdido los motores y cae en picada, se levanta un cura y dice:

—Ya no queda nada por hacer. Sólo rezar para que vayamos al Cielo.

Desde el fondo se oye la voz del vasco Patxi que grita:

—Pues, ¡¡¡date prisa, coño, porque vamos en sentido contrario!!!

—¿Qué sale de la cruza de un gallego y una pecosa?
—Un dado.

Era tan, pero tan gallego, que creía que los jeep 4 x 4 *tenían 16 ruedas.*

—¿Te gusta el Plácido Domingo?
—¡Pues claro, hombre... mucho más que el reputísimo lunes!

—¿Qué hace una gallega tirándose del balcón de un octavo piso con las piernas abiertas?
—Prueba las nuevas toallitas con alas protectoras.

—¿Cómo se dice diarrea en africano?
—Abundalacaca.

En un barco, el capitán gritó: "¡100 grados a estribor!".
Y Estribor murió calcinado.

ANTES DE NACER *NAPOLEÓN*, LOS LOCOS SE CREÍAN *NERÓN.*

UN CENTAVO TIENE VALOR... *¡PIDA LIMOSNA!*

DE TAL PALO, *TAL CHICHÓN.*

SE ESTÁ MURIENDO GENTE QUE *ANTES NO SE MORÍA.*

—FERNANDO, ¿ES EL GERUNDIO DEL VERBO FERNAR?

—TE LO PUEDO ASEGURAR, PEPE: PARA LOS PERROS *SOMOS COSAS QUE ARROJAN PALOS.*

–¿Sabes por qué los curas van tan contentos a su trabajo?
–*Porque tienen al jefe crucificado.*

Le dice un espermatozoide a otro:
–*Oye, tío, ¿sabes si falta mucho para llegar al ovario?*
–Una barbaridad. ¡Todavía vamos por la garganta!

–Si van un boliviano y un peruano en un auto por Buenos Aires, ¿quién va manejando?
–*La policía.*

–¡Bailen con gracia!
Y Gracia bailó toda la noche.

Un tipo va a un bar y le comenta al camarero:
–*Pues sí. La última vez que estuve en este bar, me emborraché. Pero así como en sueños, recuerdo que quedé gratamente sorprendido al ir a cagar y ver su inodoro de oro...*
–¡Manolo! ¡Aquí está el que se cagó en tu trombón!

Un cura solía liberar a 12 pájaros antes de cada misa. Al terminar, los pájaros volvían a su jaula. Un día sólo regresaron 11 pájaros y el padre, muy contrariado, preguntó a su audiencia:
–*¿Alguien tiene el pájaro?*
Todos los varones en la capilla se levantaron.
El padre aclaró:

YO NO TOMO MÁS BEBIDAS BLANCAS: *LE PEDÍ AL LECHERO QUE NO VENGA MÁS.*

CRÍA CUERVOS, Y TENDRÁS *¡MILLONES DE CUERVOS!*

FEMINISMO: MOVIMIENTO REIVINDICATIVO QUE VE EN CADA MUJER UN GRAN HOMBRE.

–LA GENTE DEBERÍA CONOCER LOS RIESGOS DE INTENTAR SUICIDARSE.

EL COLMO DE UN ESPEJO: *SER LENTO DE REFLEJOS.*

–Lo que quise decir es si alguien ha visto el pájaro.
Todas las mujeres en la capilla se levantaron.
–Lo que yo quiero saber es si alguien ha visto a mi pájaro.
Todas las monjas en la capilla se pusieron de pie.

–¿Qué es amarillo por fuera y negro por dentro?
–Un autobús escolar en África.

–¿Adónde van las hormigas cuando salen del jardín?
–No sé.
–A la primaria.

Manolito jugaba a las bolitas en el jardín.
Su mamá le dijo:
–Manolito, ¡no juegues en la tierra!
Y Manolito, que era un niño muy obediente, se fue a jugar a la Luna.

Demoledores

Los padres no se ponían de acuerdo en qué nombre ponerle a la nena. Decidieron escribir todos los nombres pensados, ponerlos en un recipiente (eligieron un florero) y nombrarla con el primer papelito que sacaran.

La nena se llama ahora *Florería La Esperanza.*

—¿A qué velocidad debo ir en mi coche para que no me detenga la policía de tránsito?
—A 170 kilómetros por hora.
—¿¿¿Se puede andar tan rápido???
—No, pero si vas más lento, la policía te alcanza...

El gallego Pepe va a consultar a la adivina Paca "la de la Bola Iluminada".
—Veo en la bola de cristal que tiene dos hijos, Pepe.
—¡Ja! Eso es lo que usted cree. Yo tengo *tres* hijos.
—¡Hum! ¡Eso es lo que usted cree, Pepe!

San Pedro daba instrucciones a sus ayudantes en las puertas del Paraíso.
—Antes de empezar el trabajo del día, quiero decirles que debemos ser más estrictos con la gente que está ingresando al Cielo, muchachos. ¡Mucho más estrictos y exigentes!
—¡Sí, señor!
Cuando iba hacia la cola para entrar al Cielo, un negrito africano escuchó toda la conversación. Acobardado, se fue a su lugar.
San Pedro atendió a los diez que estaban delante del negrito y realmente se mostró muy, muy exigente.
Por fin, le tocó el turno al africano, ya súper asustado.

AVISO EN LA TELE:
EMPRESA GALLEGA NECESITA KAMIKAZES. IMPRESCINDIBLE EXPERIENCIA.

91

–¿Nombre?
–*Leonardo Di Caprio.*
San Pedro lo miró de reojo y repitió:
–¿Nombre?
–*Leonardo Di Caprio.*
–¿Seguro?
–*Sí, señor: Leonardo Di Caprio.*
San Pedro, bastante intrigado, agarró el teléfono, llamó a Dios y le preguntó:
–Jefe, el Titanic, *¿se hundió o se quemó?*

Paco y Manolo perdieron el avión.
–¡Vaya faena, Manolo! Hemos perdido el vuelo. Y lo peor es que ahora tendremos que esperar más de seis horas para el próximo.
–*¡Nada!, tú no te preocupes, hombre, que no es tanto: ¡esperamos tres horas cada uno y ya!*

Harto de trabajar en una oficina, el gallego Pepe Muleiro decidió instalarse por su cuenta.
–He tenido una idea genial, que nos hará millonarios, Paca.
–*¿Y se puede saber cuál es esa idea maravillosa que te hará rico, Pepe?*
–¿No se lo contarás a nadie, Paca?
–*A nadie, hombre.*
–Muy bien, ahí va: voy a abrir ¡¡¡una agencia para vender *autos Cero Kilómetro Usados*!!!

Un tipo se compra un tigre de Bengala.
Quiere hacerse rico exhibiéndolo en su país.
–*¡Vea al tigre de Bengala por 50 pesos!*
Nadie va a verlo, por lo que el tipo piensa que tal vez el precio es alto y cambia el anuncio:
–*¡Vea al tigre de Bengala por 25 pesos!*

EL QUE NO HA IDO AL HIPÓDROMO... NO SA-BE *¡LO QUE SE PIERDE!*

TENER LA CONCIENCIA LIMPIA *ES SÍNTOMA DE MALA MEMORIA.*

EL QUE NACE POBRE Y FEO TIENE GRANDES POSIBILIDADES DE QUE AL CRECER SE *LE DE-SARROLLEN AMBAS CONDICIONES.*

Nadie va, por lo que sigue el tipo bajando:

–*¡Vea al tigre de Bengala por sólo 10 pesos!*

Tampoco va nadie, por lo que anunció:

–*Vea al tigre de Bengala ¡¡¡gratis!!!*

El local resultó pequeño para la gente que quería ver al tigre. Entraron miles de personas.

El tipo cerró todas las puertas del local y anunció:

–*¡Salida del local, 100 pesos! Si no, ¡suelto al tigre!*

El gallego lleva a su novia a dar una vuelta. Van en primera, segunda, tercera, y cuarta… rapidísimo. Justo en ese momento se atraviesa un camión.

–*¡¡¡Cuidado con el camión, Paco!!!*

–¡Tranquila, mujer, que meto la quinta *y volamos*!

–*Doctor, vengo para que me ayude. Todas las noches tengo el mismo sueño. Se me aparece un duendecito y me pregunta: "Manolo, ¿hiciste pipí?". Y yo le contesto: "No", y ¡plas!, ¡me hago pis encima! Doctor, siempre pasa lo mismo. Tiene que ayudarme.*

–Manolo, cuando el duende te pregunte la próxima vez "*¿Hiciste pipí?*", tú le contestas "*Sí*".

Manolo se va para su casa contento con la solución… Se acuesta y cuando se queda dormido, aparece el duende.

–Manolo, ¿ya hiciste pipí?

–*Sí.*

–¡Ajá! *¿Y popó?*

Manolo va a ver al doctor:

–¿Cuánto pesa, Manolo?

–*Con los lentes puestos, 75 kilos, doctor.*

–¿Y sin lentes?

–*Pues no lo sé. Sin los lentes no veo un cuerno.*

Diccionario

Adolescentes: Niños que podrían vestirse solos si recordaran dónde dejaron la ropa.

Bailar: Es la frustración vertical de un deseo horizontal.

Caldera: Señora que vende caldos.

Cobarde: Aquel que ante una emergencia piensa con sus piernas.

Dentista: Mago que mete plomo en su boca y le saca oro del bolsillo.

Duelo: Ceremonia de reconciliación entre dos enemigos.

Escanear: Teñirse las canas que han salido estudiando el manual de instrucciones del aparato.

Estrangulofobia: Pánico de estrangularse uno mismo hasta caer desfallecido.

Fácil: Dícese de la mujer que tiene la moral sexual de un hombre.

Garrote: Argumento vegetal para imponer un pensamiento animal.

Hélice: Ventilador para mantener al piloto fresco. ¡Apágala y verás cómo suda!

Inflación: Es tener que vivir pagando los precios del año próximo con el sueldo del año pasado.

Jefe: Término con el cual un hombre aparenta trabajar presentando el trabajo de otros.

Justicia: decisión a tu favor.

Lapso: Cogsa que se cologsa en la cabeza.

Meticuloso: Meter objeto en el orificio anal del oso.

Mudo: Es una paded grandota.

Ópera: Es cuando le clavan un puñal en la espalda a alguien y en vez de sangrar, canta.

Primera cita: Dos personas fingen ser los más sim-

LAS MUJERES DE SENOS PEQUEÑOS SON INTELIGENTES. ¡CÓMO ME GUSTAN LAS BRUTAS!
EL VASCO PATXI

páticos/amables/tolerantes/especiales del mundo.

Puntualidad: Es el arte de esperar a que lleguen los impuntuales.

Realidad: Es un sueño que se sueña despierto.

Rebelde: Dícese de quien todavía no ha conseguido salirse con la suya.

Sapiencia: Sabiduría del sapo.

Sexo: Es lo que empleamos muy poco tiempo y causa la mayor cantidad de nuestros problemas.

Soledad: Un buen sitio para visitar, pero un mal sitio para quedarse.

Teléfono descompuesto: Aparato de comunicación por voz, que sufre de diarrea o vómito.

Trabajo en equipo: Posibilidad de echarle la culpa a los otros.

Viejo: Alguien que sabe todas las respuestas, pero nadie le pregunta.

Dietas

El recién ingresado en el hospital contempla la poca comida que le dan, debido a un severo régimen que debe hacer.

Se toma parsimoniosamente la pequeña taza de consomé, las dos hojas de lechuga y los 25 gramos de pollo a la plancha.

Al acabar le dice a la enfermera:

–*¿Me puede traer una estampilla, por favor?*

–¿Para qué?

–*Es que me gusta leer un poco después de comer...*

–¿Cuál es el santo de los que hacen régimen?
–*San Carina.*

La dieta para ponerse en forma en el principio del milenio.

Lunes: La dieta del cucurucho: comer poco y follar mucho.

Martes: La dieta de Benito: comer bien por la mañana y en la noche un polvito.

Miércoles: La dieta de Andrés: un polvito al derecho y otro al revés.

Jueves: La dieta de Guido: igual que la del cucurucho pero más seguido.

Viernes: La dieta de la granada: a la mañana un polvo y a la noche una mamada.

Sábado: La dieta de Mingo: meterla el sábado y no sacarla hasta el domingo.

Domingo: Día libre. Meta bola sin límites.

Nota: Cualquier menú se puede remplazar por *la dieta del capataz*: comenzar por delante y terminar por detrás.

–¡CAMARERO! ¡ESTA LANGOSTA SÓLO TIENE UNA PINZA!

–*DEBE HABERLA PERDIDO EN ALGUNA PELEA, SEÑOR.*

–BUENO, ENTONCES ¡TRÁIGAME A LA GANADORA!

Difíciles

Un hombre enmascarado irrumpió en un banco de esperma con una pistola. Le gritó a la recepcionista:
—*¡Abre la maldita caja de seguridad!*
—Pero nosotros no somos un banco común, no tenemos dinero, éste es un banco de esperma.
—*Abre o te vuelo la cabeza de un tiro.*
La chica obedeció y una vez abierta la puerta, el ladrón le dijo:
—*¡Agarra una de las botellitas y tómatela toda!*
—¡Pero está llena de esperma!
—*¡No discutas! ¡Bébetela toda o te mato!*
La chica, temblando, le sacó la tapa a una de las botellas y se tomó todo el contenido de un solo trago.
—*¡Agarra otra más y bébetela toda!*
Ella agarró otra y se la tomó calladita. De repente, el tipo se sacó la máscara y la chica, asombrada, advirtió que era su marido quien le decía:
—*¡¿Viste que no era tan difícil?!*

—Madre, me se ha caído la leche.
—*Será "se me".*
—No, no *¡te juro que es leche!*

La gallega María fue de vacaciones a Cuba. Allí conoció a un negro hermosísimo, fuerte, maravilloso. Después de dos copas de ron estaban follando.
—*¿Cómo te llamas, negro maravilloso?*
—Prefiero no decírtelo… todo el mundo se ríe de mi nombre.
Así continuaron los quince días de vacaciones: baile, daiquiris, mojitos y sexo a todo trapo…
En la víspera del regreso, la gallega insistió:
—*Anda, dime cómo te llamas.*
—Está bien: me llamo Nieve.

LA PSIQUIATRÍA ES EL ÚNICO NEGOCIO DONDE *EL CLIENTE NUNCA TIENE RAZÓN.*

MANTENGA LIMPIA LA CIUDAD… *¡VÁYASE!*

SI DIOS EXISTE *ES SU PROBLEMA.*

MI PAPÁ ES UN VIEJO VERDE.
        EL INCREÍBLE HULK

Al oír eso, la mujer empezó a reírse. No podía parar las carcajadas.

–¿Lo ves? Ya te dije que todo el mundo se reía de mi nombre. ¡¡Eres igual que todos!!

–*No, no me río de ti. Imagino la cara de mi marido cuando le diga que durante estos quince días en Cuba, jamás dejé de tener treinta centímetros de Nieve.*

Secretaria a su jefe:

–*Me temo que tengo malas noticias.*

–¿Por qué siempre tienes malas noticias? Por una vez en tu vida, dime que tienes buenas noticias.

–*Está bien. Te tengo una buena noticia: ¡no eres estéril!*

Pareja de recién casados. Luna de miel en Egipto. Paseaban por un mercadillo. Uno de los puesteros le cortó el paso.

–*Si entran a mi humilde local tengo algo maravilloso para mostrarles: vean, vean estas sandalias mágicas. El hombre que las calce tendrá una potencia sexual inigualable.*

La mujer quiso comprarlas. El marido pensaba que no las necesitaba, ya que era joven y viril.

–¿Cómo podrían esas sandalias convertirme en un monstruo del sexo?

–*Sólo tienes que probarlas.*

Después de mucho acoso de su esposa, hace el intento. Tan pronto deslizó sus pies en las sandalias le apareció una mirada salvaje, una potencia sexual del carajo. Agarró al vendedor por las nalgas, le bajó los pantalones y lo puso en cuatro, listo para sodomizarlo.

–*¡Para, para! ¡¡¡Te las pusiste al revés, hijo de puta!!! ¡¡¡Te las pusiste al revés, cabrón!!!*

¿PARA QUÉ TOMAR Y MANEJAR SI PUEDES FUMAR Y VOLAR?

EL *CÍRCULO GALLEGO* ES EL ÚNICO CONSTITUIDO POR *CUATRO ÁNGULOS RECTOS.*

¡SONRÍE! *MAÑANA SERÁ PEOR.*

NUNCA ES TARDE PARA ESTUDIAR, PERO A VECES ES *DEMASIADO TEMPRANO.*

Dios

Un abogado muere y se va al Cielo.

Llega al Cielo y toca la puerta. Sale San Pedro:

–¿Tú, quién eres?

–*Yo soy abogado y, bueno, pues me han mandado al Cielo.*

–¡No, no! Tú no puedes entrar acá.

–*¿Cómo que no puedo entrar? ¿Tú quién eres para decirme que no puedo entrar?*

–¡¿Cómo?!... ¡Yo soy San Pedro, el que decide si entras o no!

–*A ver, ¿dónde está el título que dice que eres San Pedro, y que eres el único que puede dejar entrar o no al Cielo?*

–Un momentito.

San Pedro se va corriendo a buscar a Jesús y le cuenta que en la puerta había un abogado que quería entrar en el Cielo y que como él no quería, entonces le había pedido su título.

Entonces sale Jesús:

–Bueno, hombre, al parecer tú no puedes entrar al Cielo porque estamos llenos de abogados y ya... no, pues.

–*¿Cómo que no hay sitio? ¿Tú quién eres para no dejarme entrar?*

–Yo soy Jesús, el hijo de Dios, y te digo que ya no puedes entrar al Cielo.

–*¿Cómo que hijo de Dios? ¿Cuál Dios? A ver: enséñame tu partida de nacimiento donde dice que eres el hijo de Dios.*

–Un momentito.

Entonces Jesús va a buscar a Dios...

–¡Pa, pa...! Hay un abogado que quiere entrar al Cielo. Primero le pidió su título a San Pedro, luego me pidió la partida de nacimiento para ver si soy hijo de Dios... ¿Qué hago?

–*Ya, ya, ya... déjalo entrar. No vaya a ser que me pida partida de matrimonio y me jode.*

DIOS CREÓ AL HOMBRE A SU IMAGEN Y SEMEJANZA... *¡QUÉ FEO!*

¡SONRÍE! DIOS ESTÁ FILMANDO.

¡BASTA DE INTERMEDIARIOS!... *QUE VENGA DIOS.*

HAGA UN ACTO DE FE: *CRUCIFÍQUESE.*

SÍ, DIOS EXISTE. PERO *CREO QUE NOS ODIA.*

¡BASTA YA CON ESO DE QUE SI ES CIERTO QUE ERES LA PRIMERA MUJER EN MI VIDA!

ADÁN

Disparatados

El santiagueño sale con las vacas. Pasa el tren y mata seis animales.
–¡*Tuvimos buena suerte y mala suerte, patrón!*
–¿Qué suerte? ¿No ve que hay seis vacas muertas?
–*Sí. Porque el tren vino de frente. Si hubiera venido de costado, ¡las mataba a todas!*

Un santiagueño va al médico.
–*Ando mal por el tomate, doctor.*
–¡Pero si usted puede comer de todo!
–*No, por el tomate de los bares: tomate un trago, tomate otro, y así.*

–Oye… ¿y cuánto tiempo llevas de casada?
–¡*Uuuy! ¡Como diez años!*
–¿Y no se te ha hecho largo?
–*No, ¡ancho!*

–*Hijo, ¿qué tal te ha ido hoy en clase?*
–Pues mira, mamá, mi clase está atiborrada de niños ricachones maleducados e ignorados por sus padres. Debido a los cortes en el presupuesto, la biblioteca está cerrada, pero a nadie le importa porque de todas formas nadie la usaba. La facultad se está cayendo en pedazos, tiene goteras y la calefacción no funciona. No hay tizas, ni borradores, ni papel en las fotocopiadoras, ni nada de nada. Los profesores están estresados e irritables debido a su carga lectiva, sus largas horas de trabajo, la masificación de la universidad y los últimos recortes de salarios. Los estudiantes alternan entre la estupefacción y el aburrimiento en clase, esperando a que pase la hora. No

EN VEZ DE PLANEAR TANTO, ¿POR QUÉ NO VOLAMOS UN POCO MÁS ALTO?

TRABAJAR NUNCA MATÓ A NADIE… PERO ¿PARA QUÉ ARRIESGARSE?

UN PADRE QUE DA CONSEJOS MÁS QUE PADRE ES UN ¡HINCHAPELOTAS!

INTELIGENCIA MILITAR ES UNA CONTRADICCIÓN.

tenemos una perspectiva histórica, ni sentido de la lógica, ni habilidad numérica, ni dominio del idioma, ni capacidad deductiva o inductiva; nos falta una base, y aguantamos atendiendo menos tiempo del que dura un bostezo. ¿No crees que sería mejor que dejase de estudiar y me pusiese a trabajar?
—*Pero hijo, nunca llegarás a nada sin una buena educación.*

—¡Mamá... chilla!
Y la mamá comienza a gritar ¡Ayyyyy! ¡Ayyy!
—*No, mamá... quiero una chilla para chentarme.*

—Paca, eres más puta que las gallinas de la Pepa, que aprendieron a nadar *para follarse a los patos.*

¿Podría darme algo para el mal carácter, *¡farmacéutico de mierda!?*

—¿Me puede dar la hora?
—*No, lo siento, se la acabo de dar a aquel señor.*

—¿Por qué los hombres tienen dos cabezas?
—*Una para poner cuernos y la otra para llevarlos.*

—¡Camarero, hay una cucaracha en mi sopa!
—*No se preocupe, ¿no ve que está muerta?*

El gallego Manolo llama a la operadora del bíper.
—*Quiero enviar un mensaje al señor Pepe Muleiro.*

–¿Cuál es el mensaje, por favor?
–*Pepe: te has olvidado el bíper en casa. Pasa a recogerlo cuando quieras. Firmado, Manolo. Nada más, gracias.*

–¿Cómo te llamas?
–*Luis, como mi tío Antonio.*

–*¿Conoces el nuevo chiste del "no, ni yo"?*
–No.
–*¿No? Ni yo.*

–*¿Qué es una cosa pequeñita, verde y que huele mal, en medio de un bosque?*
–Un boy-scout muerto.

–*¿Por qué cuando un tipo se masturba se le llama la técnica del desesperado?*
–¡¡¡¡Porque son cinco contra uno!!!!

–¿Cuál es el nombre del pescado que cayó desde el décimo piso?
–*¡Aaaaaaaaaatún!*

–¿Cómo se reproducen las enzimas?
–*Una enzima de la otra.*

–Manolo, un argentino me ha defraudao.
–*¿Por qué, Pepe? ¿Ya te estafó?*
–No, me dio un cheque… *¡y tenía fondos!*

–¿QUÉ ES UN CISNE?
–*UN SITIO DONDE PROYESTAN PELÍSCULAS.*

–¿DE QUÉ MURIÓ EL PERRO DEL CAPITÁN GARFIO?
–*DE UNA CARICIA.*

–¿QUÉ ES UN GALLEGO BAJO EL AGUA?
–*UN SUBNORMAL PROFUNDO.*

YO SÍ QUE NO MADURO MÁS.
EL INCREÍBLE HULK

Doctor

Ante el mal funcionamiento de la sanidad pública, Jesucristo atiende como médico en la Seguridad Social. Entra un inválido en la consulta.
—*¿Qué le ocurre?*
—Que no puedo caminar.
—*¡Levántese y ande!*
—¡No puedo!
—*He dicho que se levante y ande. ¡Ya!*
El hombre se levanta y se va caminando muy enojado de la consulta. Al salir, otros pacientes le preguntan:
—*¿Qué tal? ¿Cómo es el nuevo médico?*
—...Igual que todos, ¡ni me ha mirado!

—Doctor, vea: mi hijo se tragó una bala. ¿Qué hago?
—*Para empezar, no me apunte con el chico.*

—Doctor, venía a que me bajase la potencia sexual....
—*Pero abuelo, si a su edad la potencia sexual se tiene en la cabeza...*
—Por eso. ¡Por eso quiero que me la baje!

—Doctor qui-qui-qui-e-e-ro dd-ee-j-j-ar de s-er ta-ta-ta...tar ta ta ta mmudo.
—*Sí, señor, ya lo entiendo. Por favor, cuénteme cómo es un día rutinario de su vida.*
—Bu-eno, la ver-da-d que me le-van-to a la ma-ñana y ha-go el a-mor c-on mi mu-jer, al me-diod-ía con mi sec-ret-aria, a la tar-de c-con mi am-ante, y a la no-ch-e, de nue-vo con mmi mmujjjer.
—*Bueno, señor, desvístase que lo voy a revisar... ¡Pero usted tiene tres huevos! ¡Aquí está su problema! Tendré que operar y extraer el que está de más. Así*

su problema quedará solucionado definitivamente.
Varios días después el tipo volvió al consultorio:
–¡Hola, doctor! Mire, ¡estoy curado! ¡Mire qué bien que hablo, qué fluido! Pero no sabe cómo disminuyó mi vida sexual… ¡Por eso quisiera que me devolviese mi huevo!
–*E-e-eso nno sser-á po-po-sibb-le.*

Llaman al médico de urgencias:
–*¡Doctor, mi hijo se ha tragado un preservativo, venga corriendo!*
–¡Voy ahora mismo!
El doctor estaba recogiendo el maletín cuando, de repente, vuelve a sonar el teléfono:
–*¿Doctor? Soy la que lo llamó antes. No hace falta que venga. Ya encontramos otro preservativo.*

–*Doctor… ¿cómo sé si estoy perdiendo la memoria?*
–Eso ya se lo dije ayer.

–*No se preocupe, no es nada. Dentro de unos días ya estará trabajando.*
–¡Caramba, doctor, qué maravilla! Además de curarme, ¿me dará trabajo?

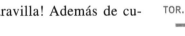

–Lo siento, Pepe, pero hemos descubierto que sólo tienes unas seis semanas de vida.
–*¡Pero doctor, me siento de maravillas! ¡No me he sentido mejor en años! Esto no puede ser cierto. ¿Hay algo que pueda hacer?*
–Bueno… quizás sí… podrías ir a un spa y darte un

baño de barro todos los días.

—*¿Eso me ayudaría?*

—No, para nada. Pero por lo menos vas a ir acostumbrándote a la tierra.

Un hombre se hace practicar una vasectomía, agobiado por la cantidad de hijos que tiene. Cuando se despierta de la anestesia, después de la operación, el médico le dice:

—Tengo dos noticias que darle, una buena y una mala... ¿Cuál quiere primero?

—*Pues... la buena, doctor.*

—La buena es que ya no podrá tener más hijos.

—*Sí, claro... ¿y la mala?*

—La mala es que nos hemos confundido de paciente, y también le hemos practicado una operación de cambio de sexo...

—*¡Santo Cielo! ¿Eso significa que nunca más podré tener un pene erecto entre mis manos?*

—¡Claro que podrá!... sólo que no será el suyo.

—¿En qué se parecen un perro y un ginecólogo miope?

—*Los dos tienen las narices húmedas.*

Una señora va al ginecólogo para una revisación completa. El doctor la tumba en la camilla y comienza a revisarla, diciendo:

—*Bueno, está algo inflamado y...*

Pero suena el teléfono y el doctor, con los dedos aún dentro, contesta:

—*Sí, hola, ¡ah!, ¿qué tal, Pedro? ¿Todavía no sabes llegar a mi consultorio? Mira, sigues todo recto la calle Serranos y luego giras a la derecha y recorres toda la rotonda. Sí, la rotonda, y subiendo está el consultorio. Nos vemos.*

Cuelga el teléfono y dice:

−*¡Estos teléfonos móviles! ¿Por dónde iba?*
−¡Por la rotonda, ahhhh, por la rotonda! ¡Uhhh!… por la… ¡más, más, más!

−*Doctor, mi hijo de 18 años está muy engripado. ¿Nos vamos a contagiar todos?*
−No se preocupe, sólo los que tengan un contacto muy cercano con él.
−*Y sí, pero ayer mi hijo se acostó con la mucama...*
−Entonces la mucama ya está contagiada.
−*Y a la tarde yo me acosté con la mucama...*
−Entonces usted también está contagiado.
−*Y a la noche me acosté con mi mujer...*
−Pero hombre, ¡¡¡así nos vamos a contagiar todos!!!

−Doctor, mi esposa cree que es un refrigerador.
−*No se preocupe. Ya se le pasará.*
−Sí, pero mientras tanto yo no puedo pegar un ojo en toda la noche, porque ella duerme con la boca abierta y la luz me da en la cara.

Michael Jackson y su mujer en la sala de recuperación, con su nuevo bebé. Entra el doctor y Michael le pregunta:
−*Doctor, ¿cuánto tiempo nos recomienda que esperemos para tener sexo?*
−Le recomiendo que espere hasta que cumpla 14 años, por lo menos.

El doctor Muleiro sale del quirófano.
−¿Y, doctor, cómo encuentra a mi marido?
−*Ya no tiene nada de gravedad.*
−¿Está fuera de peligro?
−*No, ya debe estar entrando en órbita.*

PEPE ES TAN BOBO QUE CUANDO NO CREE UNA NOTICIA DEL DIARIO, COMPRA **100** EJEMPLARES PARA VER SI *TODOS DICEN LO MISMO.*

MULEIRO PUBLICÓ ESTE AVISO EN *LA VOZ GALLEGA*:
VENDO FARMACIA MUY BUENA EN PUEBLO SANÍSIMO.

Drogas

El ladrón, drogadísimo, entra en un McDonald's con una pistola:

—Déme todo el dinero, una Coca-Cola grande, un whopper, y una bolsa grande de papas fritas. ¡Y rápido, o me pongo nervioso!

—Sí, señor. ¿Lo va a comer aquí o se lo envuelvo para llevar?

La mujer es como la cocaína: un polvo caro.

Los yuppies no toman Coca-Cola: toman coca sola.

Subió al autobús un personaje desastroso. Fumaba un porro y bebía alcohol. Se acomodó cerca de un cura, que fingía no verlo, bastante molesto.

El personaje abrió un diario y al rato preguntó:

—¡Oiga, padre! ¿Qué causa la artritis?

—¡Una vida desordenada, frecuentar prostitutas, los excesos con el alcohol y todas esas porquerías!

—¡Oh, Dios! ¡Oh, Dios mío!

—Disculpe, no quise ser tan rudo... ¿Desde cuándo sufre de artritis?

—¡No, yo nunca tuve artritis, padre! Pero leía en el diario que el Papa tiene artritis desde hace años...

—¿A que no adivinas qué tengo dentro del puño?

—¿Un elefante?

El del puño cerrado pone cara de fastidio y replica:

—Sí, bueno, pero ¿de qué color?

—¿TE ENTERASTE QUE GONZALO MURIÓ EN EL RING?
—NO SABÍA QUE ERA BOXEADOR.
—NO LO ERA, QUEDÓ ELECTROCUTADO AL TOCAR EL TIMBRE.

—¿CÓMO SE QUITAN LOS CONDONES LOS NEGROS, PEPE?
—PUES, ¡¡¡CON LOS DEDOS DE LOS PIES!!!

¡Eeeeh!

–¿Cuántos hippies de los años 60 hacen falta para cambiar una bombilla?
–Quinientos. Uno para cambiarla y los otros cuatrocientos noventa y nueve para compartir la experiencia.

–¿Cuántos yuppies hacen falta para cambiar una bombilla?
–Dos. Uno llama al electricista mientras el otro prepara los martinis.

–Señor, hace veinte minutos que le pedí al mozo una botella de vino de la casa, y no lo veo por ningún lado.
–Mire, va a tener que esperar otros veinte minutos porque el mozo vive medio lejos.

Hombre pescando.
–¿Pican?
–No, son mansos.

–El Hombre Invisible está ahí y quiere hablar con usted.
–Dile que no puedo verlo ahora.

–¿CÓMO LE DICES A UN POLACO CON UN SOMBRERO QUE CUESTA DIEZ MIL DÓLARES?
–PAPA.

Pasa un agricultor cargado con una bolsa de productos por la puerta de un siquiátrico. En la puerta, un loco le pregunta:
–¿Qué llevas en esa bolsa?
–Estiércol, para poner en las patatas.
–Mira, y yo que siempre las como fritas, guisadas... pero claro, como estoy loco...

109

Emails

Juan Cruz invitó a su madre a cenar una noche en su departamento de soltero.

Durante la cena la madre no pudo dejar de reparar en lo hermosa que era Lourdes, la compañera de departamento de su hijo.

Durante mucho tiempo ella había tenido sospechas de que su hijo tenía relaciones con Lourdes y, al verla, la sospecha se acrecentó.

En el transcurso de la velada, mientras veía el modo en que los dos se comportaban, se preguntó si estarían acostándose.

Leyendo a su madre el pensamiento, Juan Cruz le dijo:

—Mamá, sé qué estás pensando, pero te aseguro que Lourdes y yo sólo somos compañeros de departamento.

Aproximadamente una semana después, Lourdes le comentó a Juan que desde el día en que su madre había ido a cenar, no encontraba el cucharón grande de plata para servir la sopa.

Juan contestó que, dada la posición de su madre, dudaba de que se lo hubiese llevado pero que le mandaría un email:

Querida Mamá:

No estoy diciendo que tú te llevaste el cucharón de plata de servir sopa pero tampoco estoy diciendo que no lo cogieras, pero quizá lo tomaste. Lo cierto es que ha desaparecido desde que viniste a cenar a casa.

Recibió inmediatamente un email de contestación de su madre:

Querido hijo:

No estoy diciéndote que te acuestas con Lourdes o que no te acuestas con Lourdes, pero el hecho es que si Lourdes se acostara en su propia cama, ya habría encontrado el cucharón de plata para servir sopa. Con todo cariño, Mamá.

—¿CUÁL ES EL COLMO DE UN MEJILLÓN?
—CASARSE CON UNA MEJILLA.

DICEN MIENTRAS HACEN EL AMOR:
LA ENFERMERA: TE VA A DOLER UN POQUITO.
LA MAESTRA: VAMOS A TENER QUE REPETIRLO HASTA QUE TE SALGA BIEN.
LA AZAFATA: PÓNGASE ESTO ENTRE LA BOCA Y LA NARIZ Y RESPIRE NORMALMENTE.

Especiales

–*Amor, ¡he dejado el cigarrillo!*
–¡Mi vida, que bueno! ¡Te felicito, querido! ¡Hace falta mucha fuerza de voluntad…!
–*¡Sí, sí, sí, pero ayudame a encontrarlo antes de que se incendie la casa!*

Un par de ladrones gallegos están robando en un departamento. De pronto, se escucha la sirena de un patrullero.
–*¡Es la policía! ¡Salta rápido por la ventana!*
–¿Cómo quieres que salte, coño, hombre? ¡Estamos en el piso 13!
–*¡No empieces con tus estúpidas supersticiones y salta de una vez!*

–¿Tiene sándwiches de hipopótamo?
–*No, lo siento. Se nos ha acabado el pan.*

Una mujer a su esposo:
–*No deberías conducir en esas condiciones, Pepe.*
–¿¡¡Es que *ni muerto* vas a dejarme en paz!!?

–¡Tierra a la vista!
Y Lavista murió enterrado.

–¡Abuelita, qué orejas tan grandes tienes!
–*¡Son para oírte mejor, Caperucita!*
–¡Abuelita, qué ojos tan grandes tienes!
–*¡Son para verte mejor, hija!*
–¡Abuelita, qué manotas tan grandes tienes!

–¿HAS VISTO, PEPE QUE LOS CHINOS, EN LUGAR DE PAN COMEN ARROZ?
–SÍ.
–PUES NO HAY NADA MÁS IDIOTA.
–¿POR?
–¿ME QUIERES DECIR CÓMO CUERNOS HACEN LOS SÁNDWICHES DE JAMÓN?

–¿CUÁL ES EL JUEGO PREDILECTO DE LOS MAGOS?
–NO SÉ.
–EL TRUCO.

–*¡Son para abrazarte mejor!*
–¡Abuelita, qué bocota tan grande tienes!
–*¡Bueno, nena, ¿a qué viniste?¿A visitarme o a criticar?*

–¿Por qué los gallegos le ponen azúcar a la almohada?
–*Para tener dulces sueños.*

Un gallego decidió un día alquilar su primera película porno. Fue al videoclub y, con toda calma, escogió la película cuyo título le pareció *más excitante.*
De regreso en su casa, preparó su sillón, su bebida. Puso la película, pero… en la pantalla sólo se veía estática. Una lluvia chirriante. Indignado, llamó al videoclub.
–*¡La película salió defectuosa! ¡No se ve ninguna imagen!*
–Es muy posible y le pido disculpas, hemos tenido muchos problemas con algunas películas. Usted, ¿qué título alquiló?
–*Limpiador de Cabezal.*

–A Thalía le dicen *Vaca Arriba de un Árbol.*
–*¿Por?*
–Porque nadie sabe cómo cuernos llegó donde está.

Entrevista a un candidato a un puesto en una *empresa.*
–*Dígame: ¿tiene experiencia como vendedor, señor Lambrés?*
–¿Que si tengo experiencia como vendedor? ¿Que si tengo experiencia como vendedor? Vendí mi casa, mi coche, mi piano y todas las joyas de mi esposa. ¿Por qué cree que estoy aquí pidiendo trabajo?

Estupendos

Estaba el borrachito trepado en un poste de luz.
Apareció un policía:
—*Oiga, ¿qué hace ahí arriba? ¡Bájese ya mismo o lo arresto!*
El borrachito se baja. El policía le pregunta:
—*Vamos a ver, ¿quién es usted?*
—¿En serio no se acuerda de mí? ¡Soy el que recién estaba allá arriba!

Los recién casados llegan a la nueva casa.
Hacen falta bastantes reparaciones.
—*Querido, ¿podrías arreglar las goteras del baño?*
—Decime, ¿vos me viste cara de plomero a mí? *¡Ubicate, querida!*
Otro día:
—*Mi amor, ¿podrías arreglar la puerta del armario?*
—Decime, ¿vos me viste cara de carpintero a mí? *¡Ubicate, querida!*
Y así muchas veces.
Hasta que una noche llega él de la oficina y nota que todo está reparado.
—Querida, ¡sos una genia! ¡Arreglaste todo!
—*Yo no fui. Vino el vecino y me hizo una proposición: "Yo le arreglo todo y usted tiene dos opciones para pagarme: o se acuesta conmigo o me cocina una torta".*
—¿Y de qué le hiciste la torta?
— *Decime, ¿vos me viste cara de repostera a mí?*

—Ni te imaginas, Pepe, la suerte que tiene últimamente mi mujer. Anoche salió a dejar la basura y se encontró junto al contenedor, dentro de una caja, *un abrigo de visón justo de su talla* y, sorpréndete, ¡*con sus iniciales bordadas en el interior!* Pero eso no es todo: la semana pasada, al comprar una bolsa de cebollas en el su-

SEIS ESCOCESES APOSTARON UN DÓLAR A VER QUIÉN AGUANTABA MÁS TIEMPO CON LA CABEZA DENTRO DE UN BALDE LLENO DE AGUA Y... *¡SE AHOGARON LOS SEIS!*

LA CALVICIE PUEDE QUE SEA SÍMBOLO DE VIRILIDAD, PERO NOS REDUCE LA OPORTUNIDAD *DE DEMOSTRARLA.*

permercado *¡le tocó un collar de perlas naturales precioso!,* y la anterior, paseando, se encontró un conjunto de *zapatos y bolso de piel de cocodrilo* y, fíjate, *¡los zapatos eran de su talla!*
–*¡Eso sí que es suerte, Manolo! ¡Y tú! ¿Cómo estás de suerte?*
–¡Psscheee! ¡Tengo suerte, pero no tanta! Ayer mismo, abrí un cajón de mi armario y me encontré un pijama, *¡pero me iba grande...!*

Un flaquito llega al confesionario y le dice al sacerdote:
–*Padre, estoy saliendo con la esposa de mi mejor amigo. ¡Está buenísima!*
–Bueno, deje de hacerlo y rece cinco rosarios y un salve.
–*Padre, yo no sé rezar.*
–Entonces, ¿para qué viene a la iglesia?
–*La verdad es que estoy tan contento que se lo tenía que contar a alguien.*

La peatonal de Córdoba a las 4 de la mañana.
Lo roban al negro *Arca Perdida*. Le sacan todo.
–*¡Dame tu celular!*
–*Anote: 014304516.*

Le hacen la misma pregunta a una alemana, a una inglesa, a una alemana y a una francesa.
"¿Qué harían ustedes si fuesen en barco, éste naufragase y llegasen a nado a una isla donde se encuentra un batallón disciplinario de 50 hombres que no han visto una mujer en 4 meses?"
La inglesa: Yo iría a ver a los mandos y como son unos caballeros, me darían protección.
La alemana: Como se pasarían el día haciendo instrucción, no me molestarían.
La francesa responde: Entiendo la pregunta, pero *¿cuál es el problema?*

Estupidísimos

–¿Quién se divierte más? ¿La gente o los conejos?
–Los conejos.
–¿Por qué?
–Porque hay más conejos que gente.
–¿Y por qué hay más conejos que gente?
–Porque los conejos se divierten más que la gente.

–Oye, Pepe. ¿Por qué una banana tiene esa forma?
–¡Hombre, sencillo! Porque si estuviera derecha no cabría en la cáscara.

–¿Qué es, para un gallego, una lata flotando en el agua?
–Un submarino en venta.

–Doctor, me sigue doliendo.
–Doliendo, ¡¡¡no la sigas!!!

–¿Cómo se reconoce un gallego en un barco pirata?
–¡Es el único que tiene dos parches!

Hay dos locos en un manicomio. Ya cansados de estar encerrados deciden tramar su escape.
Estos dos están tan chiflados, que la única vocal que pueden pronunciar es la e.
–Ye tengue ene edee. Se nes desfrezemes de queremeles de deferentes seberes, ne nes ven e requenecer, y pedremes seler per le perte.
–¿Pere de qué seberes nes desfrezemes?

PARA LA MAYORÍA, UNA SOLUCIÓN *ES UNA RES-PUESTA*.
PARA LOS QUÍMICOS NO ES MÁS QUE *AGUA SUCIA*.

ERA TAN VIEJO QUE CUANDO IBA AL COLE-GIO *NO HABÍA CLASES DE HISTORIA*.

LE DECÍAN *CAPA DE OZONO*... PORQUE CA-DA VEZ *TENÍA EL AGU-JERO MÁS GRANDE*.

115

Después de una semana de preparación cuidadosa, se disfrazan y deciden salir corriendo, uno detrás del otro. El primero sale corriendo, y lo ve un guardia del manicomio:
—¡Detente, demente!
El loco se detiene, completamente insultado, y le responde al guardia:
—¿Ne pedes ver? Ye ne see de mente, ye see de chequelete.

A Manolo sólo le quedaban *3 cabellos en la cabeza.*
Se peinaba muy apenado.
De pronto, *se le cayó uno.*
Sólo *le quedaron dos.*
Enojadísimo, Manolo siguió peinándose para aco-modarlos.
De repente, se le cayó otro y *le quedó sólo un cabello.*
—*¡Qué barbaridad! ¡Ahora tendré que salir despei-nado!*

—*¿Qué es un punto verde en la esquina de una cocina?*
—Ni idea.
—*¡Una arveja en penitencia!*

Clase de educación física:
—*¡A ver, alumnos! Acuéstense todos y hagan como que están pedaleando una bicicleta.*
Todos los chicos hacen movimientos de pedalear.
El único que ni se mueve es Cachito.
—*¿Por qué no estás pedaleando, Cachito?*
—Es que estoy yendo cuesta abajo, seño…

—¿Quién es más vieja, la Luna o el Sol?
—*La Luna.*

116

—¿Por?
—*Porque la dejan salir de noche.*

—¿Vos tirás las cartas?
—*Así es, ¿querés que te adivine el futuro?*
—No. Pero ¿podrías decirme, dónde las tirás que necesito un mazo?

—¿Cómo se dice desnudo en africano?
—*Tequitolatanga.*

—¿En qué se parece la tiara, el delantal, el tabaco, el timón y la venda?
—*No sé.*
—En que la tiara es para *el papa*, el delantal para *la Pepa*, el tabaco para *la pipa*, el timón para *la popa* y la venda para *la pupa*.

—Deme algún polvo para los ratones. Necesito que sea suave, que no deje residuos, que no manche y que deje un lindo perfume.
—*¿Se lo envuelvo para regalo?*

Llega un vaquero rudísimo a una cantina; abre la puerta y camina hacia el mostrador ante la mirada asustada de todos los de la cantina y un silencio sepulcral. El vaquero pide un whisky, se lo toma de un solo trago, saca una moneda y cuando el cantinero va a agarrarla, el vaquero se la quita, la tira al aire y con su pistola le hace un agujero en el medio. Al caer la moneda, la agarra, la muestra y dice:
—*Bill, Bufalo Bill.*
Una persona que estaba en una mesa, camina hacia

TU NÚMERO DE LA SUERTE ES EL 8552-6649586849884529 6985421598752365 8752138432183213 218872574291. *BÚSCALO EN TODAS PARTES.*

LOS PSIQUIATRAS ESTÁN COBRANDO *PRECIOS DE LOCURA.*

EL PENE NO SE CREA NI SE DESTRUYE, SÓLO SE TRANSFORMA.

el vaquero con la misma rudeza que éste, se baja el pantalón y pela su órgano, el cual tiene 2 cabezas y 3 huevos, y ante la mirada atónita del vaquero, dice:
–Byl, Cherno byl.

El gallego Pepe, un hombre ya madurillo, le pide al médico que le ponga una inyección porque esa noche espera a una chica y tiene miedo de fracasar. Una semana más tarde, el médico encuentra a su paciente y le pregunta si la inyección tuvo éxito.
–¡Fabuloso! ¡Tres veces!
–Lo felicito… pero, ¿por qué lleva el brazo vendado?
–¡Es que la chica no vino!

A un actor le fue tan mal en la temporada veraniega, que ni pudo suicidarse: *tirarse al mar estaba fuera de sus posibilidades económicas.*

–¿Has visto, Manolo, qué dos vecinas nuevas tenemos? Están buenísimas, lástima que no haya nada que hacer porque son lesbianas.
–¡Qué lesbianas ni leches! ¡Ésas son españolas! Pero no hay nada que hacer, porque *son tortilleras.*

La madre superiora de un convento va al médico.
–Doctor, ¿por qué le dijo a sor Teresa que estaba embarazada?
–Ella tenía hipo, y se lo quise aliviar con un buen susto, ¿por qué?
–Porque al enterarse, el padre Pedro murió de un infarto.

Más confundido que Tarzán en *reunión de consorcio.*

Famosos

–¿Qué es blanco por fuera, negro por dentro y se come a los niños?...
–*Michael Jackson.*

–¿Por qué Clinton estaba tan seguro de que el caso Lewinsky no prosperaría?
–*Porque Monica se tragó la evidencia.*

–¿Qué tienen en común Saddam Hussein y Monica Lewinsky?
–*Que Clinton los quiere a ambos de rodillas.*

–¿En qué se parecen Boris Yeltsin y Bill Clinton?
–*En que ambos salen mamados de sus despachos.*

–¿En qué se parecen Monica Lewinsky y Maradona?
–*En que los dos se fueron de boca.*

Héctor Fenza conducía por la autopista cerca de La Plata, en la provincia de Buenos Aires. De pronto encontró un terrible embotellamiento de autos que impedía moverse en cualquier dirección y que se extendía por varios kilómetros.

Luego de un rato, vio acercarse a un hombre que caminaba por entre las filas de autos, se detenía en cada uno, hablaba con los conductores y luego continuaba.

Finalmente, el hombre llegó junto a su auto.

–*¿Qué pasa? ¿Por qué hay tanto quilombo?*
–No vas a poder creerlo, pero Carlos Menem está

LA EXCEPCIÓN DE LA REGLA... *DURA 9 MESES.*

A LAS DIEZ
EN LA CAMA ESTÉS;
MEJOR ANTES
¡Y CON TRES!

OJO POR OJO, ¡JEJENTA Y CUATRO!

sentado en medio de la autopista a la altura del Kilómetro 37 y dice que no soporta estar fuera del poder después de tanto tiempo, así que amenaza con rociarse con nafta y prenderse fuego si la gente no junta firmas para que le devuelvan el título de presidente...

–¿Entonces?

–Y... empecé una colecta para terminar con este embotellamiento.

–¿Cuánto conseguiste hasta ahora?

–Y... más o menos unos 2.000 litros.

–¿Por qué Hillary quiere hacer el amor con Bill todos los días a las cinco de la mañana?

–Porque quiere asegurarse de ser la primera dama.

El argentino Cachito Pérez había conseguido hacer una fortuna en el Caribe.

Cachito se metía en el mar en una zona infestada de tiburones.

Sin protección alguna, nadaba entre los feroces animales durante media hora.

Los monstruos no le tocaban ni un pelo.

El Beto, otro argentino muy amigo del Cacho, que recaló allí, estaba admiradísimo.

–¿Cómo carajo hacés, Cachito? ¡Lo tuyo es extraordinario!

–Para nada, Betito. A vos te lo puedo decir porque sos un amigazo. ¿Sabés cómo hago para que los tiburones ni me toquen?

–Y... no.

–Antes de meterme en el agua me pongo una camiseta que tiene esta inscripción: "Menem fue el mejor presidente de todos los tiempos".

–¿Y?

–¡Eso no se lo tragan ni los tiburones!

Feministas

–¿En qué se parece un hombre a un cepillo de dientes?
–*En que sin pasta no sirve para nada.*

–¿En qué se parecen la inteligencia y el hombre?
–*En nada.*

–*Dime, Dios, ¿por qué hiciste a Eva tan agradable?*
–Para que te encontrases a gusto con ella, Adán.
–*¡Ah...! Y dime, ¿por qué la hiciste tan bella y tan sexy?*
–Para que te pudieses enamorar de ella, Adán.
–*Ah... Y dime, ¿por qué la hiciste tan tonta?*
–Para que *ella también se pudiese enamorar de ti.*

–¿Por qué a los hombres les gustan tanto los coches y las motos?
–*Porque son lo único que pueden manejar.*

–¿Qué hacen las mujeres hasta que encuentran al hombre de su vida?
–*Se casan.*

–*María, ¿qué me das por mi marido?*
–Nada.
–*¡Trato hecho!*

–Mami, ¿cuántos tipos de hombres hay?
–*Mira, hija. Los hombres durante su vida pasan por*

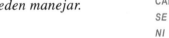

¿PARA QUÉ SE MAS-
TURBAN LOS HOM-
BRES?
–*PARA TENER SEXO
CON ALGUIEN QUE
AMAN.*

¿DONDECONSIGOAL
GUIENQUEMEARREGLE
LABARRAESPACIADO
RADEMITECLADO?

SI LAS LLAMADAS DE
LARGA DISTANCIA SON
CARAS, ¿POR QUÉ NO
SE LES VEN LOS OJITOS
NI LA NARIZ, NI LA
BOCA?

tres fases: antes de los 29 son como el arbusto del jardín, duros y bien dispuestos. Hasta los 49 son como el roble, fuertes y confiables. Y a partir de los 50 son como los arbolitos de Navidad, con las bolitas de adorno.

–¿Por qué es tan difícil encontrar hombres caballerosos, bien parecidos y generosos?...
–*Porque todos esos ya tienen novio.*

–*¿Qué le falta a un hombre para ser perfecto?*
–Todo.

–*¿Qué hacen 50 hombres en una sala?*
–Medio cerebro.

–*¿Qué hace una mujer poniéndole los cuernos a su marido con un enano?*
–*Se quita el vicio poco a poco.*

–*¿Cómo se llama la modalidad de tenis en la que en cada lado de la cancha hay una mujer y un hombre?*
–Individual femenino *con obstáculos.*

- - - - -

–Antes de que el dinero fuera inventado... ¿Qué les veían las mujeres a los hombres?

- - - - -

¿Cómo se lavan los peces?

- - - - -

Cuando van al baño, ¿cómo saben los ciegos si ya terminaron de limpiarse?

- - - - -

Las tortugas saben volar. Lo que pasa es que son tan lentas que no consiguen despegar.

- - - - -

Es curioso que se denomine *sexo oral* a la práctica sexual en la que *menos se puede hablar.*

- - - - -

–¿Qué mujer tuvo el mejor físico de la historia?
–*La esposa de Einstein.*

Dios llama a Adán.
–*Hijo, tengo una buena noticia y una mala.*
–La buena primero.
–*Te voy a hacer dos regalos, un cerebro y un pene.*
–¡Fantástico!... ¿Y la mala?
–*Que no tienes suficiente sangre para hacer funcionar los dos al mismo tiempo.*

–*¿En qué se parecen los hombres a los delfines?*
–En que se piensa que son inteligentes, pero aún no se ha comprobado.

–¿Cómo llamas a un hombre que se cambia de sexo?
–*Inteligencia artificial.*

–¿Qué es lo que logras al tener dos pequeñas bolas en tus manos?
–*La completa atención de un hombre.*

¿DÓNDE PUEDO COMPRAR AGUA CONDENSADA?

¿QUIÉN LE COMPRÓ EL ATAÚD AL MAR MUERTO?

¿POR QUÉ ESTERILIZAN LA AGUJA PARA PONERLE A UN CONDENADO A MUERTE *UNA INYECCIÓN LETAL*?

EL CLUB DE TENIS AL QUE VOY TIENE UN NIVEL MUY ALTO; ALGUNOS ARRIESGAN TANTO *¡QUE JUEGAN SIN RED!*

ME HE COMPRADO UN CONTESTADOR AUTOMÁTICO TAN BUENO QUE, CUANDO NO RECIBO MENSAJES, SE INVENTA ALGUNOS *PARA QUE NO ME DEPRIMA.*

−¿En qué se parece un hombre a un microondas?
−*En que al principio piensas que sirve para todo y al final sólo sirve para calentar.*

−¿Qué dice una mujer después de hacer el amor?
−*¡¿Cómo que ya está?!*

−¿Cómo se llama esa cosa de piel siempre inflada que llevan los hombres en los pantalones y que vuelve locas a las mujeres?
−*Una cartera llena de billetes.*

−¿En qué se parecen los hombres a una escoba?
−*En que sin el palo no sirven para nada.*

−¿En qué se parece un hombre a una tormenta?
−*En que no sabes cuándo acaba, ni cuánto más durará.*

−¿Qué hace que todos los hombres sean hermosos?
−*La oscuridad.*

−¿Qué hay detrás de un hombre inteligente?
−*Una hábil ventrílocua.*

−¿Por qué los hombres las prefieren rubias tontas?
−*Porque buscan compañía intelectual.*

−¿Por qué los hombres son como el clima?

–Porque hagas lo que hagas no los podrás cambiar.

–¿Por qué los hombres ladean la cabeza para pensar?
–Para que las dos únicas neuronas que tienen hagan contacto.

–¿En qué se parece el acostarse con un hombre a una telenovela?
–Justo cuando las cosas empiezan a ponerse interesantes, el episodio acaba.

–¿En qué se parecen los hombres a los pedos?
–En que te los tiras cuando quieres.

–¿Por qué las mujeres no tienen cerebro?
–Porque no tienen un pene donde ponerlo.

–¿Por qué los hombres tienen más estómago que cabeza?
–Porque es más fácil alimentarlos que educarlos.

–¿Por qué a las mujeres el matrimonio les quita el placer del sexo?
–Porque cuando van a tener relaciones llega el marido a casa y les fastidia el plan.

–¿Por qué las mujeres de hoy no se quieren casar?
–Porque no quieren cargar con el cerdo por 10 gramos de chorizo.

–¿EN QUÉ SE PARECEN LOS HOMBRES A LOS MOCOS?
–TE MOLESTAN Y TE LOS QUITAS DE ENCIMA, PERO SIGUEN APARECIENDO MÁS.

SI EL CALEFÓN TIENE PILOTO, ¿DÓNDE ESTÁ EL AVIÓN?

¿QUÉ ES UN AGUJERO NEGRO Y QUIÉN ES EL CERDO QUE LO HA ENSUCIADO?

Frases
(con firma)

—CUANDO UNA MUJER ESTÁ ENCINTA... ¿TAMBIÉN ESTÁ EN COMPACT?

—¿POR DÓNDE LES ENTRA EL AGUA A LOS COCOS?

—¿CÓMO HACEN LAS HORAS, PARA DAR LA CURVA EN LOS RELOJES CUADRADOS?

LO MEJOR DE TODO SERÍA SI AL FINAL SE DESCUBRIERA QUE LOS MOLINOS NO SON EN REALIDAD MOLINOS, SINO GIGANTES.

Me molesta la gente que no da la cara.
(Anónimo)

Vayamos al grano.
(Un dermatólogo)

¡Abajo las drogas!
(Los del sótano)

Vayamos por partes.
(Jack el Destripador)

No a la donación de órganos.
(Yamaha)

Mi esposa tiene un buen físico.
(Albert Einstein)

Yo empecé comiéndome las uñas.
(La Venus de Milo)

Nunca pude estudiar derecho.
(El Jorobado de Notre Dame)

A mí lo que me revienta son los camiones.
(Un sapo)

Más vale pájaro en mano que cien volando.
(Un onanista)

Ser ciego no es nada, peor sería ser negro.
(Stevie Wonder)

Siempre quise ser el primero.
(Juan Pablo II)

¡Basta ya de realidades! ¡Queremos promesas!
(Los pobres)

Hasta mañana si yo quiero.
(Dios)

Tengo todos mis hijos de apellido distinto.
(Carlos Distinto)

Entre pitos y flautas se nos pasó la noche entera.
(Las putas)

Hemos batido al enemigo.
(Moulinex)

No a los golpes, sí a los porrazos.
(Bob Marley)

¡BASTA DE HUMOR NEGRO!
(KU KLUX KLAN)

VENDO ENCICLOPEDIA BRITÁNICA NUEVA. MOTIVO: ME CASÉ LA SEMANA PASADA, *MI ESPOSA LO SABE TODO.*

BUSCO URGENTEMENTE CURSOS PARA SER MILLONARIO. *PAGO LO QUE SEA.*

BUSCO DENTISTA PARA QUE ME *ARRANQUE UNA SONRISA.*

La leche engorda.
(Una embarazada)

¡No más derramamiento de sangre!
(Tampax)

UN CALVO QUE VA POR
LA CALLE, VE A UN JO-
ROBADO Y LE GRITA:
—JOROBAOOO, ¿QUÉ
LLEVAS EN LA "MOCHI-
LA"?
—¡¡¡TU PEINE, CA-
BROOOOONN!!!

¡Que nadie se atreva a tocar a mi madre!
(Edipo)

—LO VERDADERAMEN-
TE IMPORTANTE ES
AQUELLO QUE CADA
PERSONA LLEVA EN SU
INTERIOR.
JACK EL DESTRIPADOR

Nosotras apoyamos la liberación femenina.
(Cárcel de Mujeres)

VA EL GALLEGO AL
CONCURSO DE LA TELE.
—¡BIENVENIDO, CON-
CURSANTE! ¿CÓMO SE
LLAMA?
—ME LLAMO PACO Y
SOY DE PADRÓN.
—¿Y ESO EN QUÉ PRO-
VINCIA ES?
—ME PARECE QUE VOY
A EMPLEAR EL PRIMER
COMODÍN.

Me encanta firmar autógrafos en pelotas.
(Batistuta)

Convencer a la Reina me costó un huevo.
(Cristóbal Colón)

El coche nunca reemplazará al caballo.
(La yegua)

Me dijeron que jugara pegado a la línea blanca.
(Diego A. Maradona)

Aquí el que no corre, vuela.
(Un terrorista)

Que me parta un rayo. (Un siamés)

Gallegos

El gallego Manolo llega de madrugada a su casa todavía con la resaca del alcohol de la noche anterior. Su esposa, enfurecida, lo espera en la puerta.
—¡Mira qué horas son éstas de llegar! ¡Son exactamente las 5.30 de la madrugada.
—*¿Y la temperatura?*

—Paco, ¿por qué no te echas un pedo como el del otro día?
—*Pero hombre, ¡espera a que se cierren los puntos!*

—¿Cuál es el líquido más erótico que existe, Manolo?
—*Pues el agua caliente: porque pone los huevos duros y abre las almejas.*

—¿Cómo puedes matar 500 moscas a la vez, Paco?
—*Le pegas a un etíope en la cabeza con una pala.*

El gallego Paco, aterrado en el asiento del acompañante, le dice a su mujer, la Pepa, que conduce:
—*Pepa, por favor, ¡no metas la quinta...!*
—Pero si nuestro automóvil sólo tiene 4 velocidades.
—*¡Digo que no metas la quinta persona debajo del auto!...*

Llega un gallego a la ferretería:
—Buenas, ¿cuánto cuesta una pala?
—Mil pesetas.
—*¡¿Mil?! ¡Pero si en la tienda de aquí al lado cues-*

EN EL REINO DE LOS CIEGOS, ¡EL TUERTO SE QUEDA CON LAS MEJORES MUJERES!

UNA COSA QUE ESTÁ EN EL SUELO NO SE CAE MÁS.

LO BUENO, SI BREVE, SE ACABA ANTES.

tan sólo ochocientas pesetas!
–Entonces, ¿por qué no compra la pala en la tienda de al lado?
–Es que se les han acabado.
–Bueno, pues cuando se me acaben las palas, yo también las venderé por ochocientas pesetas.
–Vale, volveré otro día, cuando se le acaben.

–¿Qué hace un gallego arrastrando un dado amarrado a una cadena?
–Pasea su perro dálmata.

Cuando el Rey de los Ladrones le preguntó al gallego Manolo si quería unirse a su banda, *el muy bruto fue y se compró un trombón.*

El niño pregunta a su padre:
–Papá, ¿mamá está en la Gloria?
–No, hijo… mamá está en el Cielo. Quien está en la Gloria soy yo…

–¿Por qué los gallegos tienen conectada una manguera de la cabeza hasta el culo?
–Porque cada vez que piensan… la cagan.

Un gallego lee en un periódico: "Alud mata 100 personas".
–¡Coño!… ¡qué árabe sanguinario!

Un motorista se está rascando la cabeza con el casco puesto.

–¿Pero tú estás tonto? Si te pica la cabeza, quítate el casco para rascártela.

–*Oye. Y tú, cuando te pica el culo, ¿te quitas los pantalones?*

–¿Por qué los gallegos no juegan a las damas?
–*Porque no les gusta vestirse de mujer.*

–¿En qué se diferencia un gallego de un mono?
–*El gallego es más peludo.*

En una cantina había un concurso de quién tenía la mujer más estúpida.
–*Mi mujer es tan imbécil que se compró un auto y no sabe manejar.*
–Eso no es nada. Mi mujer viajó a Brasil y llevaba una caja de condones... *¡y no tiene pene!*

–¿Cómo es que sales con Paca, con lo fea que es?
–*Es que tiene algo distinto que no había notado en ninguna mujer.*
–¿Y qué es?
–Que quiere salir conmigo.

–¿Cómo fue la caza, don José?
–*¡Formidable, formidable! Las liebres de a miles.*

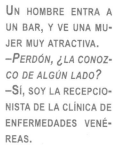

UN HOMBRE ENTRA A UN BAR, Y VE UNA MUJER MUY ATRACTIVA.
–*PERDÓN, ¿LA CONOZCO DE ALGÚN LADO?*
–SÍ, SOY LA RECEPCIONISTA DE LA CLÍNICA DE ENFERMEDADES VENÉREAS.

–¿*HAS ENTENDIDO ALGO?*
–NO.
–¿*PERO NADA, NADA?*
–A VER SI ES ASÍ: PAPÁ LE PONE UNA SEMILLITA ENTRE LAS PIERNAS A MAMÁ Y LA EMPUJA CON LA POLLA.

Había tantas que ¡pum! ¡pum! ¡pum!, disparaba y disparaba una vez y otra, y otra, y otra y otra y ¡pum! ¡pum!
—Pero ¿y cómo cargaba la escopeta?
—¡Cargarla! ¡No me daban tiempo!

—¿Qué tiene 10 brazos y un coeficiente intelectual de 60?
—Cinco hombres viendo un partido de fútbol.

—¿¿¿Hola??? ¿Cuartel general de bomberos?
—Sí, ¿quién habla?
—¡Se me está quemando la casa! Dígame, ¿qué hago? ¿Voy yo o vienen ustedes?
—Pero, ¿quién habla?
—Manolo, el de la *casa rodante*…

—Paco, nuestro hijo ha cumplido 16 años y creo que deberías hablarle de hombre a hombre, y contarle qué hace la vaquita y el toro, la abejita y el abejito, el perrito y la perrita, etc.
—De acuerdo, querida.
A continuación va a buscar a su hijo y le dice:
—Manolito, siéntate y sírvete un whisky. Tú y yo vamos a tener una conversación de hombre a hombre. ¿Te acuerdas de cómo el año pasado, cuando estábamos cabalgando cerca del río, nos encontramos a dos chicas desnudas bañándose y acabamos follándolas? Pues bien, tu madre quiere que sepas

EL MEJOR MÉTODO ANTICONCEPTIVO ES EL 'DI CAPRIO'. CONSISTE EN QUEDARSE HELADO AUNQUE LA CHICA ESTÉ MOJADA.

—¿QUÉ DICE LA DUQUESA DE ALBA INMEDIATAMENTE DESPUÉS DE QUITARSE EL SUJETADOR?
—¡AY, QUÉ FRÍO ESTÁ EL SUELO!

que eso también lo hacen las vaquitas, los perritos, las ovejitas...

—Manolito, ¿tú crees en el Diablo?
—Pues, la verdad es que no sé qué pensar. Crees en el Diablo y luego sucede como con Santa Claus: *que es tu papá.*

—¿*Qué tal, Manolo, tanto tiempo?*
—Mal, Pepe. Se acaba de morir mi padre y vengo del entierro.
—*Vamos, hombre, no te lo tomes así... ¡a lo mejor ni era tu padre!*

Un forastero llega al pueblo de Pepe Muleiro. Se dirige al primer habitante que encuentra:
—*Buenas tardes. ¿Sabe usted dónde puedo encontrar a Antonio Asensio Pizarro?*
—Hombre, así por el nombre... pues no. Verá usted: aquí todos nos conocemos por el mote. ¿Sabe cuál es el mote que tiene?
—*Sí, le dicen "el Colgantes".*
—¿El Colgantes? ¿Dice usted el Colgantes? ¡Pero si ése soy yo!

—Creo que llevas tu alianza de matrimonio en el dedo equivocado.
—*Es que me casé con el hombre equivocado.*

—¡SOLDADO MANOLO! ¿QUÉ HARÍA USTED SI SE LE ACABASEN LAS MUNICIONES Y EL ENEMIGO SE VA CONTRA USTED?
—*PUES SEGUIR DISPARANDO, MI TENIENTE, ¡¡¡PARA QUE NO SE DEN CUENTA!!!*

Gays

Era tan, pero tan mariquita, que se ponía un supositorio… *¡y se le caía!*

Se encuentran dos mariquitas y uno le dice al otro:
–¡Qué visón tan bonito llevas! ¡Te habrá costado un ojo de la cara!
–*¿De la cara?*

El mariquita le dice a su pareja al oído:
–*¿Te duele la cabeza?*
–Sí.
–*Entonces… ¿te la saco?*

Un homosexual va al médico y le dice que tiene un dolor pero que es muy tímido y que le da vergüenza decir dónde.
–A ver, ¿te duele la cabeza?
–*No, más abajo.*
–¿Te duele el pecho?
–*No, más abajo.*
–¿Te duele el estómago?
–*No, más abajo.*
–Ejem… ¿te duele el pajarito?
–No, más bien la jaulita.

El médico era guapísimo.
El paciente gay estaba enamoradísimo de él.
–Doctor, tengo un dolor que empieza en el estómago y siento que se va bajando, poco a poco.
–*Está bien, por favor, desvístase. Ahora dése vuelta y agáchese por favor.*

–¡¡¡Niño, niño!!!
–¡QUE NO SOY UN NIÑO! ES QUE ESTOY MUY LEJOOOOOS…

YO NO SOY GAY. MI NOVIO, ¡SÍ!

NO ROBES. EL GOBIERNO ODIA LA COMPETENCIA.

NUNCA PEGUES A UN HOMBRE CON GAFAS; PÉGALE CON UN BATE DE BÉISBOL.

–¿Así, doctor?

–Sí muy bien, permítame un segundo...

Al comenzar la inspección, el doctor nota un gancho que salía unos dos centímetros del ano de su paciente.

–Oiga, ¿qué tiene aquí?, ¿no le molesta?

–¡Sí, doctor, pero no importa!

El doctor comienza a tirar de aquel gancho y, con asombro, descubre que es un ramo de flores hecho con plumas, como los que usan los magos.

–¿Y estas flores?

–¡Que los cumpla feliz! ¡Que los cumpla, que los cumpla feliz!

–Doctor, soy gay y mi máxima ambición es sentir los dolores del parto.

Media hora después, entra la enfermera y encuentra al marica revolcándose y saltando del piso a la camilla y de la camilla al piso, aullando.

–¿Qué le ha hecho?

–Muy sencillo, quería sentir los dolores del parto así que le he dado un laxante fuerte y le he cosido el culo.

–Doctor, no sé si soy homosexual. ¿Me puede hacer un test?

El médico le agarra un testículo y le dice:

–Diga noventa y nueve.

–Noventa y nueve.

El médico le agarra el pene.

–Diga noventa y nueve.

–Noventa y nueve.

El médico le mete el dedo en el culo.

–Diga noventa y nueve.

–Uno... dos... tres... cuatro... cinco...

Globalización

Era un político *liberal*. Además, *un dinámico empresario ultraconservador*. O sea: un liberal salvaje. Había formado parte del directorio de docenas de empresas y era *experto en métodos de organización de personal*. Un pragmático y simpatizante *de la globalización.*

Como le sobraba el dinero y tenía que descontar gastos para engañar a la Dirección de Impuestos, decidió comprar una orquesta sinfónica. Asistió a dos ensayos y tomó una enorme cantidad de apuntes. Inmediatamente, le mandó el siguiente email al director de la orquesta:

1. No debe permitir que algunos músicos *dejen de tocar cuando usted se da vuelta o mira hacia otro lado.* Es preciso que sigan tocando todos, aunque usted no los mire. *La inactividad de unos es un mal ejemplo para los demás.*

2. *Si la partitura indica que algún músico debe dejar de tocar su instrumento por un rato, usted se encargará de que entretanto toque otro instrumento. No quiero que nadie descanse en horas de trabajo.*

3. Observé que había 12 violines y que todos tocaban lo mismo. Esto es un despilfarro. Le ordeno utilizar un solo violín. Si quiere más volumen, ponga un amplificador.

4. *Hay instrumentos que repiten lo que otros ya tocaron antes. Debe eliminar estos compases de la partitura, porque es absurdo que los metales pierdan el tiempo volviendo a tocar lo que ya tocaron las cuerdas.*

5. Finalmente, usted dispondrá que los músicos toquen un poco más aprisa, para que la duración del concierto sea menor, con el consiguiente ahorro en salarios, luz y gastos generales.

-¿CÓMO LES DICEN A LOS BORRACHOS Y POR QUÉ?
PAÑAL DESCARTABLE: CHUPA VEINTE VECES SU PESO.
VERANO: NI UNA NOCHE FRESCA.
BOMBACHA DE GOMA: NO DEJA PASAR NI UN PEDO.
HERRADURA: SIEMPRE PEGADO AL VASO.
CAMINO DE VACA: VA DERECHO A LA BEBIDA.

Golf

El gallego trataba de pegarle a la pelotita y le erraba. Otra vez... ¡y le erraba!

El caddie se rió.

–Si vuelves a reírte, te golpearé.

Intentó otra vez y le erró a la pelotita.

El caddie se rió.

Una vez más, y lo mismo.

El gallego arremetió contra el caddie, levantó el palo y le apuntó a la cabeza *¡y le erró!*

La golfista hizo su primer tiro con mucha fuerza y vio con horror cómo la pelota se dirigía directamente hacia unos hombres que estaban jugando en el siguiente hoyo.

De hecho, la pelota golpeó a uno de los hombres. Éste juntó ambas manos en su entrepierna, cayó al suelo y comenzó a rodar agonizante.

La mujer corrió hasta donde se encontraba el hombre revolcándose e inmediatamente comenzó a pedir disculpas.

–¡Lo siento tanto! Por favor, déjeme ayudarlo. Soy quiropráctica y sé cómo quitarle el dolor, si usted me lo permite.

El jugador golpeado accedió y ella, gentilmente, le separó las manos, lo acostó, le desabrochó los pantalones y puso su mano adentro comenzando a masajear suavemente.

–¿Se siente bien?

–¡Ah! ¡Me siento fantástico! ¡Pero el dedo me sigue doliendo como la putísima madre que me parió!

Decía Muleiro:

–Yo fui un gran jugador de golf. Hasta que perdí la pelotita.

Graffitis

Cuidemos el agua... ¡tomemos vino!

¡No más medios de comunicación! ¡Los queremos completos!

Batman en batimóvil, Robin... en aerosol.

Escribir en las paredes es graffiticante.

El dinero no hace la felicidad... hace falta.

Herrar es equino.

Silvio Rodríguez era el único que tenía un unicornio azul... ¡y el muy imbécil lo perdió!

Si quiere ser más positivo, pierda un electrón.

Serás un buen abogado, o si no, serás juez.

La droga no te buelbe vruto.

Perro que ladra, no es mudo.

–¿EN QUÉ DEPORTE SE MASCA MÁS CHICLE?
–EN EL CHICLISMO.

––– ––– ––– –––

–¿CÓMO SE LE DICE AL HOMBRE QUE COBRA POR METERLE SU INSTRUMENTO A LA MUJER EN LA BOCA?...
–DENTISTA.

––– ––– ––– –––

NO TUMBE LOS ÁRBOLES... *UNO PODRÍA SER EL FETO DE* PINOCHO.

––– ––– ––– –––

PREFIERO TENER ALTZHEIMER (OLVIDARSE DE LAS COSAS) QUE PARKINSON (TEMBLAR). PORQUE ES MEJOR OLVIDARSE DE PAGAR LA CERVEZA *QUE REGALARLA...*

Si no eres parte de la solución eres parte del problema.

Si la teoría no corresponde con la realidad, peor para la realidad.

¿Quieres ser diferente? Ama a tu suegra.

¡Sea conservador, vote Tupperware!

Si tuviera más tiempo, usaría dos relojes.

No solía terminar nada, pero ahor...

*Evite la muerte en las calles.
Conduzca por la vereda.*

Si Mahoma no va a la montaña... es porque este año prefiere ir a Miami.

Este año me voy a proponer varias metas: meta vino, meta joda y meta y ponga.

Yo no duermo mucho... lo que pasa es que duermo despacio.

—CUANDO UN HOMBRE LE HABLA DE AMOR, ¿POR QUÉ LA MUJER MIRA HACIA ABAJO?
—PARA VER SI ES VERDAD.

EL PROFESOR DE MATEMÁTICAS:
—¡ESTOY INDIGNADO! ¡MÁS DEL 90 POR CIENTO DE LA CLASE NO PASÓ EL EXAMEN!
DESDE EL FONDO DEL SALÓN SE ESCUCHA LA RISA DE MANOLITO:
—¡JA, JA, JA! SI NI SIQUIERA SOMOS TANTOS!

—DOCTOR, ¿CÓMO PUEDO SABER SI PERDÍ LA MEMORIA?
—ESO YA SE LO DIJE AYER.

No soy un completo inútil... por lo menos sirvo de mal ejemplo.

Todos deberíamos creer en algo. Yo creo que pediré otro vodka.

Si bebes agua no potable puedes matar tu sed.

HABÍA UNA VEZ UNA CARRERA DE ESPERMAS QUE CORRÍAN EN MOTOS. UNO DE ELLOS TENÍA LA MOTO QUE CORRÍA MÁS RÁPIDO. SE LARGÓ LA CARRERA. AL MINUTO, EL QUE TENÍA LA MOTO MÁS VELOZ REGRESÓ DESTROZADO.
—PERO ¿¿¿QUÉ TE PASÓ?
—NADA, ¡SE ME CRUZÓ UN FORRO EN EL CAMINO!

Si no entra, no lo fuerces. Usa un martillo más grande.

Ojo por ojo... ojo al cuadrado.

Si eres rico, tengo mucho gusto en conocerte.

Papá, no corras; cómprate un auto.

Los que aman hasta la muerte terminan siendo esqueletos románticos.

La enema no cura pero entretiene.

No sólo digas "De esta agua no beberé", por favor, ¡tira la cadena!

Si su gato no tiene dientes, dele ratón en polvo.

Habilidosos

−¿Has cambiado de coche? Ahora es rojo y antes lo tenías blanco…
−*No, es el mismo. Lo que pasa es que se me calienta un poco.*

El negro López era tan, pero tan supersticioso, que se hizo carpintero para tocar siempre madera.

−*Mira: yo sé que te acostaste con ella, pero te digo que esa mina me gusta en serio, así que vamos a hacer una cosa. Nos la jugamos al truco. ¿Qué te parece, Carlos?*
−*De acuerdo.*
−Ahora: para hacer la cosa un poco interesante, ¿qué te parece si jugamos por *10 pesos el punto?*

−¿Por qué las Mamá Canguro odian los días de lluvia?
−*Porque los chicos tienen que quedarse a jugar adentro.*

−¿Sabes, Paca? Mi marido cuando hay fútbol es insoportable, no me hace caso ni me toca.
−*Pues el mío cuando hay fútbol es una maravilla. El otro día estábamos cenando y, cuando su equipo favorito marcó un gol, allí mismo quitó el mantel, tiró los platos y cubiertos por el suelo, me tumbó sobre la mesa y me echó siete polvos seguidos.*
−¡Estarías contenta!
−*Sí, pero no creo que nos permitan entrar más a ese restaurante…*

GALLINA: "PROCEDIMIENTO QUE CUESTA UN HUEVO".

EL ÚNICO PEZ MAMÍFERO ES EL PEZÓN.

¡Hip, hip, hip!

Dieguito tenía 19 años y bastante mal *genio*.

Un día, en la playa, ¡justamente!, encontró la Lámpara Mágica y se le apareció el *Genio*.

–*¡Oh, mi Amo! ¡Qué alegría! ¡He estado encerrado 2.000 años en esa lámpara y tú me has liberado!*

–Pero ¡cómo voy a creer que saliste de ahí adentro!

–*Es verdad que he salido de allí... y para que me creas, te concederé un deseo, mi Amo.*

–Bueno, ya está bien. Me tengo que ir, adiós. ¡No moleste más, viejo!

–*Muy bien. Si no quieres que te conceda un deseo, te otorgo, en este momento, toda la suerte del mundo. ¡Serás el hombre más afortunado del universo!* Y *¡plashhh!* desapareció.

Dieguito siguió por la playa. Pensaba que a los 19 años nunca había tenido novia ni nada, que no tenía una vocación definida y que todo le salía mal y encima, el genio ese que...

De pronto, pisó algo duro. *¡Era un reloj Rolex de oro macizo!*

Se fue al hotel. Apenas entró, oyó un redoble de tambores, una luz le dio en la cara y un locutor dijo:

–*Usted, sí usted, el joven Diego Aguilar, es nuestro cliente número 50.000 y se le ha premiado con 10.000 dólares en fichas para el casino y una entrada para presenciar el Concurso Miss Playa. Desde luego, su estadía es absolutamente gratuita durante todo el tiempo que desee.*

Fue al casino y ganó una fortuna.

Se cambió y se sentó en primera fila para el Concurso *Miss Playa*.

Desfilaron a centímetros de su cara cuarenta mujeres hermosísimas. Eligieron a una hindú de esas que tienen como un lunar en la frente. La muchacha, apenas la coronaron, se le acercó y lo invitó a su cuarto.

Dieguito, por fin, pudo concretar todas sus fantasías

–¿Cuál es el escalofrío de los escalofríos?

–Ir corriendo desnudo sobre el filo de una navaja ¡y frenar de repente con la punta del pene!

142

sexuales en una sola noche con una mujer soberbia y conocedora de las técnicas más exquisitas.

Se durmió pensando que, después de todo, quizás era verdad que el *genio* le había dado suerte.

A la mañana siguiente, Dieguito se levantó y allí estaba, durmiendo plácidamente, la bellísima hindú, con su piel de aceituna y su cuerpo inolvidable.

No había sido un sueño. La miró detenidamente y le llamó la atención, más que nunca, esa especie de lunar en su frente. Decidió rasparlo para averiguar. Lo raspó y apareció esta inscripción:

¡¡¡¡¡Ha ganado usted una Ferrari Testarrosa!!!!!

Se está muriendo la suegra de Manolo.

Toda la familia se encuentra reunida alrededor de su lecho.

La vejita mirando, hacia la ventana, de pronto dice:

—¡Qué lindo atardecer!

El hombre, dirigiéndose a la suegra:

—*¡No se me distraiga, suegra! ¡No se me distraiga!*

Como no podía tener hijos, la pingüina, en el Polo Sur, decidió empollar un huevo de gallina. Luego de unos días, ¡crac!, el huevo se rompió y salió el pollito. Miró a su alrededor y dijo:

—*¡Pu!, ¡pu!, ¡pu!*

—No, hijo, tú debes decir *¡pío!, ¡pío!, ¡pío!*

Y el pollito volvió a decir:

—*¡Pu!, ¡pu!, ¡¡¡pu... puta madre, qué frío!!!*

En la iglesia:

—*Señor, oh Señor, dame paciencia... pero dámela ¡ya mismo, coño! ¡¡¡Ya mismo!!!*

—¡JUAN, DESPIERTA! ¡CREO QUE QUIEREN ENTRAR A ROBAR!

—¡ASÓMATE A LA VENTANA PARA QUE CREAN QUE TENEMOS PERRO!

EL DINERO NO HACE LA FELICIDAD... PERO PREFIERO LLORAR EN UN ROLLS ROYCE.

Huevadas

—Si un abogado y un inspector de Impuestos Internos se tiran desde un edificio, ¿quién muere primero?...
—*No importa, ¡mientras se mueran los dos!*

—Entra parado y sale mojado y oliendo a pescado...
¿Qué es?
—*El Buzo.*

—¿Usted maltrató a su mujer con una plancha caliente?
—*¡Y con justa razón! ¡Se lo merecía, coño!*
—Pero ¡por favor! ¿Cuál fue la razón?
—*Tenía arrugas.*

Mi hijo cumplió tres años. Su abuela, mi madre, le regaló una enorme pistola de agua. Mi hijo salió corriendo a cargarla en la canilla de la cocina. Encaré a mi madre:
—Me sorprendes, mamá. ¿No recuerdas cómo te molestaba yo con las pistolas de agua y decías que un niño con una pistola de agua podía volver loco a sus padres?
—*¡Je, je, je! Me acuerdo.*

Era tan fea que cuando entraba en el mar salían todos los peces escupiendo.

Un escritor gallego acaba de descubrir por qué no prosperaba su obra en los últimos años: *tenía la lapicera al revés.*

Húngaros

El húngaro Miklos Szolnok cumplía 60 años de casado. Mientras celebraban con una cena, el húngaro le susurró a su esposa:

—*María, hay algo que siempre he querido preguntarte. Siempre me ha molestado que nuestro décimo hijo no se parezca en nada al resto de nuestros hijos. En honor a tantos años, felices por cierto, de matrimonio, quiero preguntarte: ¿tiene nuestro décimo hijo un padre diferente de los otros nueve?*

Ella se ruborizó, bajó la mirada y finalmente contestó:

—Sí, ha tenido un padre diferente.

—*En honor a esos 60 años y con lágrimas en los ojos te pregunto: ¿quién, quién es el padre de nuestro décimo hijo?*

Ella juntó valor, dejó caer la cabeza y confesó:

—Tú, Miklos, tú.

Aviso: Muchacho húngaro de 19 años, muy religioso, busca novia que sea "sumisa".

—¿Cómo conseguir que dos pianistas húngaros suenen al unísono?

—*Echando a uno.*

—¿Cuál es la diferencia entre un tenor húngaro y una vaca?

—*El esmoquin.*

—*¿Cuál es la diferencia entre un violinista húngaro y un perro?*

—El perro sabe cuándo dejar de hacer ruido.

—Pero ¿cómo? Yo le regalé un abrigo la semana pasada y ahora lo encuentro aquí otra vez pidiendo limosna, muerto de frío. ¿Qué hizo con el abrigo? ¿Lo vendió?

—*Tuve que venderlo. ¿Sabe qué pasa? En esta profesión no se puede andar bien vestido.*

¡Huy!

–Doctor, tengo un problema. Últimamente los hombres me parecen hermosos, y me siento atraído hacia ellos, ¿qué puedo hacer?

–*Muy fácil. Cómase un kilo de ciruelas por la mañana, otro kilo al mediodía, y dos kilos más por la noche.*

–¿Y eso servirá, doctor?

–*¡Claro! Así aprenderá para qué sirve el culo, antes de volverse mariquita.*

–¿Papá, papá, qué es la crisis?
–La crisis es cuando te gusta la champaña y las mujeres pero sólo te queda gaseosa y tu esposa.

Pero después de 20 años haciendo lo mismo, la mujer ya comenzaba a sentirse estúpida. Ella pensaba todos los días cómo romper ese loco hábito de su marido.

Así que una noche, cuando estaban en el medio del acto, ella encendió las luces de la habitación. Miró dónde estaba la acción y vio a su marido sosteniendo un consolador.

Ella quedó completamente aturdida al ver lo que estaba pasando.

–¿Tú, impotente? ¿Cómo pudiste engañarme por todos estos años? ¡Exijo una explicación!

El esposo la miró directamente a los ojos y dijo:

–*Yo te explico lo del consolador si tú me explicas por qué tenemos tres hijos.*

El cura Paco de la Rúa es enviado a Alaska. Un obispo lo va a visitar un año más tarde. El obispo pregunta:

–¿Cómo le va aquí, Paco?

–*Si no fuera por mi rosario y mis dos whiskys al día, estaría perdido. Dígame, señor Obispo, ¿le gustaría un whisky?*

–Sí, por favor.

–*¡Rosarioooo, tráele un whisky al obispoooo!*

Imbéciles

—¡Qué buena corbata de Pascua, Andrés!, ¿dónde la compraste?
—¿Por qué le dices "corbata de Pascua"?
—¡Porque está llena de huevo!

—¿Qué es un optimista?
—Un tipo que se cae desde la punta de la torre Eiffel, y durante la caída piensa: *Bueno, al menos todavía no me lastimé.*

Una vez me quedé en un viejo hotel, tan pero tan tranquilo, que los fantasmas se despertaban asustados diciendo:
—¡¡¿Qué fue ese ruido?!!

—¿Qué pasó en el Circo de Pulgas?
—*Fue un perro y se robó el espectáculo.*

—Esta sopa está fría.
—*Pero, ¿cómo sabe si todavía no la probó?*
—Es que hay una mosca flotando…, ¡con bufanda!

—A tu amigo Hans, la verdad, no lo entiendo.
—*¿Lo dices por su carácter raro, Paco?*
—No, porque habla todo el tiempo en alemán.

—*Mis vecinos están todo el tiempo golpéandome la pared.*

—¿SE ENOJÓ MUCHO AYER TU MUJER POR QUEDARTE UN RATO MÁS A JUGAR A LAS CARTAS?
—*No, TOTAL, ESTOS CUATRO DIENTES ME LOS TENÍA QUE QUITAR.*

–¿Te despiertan?
–*No, ¡¡¡pero me interrumpen siempre que practico con la batería!!!*

–¿CÓMO SE DICE EYA-
CULACIÓN PRECOZ EN
CHINO?
–YATÁ.

––– ––– ––– ––– –––

–¿QUÉ CONTESTA UNA
NINFÓMANA?
–¿¿¿CÓMO QUE YA-
TÁ???

––– ––– ––– ––– –––

SI EL CEREBRO HUMA-
NO FUESE *TAN SIMPLE*
COMO PARA QUE PU-
DIÉSEMOS COMPREN-
DER SU FUNCIONA-
MIENTO, SERÍAMOS *TAN
TONTOS* QUE NO LO EN-
TENDERÍAMOS.

––– ––– ––– ––– –––

–¿Qué se obtiene si se alimenta a una vaca con un millón de dólares?
–*Leche muy rica.*

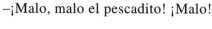

–¿Cómo se le dice a un gato desastroso?
–*Una gatástrofe.*

–¡Mozo! ¡Este pescado está malo!
–¡Malo, malo el pescadito! ¡Malo!

–Tengo seis ojos, dos bocas y tres orejas… ¿qué soy?
–*¡Horrible!*

–¿Dónde publican notas los conejos?
–*En la prensa liebre.*

–¿Qué es marrón, peludo y usa anteojos de sol?
–*Un coco de vacaciones.*

–Camarero, ¿por qué me trae el bife apretándolo con el pulgar?
–*Es que no quiero que se me caiga de nuevo al piso.*

–Aquí está su pedido, señora: helado de chocolate,

vainilla y dulce de leche, con trozos de banana, cobertura de chocolate, vainillas, almendras y salsa de
frutillas., ¿Le traigo una gaseosa para acompañar?
–*No, mejor agua. Estoy a dieta.*

–*Estoy preocupado, querida. Juancito me sacó pla-
ta de la billetera otra vez.*
–¿Cómo sabes que fue Juan? Pude haber sido yo.
–*No, vos seguro que no fuiste. Quedaron 10 pesos.*

–¿Cuántas ovejas hacen falta para tejer un suéter,
Manolo?
–*¡No sabía que supieran tejer!*

–*Mi hermano toca el piano desde hace tres años.*
–¿Y todavía no se le cansaron los dedos?

–¿Qué hace "99-toc, 99-toc, 99-toc"?
–*Un cienpiés con pata de palo.*

–Disculpame, ¿qué es lo más rápido al Obelisco?
–*¡Corra, corra, corra!*

En la consulta del psiquiatra.
–*Doctor, tengo un problema de inseguridad, ¿o no?*

Los Muleiro cenaban en un restaurante.
–Pepe, ese tipo que está allá es mi ex marido y ha
estado tomando así desde que lo abandoné, hace
siete años.

¡AAAAAAAHHHHHHH
HHHHHHHHHHHHHH
HHHHHHHHHHHHHH
HHHHHHHHHHHHHH
HHHHHHHHHHHHHH
HHHHHHHHHHHHHH
HHHHHHHHHHHHHH
HHHHHHHHHHHHHH
HHHHHHHHHHHHHH
HHHHHHHHHHHHHH
HHHHHHHHHHHHHH
HHHHHHHHHHHHHH
HHHHHHHHHHHHHH
HHHHHHHHHHHHHH
HHHHHHHHHHHHHH
HHHHHHHHHHHHHH
HHHHHHHHHHHHHH
HHHHHHHHHHHHHH
HHHHHHHHHHHHHH
HHHHHHHHHHHHHH
HHHHHHHHHHHHHH
HHHHHHHHHHHHHH
HHHHH! ¡ME HE MORDI-
DO UN DIENTE!

—Tonterías, mujer... ¡nadie celebra tanto tiempo!

—¿A su perro le caen bien los chicos?
—Más o menos. Prefiere el alimento balanceado.

—¿Qué es un hippie gordo?
—Un hippipótamo.

—¿Por qué los elefantes fueron los últimos en dejar el Arca de Noé?
—Tenían que guardar sus bermudas en la valija.

—¡Chofer! ¡No tome las curvas tan rápido que me da miedo!
—Señora... ¿por qué no cierra los ojos como hago yo?

—Mamita, *¿recuerdas que siempre estabas preocupada porque podía llegar a romper el jarrón?* Bueno, ¡ya no tenés que preocuparte más!

—¿Qué es amarillo con líneas negras?
—Un parajito en prisión.

—No puedes negar que eres de la familia. Tienes la boca de tu papá y las orejas de tu mamá, Manolito.
—Sí, y tengo las zapatillas de mi hermano.

Increíbles

La noche antes de la boda.

–Mira, hijo: tú, mañana, después del banquete de bodas, coges a tu mujer y te la llevas al hotel. Al pie de la escalera la coges en brazos y la subes a la habitación *para que vea que los gallegos somos unos caballeros.* Cuando la hayas metido en la habitación, bajas por las maletas y las subes todas de un viaje, para que ella vea que *los gallegos somos una raza fuerte.* Cuando hayas subido las maletas, te metes en el cuarto de baño y te duchas, para que ella vea que *los gallegos somos una raza limpia.* Cuando te hayas duchado, te desnudas, la desnudas a ella, os metéis en la cama y, cuando estéis así, te haces una paja, para que ella vea que los gallegos *somos una raza independiente.*

–¿Por qué los gallegos meten cubitos de hielo en el congelador?
–Para mantener la heladera fría.

El alcalde gallego tenía una reunión muy importante en un restorán. Debía llevar a su mujer, que era muy bruta.

–Mira, mujer, tú pórtate bien. Y si no puedes, al menos disimula un poco.

–No te preocupes, que voy a comportarme.

Todo fue muy bien hasta que la mujer empezó a rascarse la cabeza furiosamente.

–Pero mujer, ¡disimula un poco!

–¡Lo estoy haciendo, joder! ¡Si lo que me pica es el coño!

Un oficial del Servicio de Inteligencia debe aprobar a tres nuevos agentes a través de una prueba. Uno tiene 25 años, otro 35 y el último 45. El oficial coloca a cada una de sus mujeres en una habitación diferente. Entonces le da un arma al de 25 años y le dice:

–Entre en la habitación y asesine a su mujer.

A lo que el joven responde:
–No puedo hacer eso. La amo muchísimo.
El oficial se dirige al de 35 años y le dice lo mismo. Entonces el hombre, entra en la habitación y sale luego de 5 minutos:
–No puedo hacerlo.
Es el turno del agente de 45 años, el oficial le da el arma y repite lo mismo. El hombre entra en la habitación, se escuchan tres disparos y luego gritos y golpes. Entonces el oficial entra corriendo, ve a la mujer muerta en el piso y pregunta:
–¿Qué pasó?!...
–Algún imbécil puso balas de salva, así que ¡tuve que matarla a golpes!

Una pareja llega al pozo de los deseos. El hombre se acerca, pide un deseo y arroja una moneda.
La esposa también se acerca decidida a pedir un deseo. Pero al acercarse, se agacha mucho, cae al pozo y se ahoga. El marido, sorprendido por un momento, sonríe diciendo:
–¡No lo puedo creer, funciona!

Se encuentran dos hombres en la puerta del Cielo.
–¿De qué has muerto tú?
–Congelado, ¿y tú?
–De alegría.
–¿Cómo es posible eso?
–Me dijeron que mi mujer me engañaba y una mañana fui temprano a casa. Encontré a mi mujer en pelotas y la cama deshecha. Comencé a buscar al hombre. No estaba en el amario, ni debajo de la cama, ni en la cocina, ni en el baño. Al mirar en la terraza no lo encontré y me puse tan contento que empecé a dar saltos de alegría. Tropecé con una maceta y me caí de la terraza.
–Imbécil, ¡si hubieses mirado en el congelador todavía estaríamos vivos!

–¿EN QUÉ SE PARECE EL DINERO A LA GASOLINA DE LOS AVIONES?
–EN QUE SE GASTAN "VOLANDO".

Insólitos

El diputado Abel Julián Romualdo se escapa con su secretaria para pasar el fin de semana en algún lugar apartado.

Llegan a un hotelito de la ruta.

—Sólo queda disponible *"la habitación de la luna de miel"*.

—*Eso es precisamente lo que nos conviene.*

A la mañana siguiente, mientras paga, el político comenta:

—*Nos encantó la decoración de la habitación, pero ¿por qué la llaman la de la luna de miel?*

—Bueno, en realidad, todas las habitaciones son iguales. Pero a ésa la llamamos la de la luna de miel porque el televisor está *descompuesto* y hasta ahora, ¡nadie lo ha notado!

ERA TAN DALTÓNICO QUE CUANDO LE ESCRIBÍAN LA PALABRA *AZUL* ÉL LEÍA *AMARILLO*.

¿Qué es un político híper facho?

—*No sé.*

—Un tipo capaz de hacer el amor con su mucama paraguaya de 16 años pero que jamás permitiría que sus hijos fuesen al mismo colegio que ella.

—*¿Cuándo se puede decir que una feminista militante es una ninfómana?*

—No sé.

—*Cuando necesita un hombre* cada dos años.

Estaba una hormiguita en el cine. De repente, justo adelante se sienta un elefante.

La hormiguita inmediatamente le dice al elefante.

—*Elefante me tapa, elefante me tapa.*

Pero el elefante no le prestaba atención, la hormi-

guita siguió insistiendo:
—*Elefante me tapa, elefante me tapa.*
El elefante no aguantó más. Se paró de su butaca y se sentó detrás de la hormiguita.
Al rato, la hormiguita se volteó hacia atrás y le preguntó al elefante.
—*Elefante, ¿te tapo?*

—*¿Por qué se casan algunas feministas?*
—*Porque los vibradores no regalan tarjetas* American Express Gold.

LA GALLEGA PACA ERA TAN, PERO TAN FEA QUE CUANDO FUE A CASARSE, EL JUEZ LE PREGUNTÓ AL NOVIO:
—*¿¿¿EN SERIO LA ACEPTA POR ESPOSA??? ¡REPÍTALO CINCO VECES!*

UNA DE LAS IRONÍAS DE LA VIDA ES QUE NORMALMENTE LAS MUJERES QUE CONSIGUEN LOS ABRIGOS DE PIELES *SON LAS MÁS CALIENTES.*

—*¡Vengo a presentar una queja en éste ministerio de mierda, lento y burocrático!*
—Tiene que hacerlo por escrito.
—*¿Eso va a ayudar en algo?*
—A usted no sé. A mí me ayudará a pasarle el caso a otro funcionario.

El diputado gallego, para superar la crisis del petróleo, propuso:
—*Importemos millones de toneladas de arena de Arabia y perforemos con nuestros propios medios. Fue aclamado.*

Monseñor Tororinelli visitó a una familia pobre y muy numerosa.
—¡Que el Señor esté con ustedes!
—*¡Ah, no, viejo! ¿Otro más para comer?* ¿Con la crisis que hay?

Había una vez un pequeño que sabía las tablas.
Había otro más grande que las rompía.

Insultos

–¿Sabes? Yo podría haber sido tu padre. Pero el tipo que estaba a mi lado tenía el dinero exacto y *entró primero*.

–Eso que tienes en la boca, ¿es un bigote, o te estás comiendo una rata?

–*Estás más perdido que Heidi en Guatemala.*

–José, estoy saliendo con una muchacha que podría ser mi hija.
–*¿Y quién es ?*
–Tu hija.

–*Tu madre te quiere porque cuando te parió estaba pensando en el Jorobado de Notre Dame.*

–Eres más vulgar que bailar la música del telediario.

–*Si tu culo fuese una tostada, necesitaría un remo para untarlo.*

–A Dios se le prende una vela… y a vos un espiral, ¡¡¡bicho!!!

–*Me gustaría ser bolsa para salir con esa basura.*

CASA CON DOS PUERTAS… *UNA ES DE SERVICIO.*

LA GALLEGA PEPA ERA TAN FEA QUE UN DÍA ALGUIEN LE GRITÓ EN LA CALLE: *"¡FEA!",* Y ELLA RESPONDIÓ: *"¡ADULADOR!".*

EL TERCER MUNDO SE *MUERE DE HAMBRE,* MIENTRAS QUE EL PRIMERO Y EL SEGUNDO SE *MUEREN DE COLESTEROL.*

–El autobús que esperas está fuera de línea, como vos... ¡¡Gorda!!

–*Nena, si quieres caricias, usa papel higiénico.*

–Con esa cara, seguro que tu madre se emborracha-ba antes de amamantarte.

–*¡Qué dientes más interesantes! ¿Los elegiste de un catálogo?*

–Paco es un hijo de puta.
–*¿Porque se acuesta con la prostituta del pueblo vecino?*
–Esa mujer es su madre. Paco es un hijo de puta.

–DESDE QUE ME ENA-MORÉ DE LA LOCUTORA QUE LEE EL PRONÓSTI-CO DEL TIEMPO *VIVO EN LAS NUBES.*

–¿QUÉ SONIDOS HACEN LOS PUERCOESPINES CUANDO SE BESAN?
–¡AYYY!

–¿Con qué posición sexual se hacen los bebés feísimos?
–*No sé.*
–Pregúntale a tu madre.

Cuando tu cociente intelectual llegue a 20, ¡vende!

–¡Qué mona eres! *¿Te escapaste del zoológico o te echaron los monos de la jaula por fea?*

El ministro recibió un fax repleto de insultos.
Viejo zorro de la política, lo devolvió al remitente con esta nota: *"Debería usted investigar quién es el pelotu-do de mierda que anda enviando cartas con su firma".*

Islas desiertas

Existían 10 bellas islas desiertas en medio de la nada, donde quedaron presas las siguientes personas:

–*Isla Desierta 1:* Dos italianos y una italiana.
–*Isla Desierta 2:* Dos franceses y una francesa.
–*Isla Desierta 3:* Dos alemanes y una alemana.
–*Isla Desierta 4:* Dos griegos y una griega.
–*Isla Desierta 5:* Dos ingleses y una inglesa.
–*Isla Desierta 6:* Dos gallegos y una gallega.
–*Isla Desierta 7:* Dos americanos y una americana.
–*Isla Desierta 8:* Dos japoneses y una japonesa.
–*Isla Desierta 9:* Dos irlandeses y una irlandesa.
–*Isla Desierta 10:* Dos argentinos y una argentina.

Un mes después, en estas islas completamente desiertas, en medio de la nada, ocurrió lo siguiente:

Isla Desierta 1:
Un italiano mató al otro *para quedarse con la italiana.*

Isla Desierta 2:
Los dos franceses y la francesa viven muy felices en un *menage a trois*.

Isla Desierta 3:
Los dos alemanes hicieron una programación semanal donde ellos *se turnan para tener sexo* con la alemana.

Isla Desierta 4:
Los dos griegos están *durmiendo juntos* y la griega limpia y les cocina.

–¿QUÉ ES UN LÍO?
–UNA COLIENTE DE AGUA QUE VA A PALAL AL MAL O A OTLO LÍO.

ENCUENTRO A LA TELEVISIÓN MUY EDUCATIVA: *CADA VEZ QUE ALGUIEN LA ENCIENDE, ME VOY AL OTRO CUARTO A LEER UN LIBRO.*
GROUCHO MARX

Isla Desierta 5:

Los dos ingleses están esperando que llegue alguien para que *les presente a la inglesa.*

Isla Desierta 6:

Los dos gallegos miraron el mar, luego miraron a la gallega, miraron el mar nuevamente y *empezaron a nadar.*

Isla Desierta 7:

Los dos americanos están evaluando las virtudes del suicidio, mientras la americana *continúa hablando de ella, de la verdadera naturaleza del feminismo, de cómo ella puede hacer todo lo que ellos pueden hacer, de la necesidad de la tranquilidad interior, de la igualdad, de la división de las tareas domésticas, de cómo su último novio respetaba su opinión. Pero por lo menos, no está lloviendo y los impuestos son menores.*

Isla Desierta 8:

Los dos japoneses enviaron un fax a Tokio y *esperan instrucciones.*

Isla Desierta 9:

Los irlandeses dividieron la isla en Norte y Sur, y *cada uno abrió una cervecería.* Ellos no se acuerdan si han tenido sexo con la irlandesa *después de algunos litros de whisky de coco.* Pero están satisfechos porque *los ingleses no están allí.*

Isla Desierta 10:

Cada argentino piensa que la argentina tiene relaciones sexuales *solamente con él.*

EL SHEIK ÁRABE LLAMA A SU HAREM POR TELÉFONO:
–*AQUÍ HABLA TU MARIDO. ¿QUIÉN ESTÁ DEL OTRO LADO?*

CUANDO DEJAS DE REÍRTE DE TI MISMO, LLEGÓ EL MOMENTO DE QUE OTROS SE RÍAN DE TI.

–¿QUÉ LE DIRÍAS A KING KONG SI CONSIGUE UN TÍTULO?
–*KONG-GRATULACIONES.*

Jaimito

–¿*Cómo te imaginas a Papá Noel, Jaimito?*
–Mire maestra, yo a Papá Noel de la única forma que me lo imagino es con un culo grande como toda esta habitación.
–¿*Qué dices? ¿Por qué te lo imaginas así?*
–Porque cuando le pregunto a papá qué me va a traer Papá Noel, me dice: ¡*mierda, te va a traer!* ¡*Una tonelada de mierda, te va a traer!*

El director hace una evaluación de la clase.
–*Jaimito. ¿Cuánto es dos más dos más dos?*
–Depende, señor director, porque si los números están horizontales son 222 y si están verticales, 6.
–*Está bien. Ahora dime cuántos son los mandamientos de la ley de Dios.*
–Depende, señor director, porque si son para hombres son 10; pero si son para mujeres son 9, porque las mujeres no pueden desear la mujer del prójimo. Digo, ¡a no ser que sean lesbianas!
–¡*Eres un hijo de puta, Jaimito!*
–Depende, señor director, porque si soy hijo de mi mamá no, pero si soy hijo de su mamá, ¡sí!

Jaimito, a su madre embarazada de tres meses:
–*Oye, mamá, ¿por qué tienes la barriga hinchada?*
–No te preocupes hijo, es sólo un aire que tengo atravesado en el estómago.
Jaimito a su madre embarazada de seis meses:
–*Mamá, ¿por qué te está creciendo más la barriga?*
–Son aires estomacales.
Jaimito a su madre embarazada de nueve meses:
–¿*Y ahora qué te pasó?*
–Ya te he dicho la razón, pero en estos días el aire se irá.
Luego del parto, Jaimito entra en la habitación a

conocer a su nuevo hermanito. Apenas lo ve, grita:
—*¡¡¡Hola, pedooo!!!*

—¿Jugamos a algo, María…?
—*Bueno, Jaimito. ¡¡¡Jugamos a ver quién sube la pierna más alto!!?*
—Vale.
Jaimito levantó la pierna y marcó en la pared hasta dónde había llegado.
— *Ahora voy yo.*
La nenita levantó la pierna mucho más alto que Jaimito.
—¡¡¡No vale!! ¡Así cualquiera gana: *tú tienes bisagra!*

Un vendedor toca a la puerta. Abre Jaimito:
—*¿Está tu papá?*
—Sí.
—*¿Puedo verlo, por favor?*
—No. Está en la ducha.
—*¿Tu mamá está en casa?*
—Sí.
—*¿Puedo verla, por favor?*
—No. Ella también está en la ducha.
—*¿Crees que salgan pronto?*
Jaimito se ríe:
—No, no lo creo.
—*¿Y por qué?*
—Porque cuando mi papá me pidió la vaselina le di el frasco de súper-pegamento.

—Voy a hacer dos preguntas. El que conteste bien la primera, no deberá contestar la segunda. Jaimito: ¿cuántos pelos tienen los caballos en el lomo?
—*Sesenta y dos mil quinientos treinta y cinco.*
—¿Y cómo puedes saberlo con semejante exactitud?
—*¡Ah! Esa ya es la segunda pregunta.*

PREGUNTABA MULEIRO:
—Y SI QUIERO HABLAR ANTES DEL PIIIII, ¿QUÉ?

—¡SIGAN AVANZANDO!
—Y VANZANDO Y SUS MUCHACHOS SE PERDIERON POR EL BOSQUE.

—¡SUBAN LAS VELAS!
Y LOS DEL SÓTANO SE QUEDARON SIN LUZ.

Ja, ja, ja

–¿Cómo les dicen a los que tocan el piano?
–*Pianeros.*
–¿Y a los que tocan la trompeta?
–*Trompeteros.*
–¿Y a los que tocan los timbres?
–*Pues... timbreros.*
–Entonces, ¿por qué a mí me llaman *"el hijo de puta del quinto piso"*?

Paco se enroló en la Real Marina Española.
–*¡¡Capitán, capitán, que nos hundimos, capitán!!*
–¡Cállese, imbécil! ¡Esto es un submarino!

–¿Por qué doblan las campanas, Manolo?
–*Pues porque ya es muy tarde y las tienen que guardar, Pepe.*

–Paca, ¿qué te parece si hacemos el amor por última vez?
–*¡Sobre mi cadáver!*
-Pues, sí...¡como siempre!

–¿Cuánto le cuesta a un loro aprender inglés?
–*Depende de lo que le cobre el profesor.*

–¿Que coche tienes?
–*Yo tengo un Mercedes Be.*
–Será un Mercedes Benz, ¿no?
–*Es que no he pagado aún las dos últimas letras.*

Jefe

¿Cómo se interpreta lo que haces tú y lo que hace tu jefe en la empresa?

Algo te toma mucho tiempo, *eres lento.*
A tu jefe le toma mucho tiempo, *es cuidadoso.*

No lo haces, *eres flojo.*
Tu jefe no lo hace, *está muy ocupado.*

Cometes un error, *eres un idiota.*
Tu jefe comete un error: *"Errar es humano".*

Defiendes tu punto de vista, *eres un necio.*
Tu jefe lo hace, *está siendo firme.*

Se te olvida una regla de etiqueta, *eres maleducado.*
Tu jefe no sigue ciertas reglas, *es original.*

Tú complaces a tu jefe, *eres un chupamedias.*
Tu jefe complace al suyo, *es cooperativo.*

Estás fuera de la oficina, *estás perdiendo el tiempo.*
Tu jefe está fuera de la oficina, *está en un negocio.*

Estás enfermo en tu casa, *eres un mentiroso.*
Tu jefe llama y se reporta enfermo, *debe estar muy enfermo.*

Judíos

–Yo te pago el documento, pero con un cheque a noventa días.
–*No. De ninguna manera. Tiene que ser en efectivo. Venció hace tres meses.*
–Bueno, con uno a sesenta días.
–*No. Efectivo.*
–Con uno a treinta días.
–*Dije e-fec-ti-vo.*
–Entonces cheque para el lunes.
–*¡No! ¡Efectivo o nada!*
–Bueno, te doy efectivo… *pero siempre que no lo uses hasta el lunes, ¿de acuerdo?*

–*Hace años que te conozco, David, y siempre te he preguntado cómo van tus negocios. Pero tú a mí no me preguntas nunca.*
–Tienes razón, Moisés, ¿cómo van tus negocios?
–*¡No me preguntes! ¡No me preguntes!*

Abraham y su esposa Ruth van a conocer al novio de su hija Esther, que pedirá la mano de su hija. Abraham entonces le hace toda clase de preguntas:
–¿Cómo te llamas?, ¿quiénes son tus papas?, ¿en qué trabajas?
–*Me llamo David. Soy estudioso de la Torá.*
–Oye, David, pero mira que mi hija siempre ha estado acostumbrada a un nivel alto de vida, ¿cómo harás para sostenerla?
–*Dios proveerá.*
–Pero mi hija está acostumbrada a viajar y hacer shopping por lo menos 3 veces al año, ¿cómo harás?
–*Dios proveerá.*
–Pero Sarita está acostumbrada a los mejores restaurantes, ¿cómo harás?

ÉRAMOS QUINCE HERMANOS EN NUESTRA FAMILIA. Y TAN POBRES QUE CADA UNO USABA LA ROPA DEL OTRO. NO FUE DIVERTIDO: *YO TENÍA 14 HERMANAS.*

–*Dios proveerá.*

–Está bien, te doy la mano de Sarita.

En ese momento Ruth se vuelve loca, llama a Abraham a otro cuarto y le pregunta:

–*¿Sabes la clase de tontería que acabas de cometer? ¡¡¡Estás loco!!! ¡Cómo le das la mano de tu hija, tu única hija, a un hombre que no tiene oficio? ¡Con qué la va a mantener? ¡¡¡Se van a morir de hambre!!!*

–Será todo lo que tú dices, pero *¡es la única persona en el mundo que me ha llamado Dios!*

–Mı hijo me salió invertido.

–¿Odia a las mujeres, David?

–Odia el dinero.

Isaac era un estricto observante de las restricciones alimenticias judías.

Pero un día fue solo a un restaurante y vio en el menú que había cerdo asado.

Se tentó. Pensó que por una sola vez no se derrumbaría el mundo.

Pidió el plato de cerdo.

Llevaron a su mesa el lechón, que tenía una manzana en la boca.

En ese preciso momento, Isaac alzó la vista y vio que un conocido suyo, que asistía a su misma sinagoga, lo miraba fijamente.

Rapidísimo, arrojó ruidosamente el tenedor sobre el plato y casi gritó:

–*¡Qué barbaridad! Pedí una manzana al horno... ¿cómo iba a saber que iban a acompañarla con ¡esto!?*

Un judío ruso en la antigua Unión Soviética no conseguía una casa del gobierno. Un día está hablando con un amigo:

–¡Jo!, no hay forma de que me den una casa de ésas oficiales.

–*¿Les has dicho que eres judío?*

–¡Pues claro, es una de las preguntas del impreso!

–*¡No, no, mal hecho!, ya sabes que esos tipos son unos racistas, tienes que decir que eres ortodoxo o católico.*

–¡Ah, bueno! Pues volveré a probar.

Total, que vuelve una vez más a las oficinas y rellena un nuevo impreso, esta vez declarándose católico. Pero como ha ido tantas veces a esa oficina, la gente ya lo conoce y el burócrata que lo ha atendido se queda mirando el papel con cara de desconfianza, después pregunta:

–*¿Es usted católico?*

–Sí, claro.

–*¿Hmm...? Bueno, demuéstremelo: ¿cuál es el nombre del Mesías?*

–Jesucristo.

–*¿Y el nombre de su madre?*

–María.

–*¿Y su padre?*

–José.

–*¿Y dónde nació?*

–En un establo en Belén.

–*Y ¿por qué nació en un establo?*

–¡¡¡¡Porque era judío y no podía conseguir una casa del maldito gobierno!!!

El presidente de la Junta Gallega se asomó y le gritó a su secretaria:
–¡Hay demasiados teléfonos sobre mi escritorio! ¡Hace quince minutos que estoy hablando conmigo mismo!

Un político judío-americano exitoso hace un viaje a Israel y va al Muro de los Lamentos.

Una vez allí se concentra serenamente durante un rato y luego comienza una plegaria:

–*¡Dios mío, tú que todo lo puedes, ayúdame a ganar esta votación en el Congreso para la autopista transnacional! ¡Por favor, buen Dios, es la obra más grande a la que he podido aspirar en mi carrera... ayúdame...!*

Está concentrado, en plena súplica, cuando aparece otro hombre a su lado, muy mal vestido, con aspecto de extrema pobreza. El hombre se inclina y exclama:

–¡Dios mío, por favor, ayúdame a *conseguir cien*

dólares, mis hijos no comen hace tres días, mi mujer no tiene trabajo y yo tampoco, las cosas nos van mal, por favor, ayúdame con cien...

El pobre hombre hace un silencio.

El político lo mira. Mete la mano en el bolsillo, saca un billete de cien dólares y se los mete en el bolsillo mientras dice:

—*Tome, viejo, tome sus cien dólares pero por favor, ¡no me lo distraiga al Señor con esas pelotudeces!*

La monjita entró en la habitación del hospital para reconfortar al paciente.

—Buenos días, ¿tiene usted familia?

—*Sí, tengo una esposa maravillosa y trece hijos.*

—¡Vaya, trece hijos! Una verdadera familia católica. Dios está muy orgulloso de ti.

—*Lo siento, hermana. No soy católico, soy judío.*

—¡¡¡Judío degenerado!!! ¡¡¡Maniático sexual!!!

Salomón pasea con su novia por el jardín de la casa de su padre. El papá, un cirujano de renombre, estaba realizando una circuncisión en su consultorio. Mientras caminan, escuchan un grito. Un pedazo de piel sale volando por la ventana y cae cerca de la muchacha.

—¿Qué es esto, Salomón?

—Pruébalo, Judith... y si te gusta, *¡te regalo uno entero!*

166

Kilomberos

Congreso europeo de feministas.

Habló la alemana:

–*¡¡¡Compañeras!!! ¡Tenemos que unirnos contra el opresor! El otro día llegué a casa y, como siempre, estaba todo revuelto, la ropa por el suelo. "¡Ahora no lo ordeno!" El primer día no vi nada. El segundo día tampoco vi nada. ¡¡¡Pero el tercer día estaba todo en su sitio muy ordenado!!!*

Habló la inglesa:

–*¡¡¡Compañeras!!! ¡Tenemos que unirnos contra el opresor! El otro día llegué a casa y, como siempre, había una pila de ropa sin planchar, enorme. Pero dije "¡Pues ahora no plancho!". Y el primer día no vi nada. Y el segundo día tampoco vi nada. ¡¡¡Pero el tercer día estaba todo planchadito y colocado en cada armario!!!*

Y llegó la gallega:

–*¡¡¡Compañeras!!! ¡Tenemos que unirnos contra el opresor! El otro día llegué a casa y, como siempre, estaban todos los platos sin fregar. Pero dije "¡Ahora no friego!". Y el primer día no vi nada. Y el segundo día tampoco vi nada. ¡¡¡Pero al tercer día ya veía un poco por el ojo izquierdo!!!*

Un inspector iba a visitar una clase pero los niños todavía no sabían leer. Por eso el maestro les dice que él les hará señas para que simularan leer lo que escribiera el inspector.

Llega el inspector y escribe en la pizarra "caballo".

El maestro comienza a cabalgar señalando hacia abajo y los niños gritan: *"¡Ca-ba-llo!"*.

–*Muy bien, muy bien.*

El inspector escribe "jinete" y el maestro hace los gestos del jinete señalándose a sí mismo.

–*¡Ji-ne-te!*

–¿POR QUÉ LOS VASCOS PREFIEREN CASARSE CON MUJERES VÍRGENES?
-NI IDEA.
-PARA EVITAR COMPARACIONES.

–Muy bien, muy bien.

El inspector escribe "péndulo" y el maestro se agarra el antebrazo y comienza a ondearlo en forma de péndulo.

–¡La-po-lla del ca-ba-llo!

Un huracán destruyó la casa de la Paca.

Allí estaba la gallega, paradita frente a la casa destruida. Lloraba desconsoladamente.

En ese momento pasó el gallego Manolo y le preguntó:

–¿Qué pasó, abuela? ¿Se le cayó la casa?

–No, si la voy a desarmar para limpiarla, *¡cabrón gilipollas!*

–¿SABES QUÉ ES UN DEMAGOGO?
–NI IDEA.
–UN TIPO CAPAZ DE SACUDIR EL BOTE PARA CONVENCER A TODO EL MUNDO DE QUE ESTÁN ATRAVESANDO UNA TERRIBLE TORMENTA.

Fidel Castro dirigía a nuestros hermanos cubanos su saludo de fin de año. Después de tres horas de introducción, dijo:

–¡Camaradas, tengo un anuncio importante para ustedes!: ¡gracias a la Revolución pronto entrará Cuba en la era espacial! ¡Fabricaremos nuestros propios cohetes y en un año podremos ir a la Luna, en dos a Marte, y en cinco a Júpiter y Plutón!

Alguien, entre la multitud, levantó la mano y gritó:

–Una pregunta, comandante. ¿Cuándo podremos ir a Miami?

–¿Cuál es la diferencia entre Dios y un argentino?

–Que Dios está en todas partes... y el argentino "sha estuvo".

Una mujer de 45 años solterona vive con sus padres y nunca los deja entrar a su cuarto. Un día su padre se cuela y encuentra un consolador enorme encima

de su mesa de noche. Le pregunta:
–*Pero... ¿qué es eso?*
–Papá, tienes que entender, a mi edad y sin pareja necesito desahogo.
Esa misma noche, al regresar la solterona a su casa encuentra a su padre con un trago en una mano y el consolador en la otra.
–Pero, ¿qué haces con eso?!
–*Nah... tomándome una copita con el yerno.*

–Adivinanza: tengo dos pelos, tres ojos, dos narices y un dedo, ¿qué soy?
–*Deforme.*

–¿Nos conocemos de algún sitio? ¿O es que no te reconozco porque estás vestida?

–*Hola, estoy realizando un estudio para ver cuántas mujeres tienen aretes en los pechos, ¿me dejas ver?*

–*Papá, papá... vamos a jugar, ¿sí?*
–No, mi hijito, estoy trabajando.
–*¡Por favor! Ven a jugar conmigo, ¿sí?*
–¿No ves que estoy trabajando? Tengo que terminar este reporte…
–*No seas malo, papá, un ratito nada más, ¿sí?*
–¡Que no! ¡Y deja de molestarme!
Se va el niño, triste, con una lágrima en el ojo.
El papá se queda trabajando, pero el remordimiento no lo deja concentrarse…
–A ver hijo, ¿a qué quieres jugar?
–*Al perro, papá... ¡vamos a jugar al perro!*
–¿Al perro? ¿Cómo que al perro?
–*Sí, ¡al perro papá, al perro!*

Si USTED NECESITA MUCHAS PALABRAS PARA EXPRESAR LO QUE ESTÁ PENSANDO, *PIÉNSELO UN POCO MÁS.*

VIVIR TU VIDA ES ALGO TAN, PERO TAN DIFÍCIL, *QUE NADIE ANTES LO HA INTENTADO.*

−Bueno, ¿cómo se juega?
−*Es muy fácil: yo me pongo de este lado del cuarto y tú te pones en cuatro patas.*
El papá se pone en cuatro patas y camina hacia el niño.
El niño, al acercarse su papá, lanza una patada y grita:
−*¡Fuera perro de mierda!*

Un tipo entra en un bar y le pide al tipo de la barra:
−*¿Tiene café frío?*
−No, no tengo.
−*Bueno, gracias. Chau.*
Al día siguiente, el mismo tipo:
−*Buenas, señor. ¿No tiene café frío?*
−*Buenas. No, no tengo.*
Al día siguiente, el mismo.
−*Buenas, señor. ¿No tiene café frío?*
−No, no tengo.
−*Ah, bueno. Gracias, chau.*
El tipo de la barra pensó:
−A este lo voy a cagar y mañana pongo café en la heladera.
Al otro día vuelve a aparecer el tipo:
−*Buen día. ¿Tiene un poco de café frío?*
−¡Sí, tengo!
−*Ah, bueno. ¿No me calentaría un poquito?*

UN NEGRO ESCAPÓ DE LA LEGIÓN EXTRANJERA. MIENTRAS CORRÍA ENCADENADO Y CON UNA GRAN SED ENCUENTRA UNA LÁMPARA MÁGICA. DESESPERADO, LA RECOGE, LA FROTA Y ¡PLAFF! APARECE UN GENIO QUE LE CONCEDE TRES DESEOS.
−POR FAVOR, GENIO, QUIERO AGUA, UNA CADENA MÁS LIVIANA Y SER BLANCO.
Y EL GENIO, ¡SHAZAM! LO CONVIRTIÓ EN UN *INODORO*.

170

Lámpara mágica

El oso y el conejo peleaban y discutían permanentemente.

Una tarde, en el bosque, encontraron una Lámpara Maravillosa.

El Genio les concedió tres deseos a cada uno. El oso pidió primero:

–Yo quiero que todos los osos de este bosque sean hembras.

–¡Concedido!

El conejo habló:

–Yo quiero un casco de moto.

–¡Concedido!

El oso, extrañado con el pedido del conejo, continuó con su segundo deseo:

–Para estar seguro, deseo que los osos de todos los bosques vecinos sean hembras.

–¡Concedido!

El conejo pidió su segundo deseo:

–Yo quiero una moto Harley Davidson.

–¡Concedido!

El oso, asombrado por los gustos del conejo, pidió su tercer deseo:

–No quiero correr riesgos, quiero que todos los osos del mundo sean hembras.

–¡Concedido!

El conejo subió entonces a su moto. Arrancó y cuando estuvo a cien metros, gritó su último deseo:

–¡Que el oso sea homosexual!

Viene un tipo caminando por la jungla, cuando se encuentra una lámpara (como que esto se repite, ¿verdad?). Y aunque no creía mucho, decidió probar suerte, y la frotó. *¡Vrooooom!* La tierra tiembla. *¡Ffssszzzt!* Sale la neblina azul. Y el Genio:

–Te concederé tres deseos.

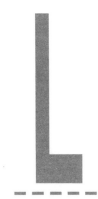

UN DIPLOMÁTICO ES UN HOMBRE QUE SIEMPRE PIENSA MUY BIEN LAS COSAS ANTES DE *NO* DECIRLAS.

BIENAVENTURADOS LOS QUE RÍEN DE ELLOS MISMOS, *PORQUE JAMÁS DEJARÁN DE DIVERTIRSE.*

Y el tipo se relame:

–Ya la hice entera: Quiero que me hagas sexualmente muy apetecible.

Y el genio se le va encima y *¡tracatrá frucutrú!*, se lo folla.

El tipo, desconcertado, dice:

–No, imbécil. Bueno, bueno, mi segundo deseo: haz que la picha me llegue al piso.

Entonces el genio saca tremenda cimitarra, y *¡ffzziiiit!* Le corta las piernas.

–¡Animal! No, no, mejor hazme como antes…

Y *¡matanga!* El genio *se lo folló* otra vez.

Érase un gallego que tenía un bracito lisiado. Encontró una lámpara, la frotó y…

–Habla, Amo: te concederé tres deseos.

El emocionado lisiadito dijo:

–Quiero tener los dos bracitos iguales.

Y *¡zapzdap!* Los dos bracitos lisiados.

–No, no. Al revés.

Y *¡zupdup!* Los dos bracitos retorcidos.

–¡Idiota!

Y *¡zedep!* El gallego quedó *retardado mental.*

Un hombre va caminando por el desierto, encuentra una lámpara, la frota y un Genio se materializa:

–Por haberme liberado te concederé tres deseos.

–Bueno… quiero ser inteligente.

–¡Concedido! Pídeme tu segundo deseo.

–¡Quiero ser más inteligente!…

–Pero… ¿estás seguro?

–¡Absolutamente!…

–¡Concedido! ¿Cuál es tu tercer deseo?

–¡Quiero ser aún más inteligente!

–Pero… ¿por qué no pide riquezas, mujeres, tierras y esas cosas?

–Porque no. ¡Quiero ser más inteligente!

–*Está bien, pero debes saber que tendrás que cumplir un requisito para ser tan inteligente.*
–No importa, lo haré. ¿Cuál es el requisito?
–*Tendrás la regla cada 28 días.*

–¡Tienes que ver lo que acabo de presenciar, Manolo! Íbamos con el Pepe y de pronto se apareció un Genio que le dijo al Pepe: *"Te concedo un deseo. Pero te advierto: si repites ese deseo más de una vez quedarás encantado para siempre".*
–*¿Y qué pidió el Pepe?*
–Pidió hacer el amor con la Pilar. Pero no lo hizo una sola vez. ¡Lo hizo nueve veces!
–*¡Y quedó encantado!*
–¿Encantado? *¡¡¡Encantadísimo!!!*

El gallego Pepe Muleiro encontró una botella. Al destaparla, apareció el Genio.
–*Te concederé tres deseos.*
–Primero quiero una botella de cerveza bien helada.
–*¡Concedido!*
Apareció una botella de cerveza y el gallego Muleiro comenzó a beber.
–*¡Pídeme el segundo deseo!*
–¡Espera a que termine la cerveza!
–*¡Es que esa botella es mágica y la cerveza no se acabará jamás!*
–¡Que bueno! ¡¡¡Entonces quiero *dos más*!!!

A LAS PLAYAS DE IN-GLATERRA LLEGÓ UNA BOTELLA CON UN MEN-SAJE:
"NAUFRAGUÉ Y ME EN-CUENTRO EN UNA ISLA DONDE NO HAY POLÍTI-COS, NI IMPUESTOS, NI TRÁFICO, NI TERRORIS-TAS, NI CONTAMINA-CIÓN AMBIENTAL. *¡NI SE LES OCURRA VENIR A BUSCARME!*

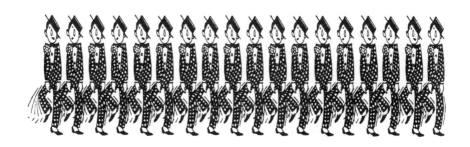

Levante

Eres maravillosa, bombón:
Dime tu nombre, que te pido para Reyes.

¡Qué dichosa mañana aquella en que aparezcan tus hermosos zapatos debajo de mi cama!

Tengo que cumplir arresto domiciliario, ¿puedo cumplirlo en tu casa?

No tengo pelos en la lengua, *¡me encantaría que lo comprobaras!*

Tienes que estar mareada… porque has estado dando vueltas en mi cabeza tooodo el día.

¡Con razón se rompió la capa de ozono, *si están cayendo todos los ángeles!*

Estás como me recetó el médico: cero grasas, pura fibra y de buen sabor.

El azul de mis ojos combina muy bien con el rojo de tu Ferrari.

Si cierro los ojos y vuelvo a abrirlos, *¿vas a estar todavía?*

174

Me vuelve loco el movimiento de tus labios cuando corres los 100 metros vallas.

Si tus piernas son las vías, ¡cómo será la estación!

¡Quien fuera bizco para verte dos veces!

Escúpeme, mi reina, que se me acabó el perfume.

Matame si no te sirvo, pero primero probame.

Estoy buscando el 1/2 para llevarte a mi 1/4.

Estoy buscando diosas para una nueva religión... y acabo de elegirte.

¡Uy, qué perro tan encantador!, *¿tiene número de teléfono?*

Tengo que confesarte algo: *soy homosexual... ¿me ayudas a cambiar?*

Mañana me meto en un convento para ser cura... *¿me ayudas a disfrutar la última noche?*

Mañana… ¿te despierto con el codo o con el teléfono?

A una camarera:
–Perdona, ¿vienes mucho por acá?

¿Te estudio o te trabajo?

Bonitos pantalones, quedarían muy bien en el suelo de mi dormitorio.

Disculpame… ¿tenés hora?… es que se me paró cuando te vi.

El médico me prohibió levantar cosas pesadas… *¿me ayudas a hacer pis?*

Hola, soy nuevo aquí, ¿me podés decir dónde queda tu departamento?

Perdí mi número de teléfono, ¿me prestas el tuyo?

Loquitos

–¡Hola! ¡Bienvenido a la Línea Telefónica de Urgencias Psiquiátricas!

Si es usted un obsesivo-compulsivo, oprima repetidamente el 1.

Si es dependiente, pida a alguien que presione el número 2.

Si tiene personalidad múltiple, presione los números 3, 4, 5 y 6.

Si es paranoide y sufre de alucinaciones, sabemos quién es usted y qué desea. Permanezca en la línea hasta que ubiquemos la llamada.

Si es esquizofrénico, escuche atentamente y una vocecita le indicará el número que debe oprimir.

Si es maníaco-depresivo, no importa qué número oprima. Nadie le contestará.

–¿Por qué estás aquí en el manicomio?
–*Es que me gustan los pantalones cortos...*
–A mí también...
–*¿Fritos o a la plancha?*

Manicomio. El loco Francisco se había subido a una pared muy alta. El enfermero trataba de bajarlo.
–Bajate, Francisco, o llamo al doctor.
–*No me bajo nada.*
Llega el médico.
–Vamos, viejo, bajesé.
–*No me bajo nada.*
Llega el director del manicomio.
–Bájese, Francisco, que puede lastimarse.
–*No me bajo nada.*
De pronto, otro loco saca un cuchillito de madera de su bolsillo y grita:
–Si no te bajás, te corto la pared.

El loco Francisco, aterrorizado, tarda cuatro segundos en bajarse.

El otro loco guarda el cuchillito y se va.

–A ver, Francisco: ¿por qué te bajaste tan rápido?

–*¡Es que ustedes no conocen a ese tipo! Está tan loco ¡que es capaz de cortarla!*

Los loquitos estaban en la piscina.

El enfermero hacía dos horas que trataba de sacarlos. Pero nada.

–*Por favor, salgan que después viene el médico y me suspende.*

Los locos, nada.

Entonces, otro loco aprovechó la situación.

–Enfermero: si los hago salir, ¿me da doble postre toda la semana?

–*Sácalos y te doy triple postre por un mes.*

El loco agarró la manguera. Abrió la canilla, se acercó a la piscina y les gritó a los otros locos:

–*¡Todos afuera! ¡¡¡Si no salen, los mojo!!!*

–*Doctor, ¡me están creciendo zanahorias en las orejas!*

–Sí, ya veo. Y dígame… ¿cómo pudo suceder esto?

–*Ni idea doc, ¡yo planté lechuga!*

Había una vez un chicle que pecó y como castigo lo dejaron *pegado*.

–¿Ya le cambiaste el agua al pescadito, Paulita?

–*No, todavía no se tomó toda la que le puse ayer.*

No discutas con un loco… la gente puede *desconocer la diferencia*.

–¿POR QUÉ UN GALLEGO VA AL SUPERMERCADO CON ESCALERA?

–*NO SÉ.*

–PARA BAJAR LOS PRECIOS.

PAPÁ SIEMPRE PENSÓ QUE LA RISA ERA LA MEJOR MEDICINA. SUPONGO QUE FUE POR ESO QUE VARIOS DE MIS HERMANOS *MURIERON DE TUBERCULOSIS*.

ESPERO QUE LA VIDA NO SEA SÓLO UN GRAN CHISTE… *PORQUE NO LO ENTENDÍ.*

Llamativos

Patrulla de soldados gallegos en medio de la selva filipina.

–*Oye, Paco: ¿puedo hacerte una pregunta?*

–Pues claro, Manolo.

–*¿Qué es un animal que tiene ocho patas, cuatro ojos, una enorme panza con rayas rojas y un enorme agijón punzante seguramente muy venenoso?*

–¡Uy! ¡Ha de ser espantoso y horrible! La verdad no sé qué bicho es.

–*Pues de todos modos yo opino que ¡deberías quitártelo cuanto antes del cuello de la camisa!*

Caminaba un tipo por una playa nudista, cuando vio un laberinto de arbustos. Decidió entrar.

Al rato advirtió un letrero que decía: *"Cuidado con las locas"*.

Se extrañó, pero siguió caminando. Al rato encontró otro letrero, pero más pequeño: *"Cuidado con las locas"*.

Más extrañado aún, siguió caminando... Después encontró otro letrero, aún más pequeño: *"Cuidado con las locas"*.

Ya atemorizado, siguió hasta que vio un letrerito chiquito. Cuando se agachó para ver qué decía, leyó: *"¡Se lo advertimos!"*.

Un camionero subió a una monja que le hizo señas para que se detuviera. Al rato de ver la esbelta figura de la monja, no aguantó más. Detuvo el camión y se le fue encima.

La monja lo detuvo:

–*No puede ser por delante, porque eso pertenece a Dios.*

Así que el camionero fue *¡por detrás!* Al rato, se

Ll

–¿CÓMO ENCUENTRA UN ELEFANTE A UNA ELEFANTA QUE ESTÁ OCULTA ENTRE LOS ARBUSTOS?

–LA ENCUENTRA... ¡SUMAMENTE ATRACTIVA!

sintió arrepentido:

–Lo siento, hermana, en los diez años que llevo de camionero, es la primera vez que me follo una monja.

–*No te preocupes, hijo, en los diez años que llevo de mariquita, ésta es la primera vez que me disfrazo de monja.*

El gallego Manolito va en el autobús sentado, se levanta de repente y comienza a mirar el suelo desesperadamente y llorando grita:

–*¡Mi pelotita, he perdido mi pelotita...!*

–No te preocupes, hijo, ahora te ayudo a buscarla.

Y el niño sigue llorando:

–*¡Mi pelotita, mi pelotita, he perdido mi pelotita...!*

Se levantan todos los viajeros y se ponen a mirar por el suelo. Entonces el niño se mete un dedo en la nariz, se sienta, y dice:

–*No importa, me hago otra...*

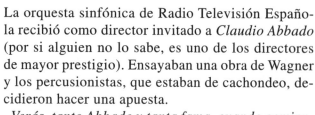

La orquesta sinfónica de Radio Televisión Española recibió como director invitado a *Claudio Abbado* (por si alguien no lo sabe, es uno de los directores de mayor prestigio). Ensayaban una obra de Wagner y los percusionistas, que estaban de cachondeo, decidieron hacer una apuesta.

–*Verás, tanto Abbado y tanta fama, cuando comience el pasaje en el que entra la orquesta a todo trapo, yo tocaré el triángulo aunque no me corresponda, y verás que ni se entera.*

Llegó el pasaje, y efectivamente, el del triángulo da unos golpecitos totalmente inaudibles. Abbado detuvo la orquesta de inmediato:

–Oiga, el del triángulo. ¡Aquí estamos haciendo un ensayo serio; así que no me haga perder el tiempo con sus tonterías y toque cuando le corresponda!

Al cabo de unos meses, es invitado *el famosísimo director gallego Pepe Muleiro.*

Nuevamente, los percusionistas de cachondeo. Durante el ensayo, apareció la ministra de Cultura, para saludar a Muleiro, que giró en su estrado para dialogar con él.

En ese momento, el encargado de los platillos tuvo una idea brillante.

—Ahora que el director está distraído hablando con la ministra, cogeré los platillos del calibre 48 largo y ¡les pegaré un susto a los dos que se van a cagar!

Así fue: juntó los platillos y pegó un golpetazo que resquebrajó toda la estructura del edificio.

Muleiro, que había caído del estrado, mientras intentaba incorporarse, preguntó:

—A ver... ¿¿¿quién ha sido???

Salomón Silver, un judío adinerado y con buenas intenciones, había enviado a su hijo al colegio más caro de la colectividad judía, el Tarbut. Pese a sus intentos, Samuel no daba pie con bola.

Boletín del primer mes: *matemática, 0; geografía, 0; historia, 0; literatura, 0; conducta, 0.* Las calificaciones espantosas se repetían boletín tras boletín, hasta que el tipo se cansó:

—Samuel, te voy a mandar a estudiar a un colegio católico.

Y hacia allí fue Samuel.

Boletín del primer mes: *matemática, 10; geografía, 10; historia, 10; literatura, 10; conducta, 10.*

Segundo boletín: *matemática, 10; geografía, 10; historia, 10; literatura, 10; conducta, 10.* Y los boletines venían cada vez mejor.

—Samuel, ¿qué es lo que pasa que te va tan bien en la escuela?, ¿cómo ha sucedido este milagro?

—No sé, papá. Me presentaron a todos los compañeros y a todos los profesores y luego, una tarde, fuimos al templo. Cuando entré vi a un señor crucificado, con clavos en las manos y en los pies, con cara de haber sufrido mucho y todo ensangrentado. Pregunté quién era.

—No sé qué pasa, doctor. Pero produzco rechazo. Algunos sienten náuseas sólo con verme. ¿Podría usted ayudarme?

—¡Le agradecería que tratase de expresarse más claramente, pequeña bestia repugnante!

"*¿Ése?*", me respondió un alumno de los cursos superiores. "*Ese era un judío igual que vos.*" Entonces me dije: "*Acá no se jode*"...

–*Pepe, ¿qué ha pasado? ¡Tienes la cara destrozada!*
–Pues resulta que anoche llegué a mi casa y encontré a mi mujer con un tipo en la cama. El tipo me vio, saltó de la cama, y me pegó dos puñetazos en la cara y me arrojó contra la pared y después *¡tris, tras!*, una docena de patadones en la cabeza. Acto seguido pintó una raya en el suelo y me dijo: "¡Si pisas esta raya, te reviento!".
–*¡Joder! ¿Y tú qué hiciste?*
–Pues... cuando no miraban, *¡pisé la raya!*

Un inspector de Impuestos revisa la declaración de renta de un contribuyente.
–*Bueno, vamos a ver... ¿tiene usted un coche?*
–No, dos. El Alfa Romeo, que es el que uso yo normalmente, y el Rolls Royce, que es el que usa mi mujer. Es que a mí me gustan rápidos, ¿sabe usted?
–*Claro, claro... ¿tiene usted una segunda residencia?*
–No, dos. Un chalet en Marbella, en primera línea de playa, y otro chalet en Sierra Nevada... Así no hay problema con los niños en verano, unos días a la playa, otros a la montaña...
–*Entiendo... y... ¿Tiene un yate?*
–No, dos. Un velero, por aquello del deporte, y otro a motor para cruceros largos.
–*Comprendo. Bueno, sólo me falta un dato... ¿Cuál es su profesión?*
–Albañil en paro.
–*¿¿¿Cómooo??? ¿Me ha tomado usted por imbécil? ¿Pretende hacerme creer que un albañil en paro puede tener dos coches, dos chalets, dos yates...? ¡¡¡Y un cuerno!!!*
–No, dos...

Machistas

–¿Por qué a las mujeres se les dice billeteras?
–*Porque sólo se abren por dinero.*

–Si tu esposa grita y golpea en la puerta del frente para que le abras y el perro ladra en la de atrás, ¿a quién le abres primero?
–*Al perro, por supuesto: una vez dentro, el animal por lo menos dejará de ladrar.*

–¿Cuántos hombres se necesitan para abrir una cerveza?
–*Ninguno, la cerveza debe abrirla ella antes de traértela al sillón.*

A las mujeres hay que tenerlas atadas a la cama...
Siempre y cuando la cadena llegue hasta la cocina.

–¿Por qué Dios inventó a las mujeres?
–*Porque había una parte del hombre que no encajaba en ningún lado.*

–¿Cuál es la definición de "una eternidad" para el hombre?
–*Desde el momento en que acabó hasta que ella se va a su casa.*

–¿Cuál es la diferencia entre una bicicleta y una mujer?
–*A la bicicleta hay que inflarla y después se la mon-*

–¿Cuántos músicos punk hacen falta para cambiar una lamparita rota?
–Dos. Uno para poner una lamparita nueva y el otro para clavarse la rota en la frente.

ta. A la mujer hay que montarla y después se infla.

–¿Por qué las mujeres son trilingües?
–Porque hablan inglés, castellano y estupideces.

–¿Cómo salvarías a una mujer de ahogarse?
–Sacándole el pie del cuello.

–¿Por qué las mujeres se parecen a los condones?
–Porque pasan más tiempo en la cartera que en el pito.

–¿Por qué las mujeres se casan de blanco?
–Para hacer juego con la lavadora, el refrigerador y la cocina.

–¿En qué se parece una pelota de squash a una mujer?
–En que cuanto más fuerte le pegas, más rápidamente vuelve.

–¿Cuál es el miembro más largo de la mujer?
–La escoba.

–¿Qué hace una mujer antes de bajar de su coche?
–Busca los papeles del seguro.

–¿Cómo se puede dejar el cerebro de una mujer del

tamaño de una aceituna?
–Inflándolo.

Las mujeres son como las cebras:
Se creen yeguas, pero están rayadas.

–¿En qué se parecen los cigarrillos *light* a las esposas?
–En que no tienen sabor a nada pero te quitan las ganas.

–¿Por qué los hombres no les dan el coche a las mujeres?
–Porque de la habitación a la cocina no hay carretera.

–¿Por qué las mujeres no juegan ajedrez?
–Porque el ajedrez no se juega en la cocina y porque no pueden estar calladas cinco minutos.

–¿Qué es más tonto que un hombre tonto?
–Una mujer lista.

–¿Qué es una mujer embarazada de tres niñas y un niño?
–Un kit de limpieza... ¡con instrucciones!

–¿Cuáles son las tres mentiras que un hombre le dice a su mujer?
1) Te amaré toda la vida.
2) Nunca te seré infiel.

–¿ME DA UN KILO DE PAN?
–LO SIENTO, TIENE QUE SER RALLADO.
–ME DA UN KILO DE PAN, ME DA UN KILO DE PAN, ME DA UN KILO DE PAN, ME DA UN KILO DE PAN, ME DA UN KILO DE PAN, ME DA UN KILO DE PAN, ME DA UN KILO DE PAN, ME DA UN KILO DE PAN, ME DA UN KILO DE PAN, ME DA UN KILO DE PAN, ME DA UN KILO DE PAN, ME DA UN KILO DE PAN, ME DA UN KILO DE PAN, ME DA UN KILO DE PAN, ME DA UN KILO DE PAN, ME DA UN KILO DE PAN, ME DA UN KILO DE PAN, ME DA UN KILO DE PAN, ME DA UN KILO DE PAN, ME DA UN KILO DE...

3) Chupa, chupa que yo te aviso.

—¿Qué harían las mujeres si se acabaran los hombres?
—*Adorarían otros dioses.*

—¿Cuántas neuronas tiene una mujer moderna?
—*Una, porque sólo tiene que vigilar el microondas.*

—¿Cuál es la diferencia entre 200 mujeres y 200 ostras?
—*Entre las 200 ostras hay una posibilidad de encontrar una perla.*

—¿Qué tienen en común un corpiño de una mujer vieja y una ambulancia?
—*Que los dos levantan caídos.*

—¿Qué es una esposa?
—*Un problema.*
—¿Qué es una hija casada?
—*Un problema ajeno.*

—¿En qué se parecen las mujeres a unos zapatos nuevos?
—*En que con un poquito de alcohol, aflojan.*

—¿En qué se parece una esposa a una batita de cuando un hombre era bebé?
—*En que está arrugada hace tiempo, al tipo le da lástima tirarla, y no puede creer que esa cosa lo haya calentado alguna vez.*

Magia

Actuaba el Gran Mago Gallego Pepe Sardinas. Pidió la colaboración de un espectador. Subió el vasco Patxi.

–Pégame bien fuerte acá en la nuca con mi martillo, pero ¡¡¡bien, bien fuerte!!!

–No, ¡imagínese! ¡Lo mato y me meten a la cárcel!

–No hay peligro... ¡¡¡Tú golpea con toda tu alma!!!

El vasco le dio al pobre mago gallego en toda la nuca. *¡Zakaplummm!*

El mago Sardinas cayó redondo al piso. Sangre. Llevan al mago gallego al hospital: coma profundo.

El vasco, agresor involuntario, estaba atormentado. Todos los días visitaba al mago gallego. De día, de noche. Le llevaba chocolates, flores, globos... Así, durante nueve años, siete meses y tres días.

Una mañana, el mago movió un párpado. Tres segundos después... el brazo derecho.

El vasco Patxi, al ver aquello, agradeció al Cielo.

El mago Sardinas comenzó a estirar una mano.

El vasco soltó una lagrimilla de ternura. Por fin, el mago gallego estiró los dos brazos y gritó:

–¡¡¡¡Taráááánnn!!!! ¿¿¿Qué tal el truquito???

–¿POR QUÉ LOS PINGÜINOS NO SE PUEDEN DOMESTICAR?
–PORQUE UN PÁJARO PARADO NO ENTIENDE RAZONES.

NNAFDA POF AQUÍ, NAFDA POR ALLÍ. ¿FDÓNDE EFTÁ LA FPELOTITA?

PRIMERA REGLA DEL PÓQUER: UNA PISTOLA 45 GANA A 4 ASES.

–¿A QUIÉN LE DICES MONSTRUO? ¡EN CUANTO SALGA DEL FRASCO TE REVIENTO!

Malo
(Bueno y peor)

Bueno: Tu esposa está embarazada.
Malo: Son mellizos.
Peor: Te hiciste la vasectomía hace cinco años.

Malo: Encuentras una película porno en el cuarto de tu hijo.
Peor: Tú eres el protagonista.

Bueno: Estás de acuerdo con no tener más hijos.
Malo: No encuentras las pastillas anticonceptivas.
Peor: Las tiene tu hija.

Bueno: Tu hijo está madurando por fin.
Malo: Se está acostando con la vecina de enfrente.
Peor: Tú también.

Bueno: Tú le das clases de educación sexual a tu hija.
Malo: Ella se pasa el rato interrumpiéndote.
Peor: Haciéndote correcciones.

Bueno: Tu hija consiguió trabajo.
Malo: Como prostituta.
Muy malo: Tus compañeros de trabajo son sus clientes.
Peor: Ella gana más que tú.

–¿DE QUE MURIÓ EL CAMPEÓN DE NATACIÓN GALLEGO?
–NI IDEA.
–SE RETIRÓ PORQUE LE SALIÓ UNA PIEDRA EN EL RIÑÓN.

▬ ▬ ▬ ▬ ▬

¿YERBA MALA? ¡CAMBIE DE MARCA!

▬ ▬ ▬ ▬ ▬

CHUPITO Y CHÚPAME ROBARON UN GALLINERO, CHUPITO ROBÓ UNA GALLINA Y CHÚPAME UN HUEVO...

▬ ▬ ▬ ▬ ▬

Malo: Tus hijos son sexualmente activos.
Peor: Entre ellos.

Malo: Tu esposo se viste de mujer.
Peor: Se ve mejor que tú.

Malo: Tu esposa quiere el divorcio.
Peor: Es abogada.

Bueno: Tu esposa acaba de experimentar su primer orgasmo.
Malo: Con el cartero.

Malo: No encuentras tu vibrador.
Peor: Lo tiene tu hija.

Malo: Tu esposa te dejó.
Peor: Por otra mujer.

Malo: Tu "coso" sólo mide cinco centímetros.
Peor: ¡Erecto!

Bueno: Al maestro le agrada tu hijo.
Malo: Sexualmente.

Bueno: Tu hijo está saliendo con alguien.
Malo: Es otro hombre.
Peor: Es tu mejor amigo.

BUENO: TU HIJA PRACTICA SEXO SEGURO.
MALO: TIENE 11 AÑOS.

—¿POR QUÉ CONSTRUYERON UN CAMPANARIO MÁS ALTO EN EL PUEBLITO GALLEGO?
—NO SÉ.
—PORQUE LA SOGA NUEVA ERA DEMASIADO LARGA...

A CABALLO REGALADO... ¡GRACIAS!

Maravillosos

Un grupo de cubanos abandonan la isla con rumbo a Miami y sus playas. En medio del viaje, uno de los cubanos (el más viejo) sufre un ataque cardíaco y pide como último deseo una bandera para despedirse de su querida Cuba. Los otros cubanos buscan un pañuelo, una remera, algo que tenga la bandera de Cuba. Después de un rato, se dan cuenta de que no tenían nada con la bandera cubana, pero una joven de 20 años interrumpe diciendo que ella tiene un tatuaje de la bandera de Cuba en una nalga y se ofrece a ayudar. La niña se para delante del cubano y le muestra su nalga con el tatuaje de la bandera. El cubano la agarra fuertemente y besa la bandera (y, claro, la nalga). Acaricia la nalga y dice:

—*Mi querida Cuba, me despido con recuerdos, mi vieja Habana, mi linda tierra* (besos y más besos a la bandera y a la nalga). *Mira chica, y ahora date la vuelta que ¡quiero despedirme de Fidel con un beso grande!*

—Dígame, ¿utiliza algún lubricante en sus relaciones sexuales?
—*Sí, doctor, vaselina.*
—¿Y dónde lo aplica?
—*En el picaporte de la puerta.*
—¿¡Para qué!?
—*Para que resbale y no entren los niños.*

El hombre llega a su casa y quiere entrar al baño pero su esposa se está bañando. Le pide que por favor salga, que es urgente. Ella se coloca una toalla y sale. En ese momento tocan el timbre. Ella abre y es el vecino que le dice:
—*¡Qué bella estás, Bety! ¡Si me muestras tus pe-*

chos te regalo 200 dólares!
La mujer lo piensa y acepta, se baja la toalla y le muestra los pechos. El vecino le dice entonces:
–*¡Son hermosos! Si te bajas toda la toalla te regalo otros 200 dólares.*
La mujer sin pensarlo mucho se baja la toalla y se muestra toda. El vecino, agradecido, le entrega los 400 dólares y se va. Al regresar al baño, el marido le pregunta:
–¿Quién era?
–*Era el vecino de al lado...*
–¡Qué bien! ¿Me trajo los 400 dólares que le presté ayer?

Yolanda, una mujer de mediana edad entra en coma, ingresa en el ya célebre "túnel de luz blanca" y se encuentra al final del mismo con Dios. Que es argentino, desde ya.
–*No te asustés: no estás al borde de la muerte ni mucho menos. De hecho, te garantizo que vas a vivir cincuenta años más.*
Poco después, la mujer sale del coma y recuerda la promesa de Dios. Y decide que si va a vivir medio siglo más, mejor hacerlo en gran estilo: se queda en el sanatorio un par de semanas más y se "hace" la cola, los senos, los párpados, los labios, liposucción en el abdomen.
Al cabo del tratamiento sale de la clínica, feliz con su nuevo aspecto. Pero pocos días después, cruzando la avenida Las Heras, un autobús la levanta por el aire y la envía derecho al Cielo. Sorprendida, desde ya, la mujer se encuentra otra vez cara a cara con Dios.
–*Pero ¿cómo? ¿No me dijiste que iba a vivir cincuenta años más? ¡¿¡Qué me hiciste!?!*

——— ———

ESCÉPTICO: PERSONA A LA QUE, SI SE LE APARECE DIOS, LE PIDE UN DOCUMENTO DE IDENTIDAD.

——— ———

HAY QUIENES SABEN MUY BIEN QUE ESTÁN HACIENDO MUY MAL. Y *¡QUÉ BIEN LO HACEN!*

——— ———

Dios se reacomoda los anteojos, la mira de arriba abajo y le dice, con su mejor acento porteño:

–*¡Uy! ¿Eras vos? ¿Sabés que no te reconocí?*

Entrevistan a varios candidatos para un trabajo. El que cuenta del 1 al 10 sin equivocarse, ganará el lugar.

–A ver, cuente del 1 al 10.

–*1, 3, 5, 7, 9, 2, 4, 6, 8, 10.*

–¿Pero por qué ha contado así?

–*Es que antes yo era cartero y, claro, la costumbre...*

–A ver, el siguiente. Cuente hasta 10.

–*10, 9, 8, 7, 6, 5, 4, 3, 2, 1.*

–¿Pero por qué cuenta así?

–*Es que antes yo trabajaba en la NASA, y claro, la costumbre...*

–Oiga, usted, ¿qué era antes?

–*Yo era y soy gallego.*

–¡Ajá! Cuente hasta 10.

–*1, 2, 3, 4, 5, 6, 7...*

–Joder, ¡el puesto es suyo!

–*...sota, caballo y rey.*

Un analfabeto, desesperado por su dificultad para conseguir empleo, se presentó a una entrevista para ser barrendero, pero fue rechazado por no saber leer.

A partir de ese momento se hizo cargador en el muelle y en poco menos de dos años se convirtió en delegado gremial.

Unido a la mafia portuaria, hizo que lo eligieran concejal.

Su triunfo fue tan resonante que lo llamaron de la televisión para hacerle una entrevista.

–*Todos sus triunfos los ha conseguido siendo un perfecto analfabeto, ¿se imagina qué sería si supiera leer?*

–¡Sí! ¡Sería barrendero!

LÓGICA: EL ARTE DE ES-TAR EQUIVOCADO *CON TOTAL TRANQUILIDAD.*

COLABORE CON LAS AUTORIDADES. *¡DE-NÚNCIELAS!*

COMBATA EL HAMBRE Y LA MISERIA... *¡¡CÓ-MASE UN POBRE!!*

Más que...

Comes más que el gato de Arguiñano.

Más grosero que yogur de morcillas.

Trabajas menos que el sastre de Tarzán.

Eres más fuerte que el desodorante de Stallone.

Eres más grande que el tubo de escape del *Titanic*.

Eres más asqueroso que un bocadillo de pelos.

Tienes menos futuro que Schuarzenegger bailando el Lago de los Cisnes.

Eres más larga que la infancia de Heidi.

Eres más lento que una maratón de berberechos.

Dos colas no son más que el principio.

Es más espeso que un batido de adoquines.

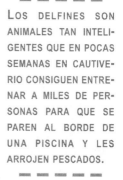

Eres más macizo que los neumáticos
de un troncomóvil.

Eres más peligroso que Michael Jackson
en una guardería.

Eres más pequeño que el sofá
de la Hormiga Atómica.

Eres más pesado que una reposición
de los mejores momentos de la carta de ajuste.

Eres más raro que ver un motoquero
en un semáforo.

Eres tan feo que cuando naciste tu padre
buscó la cámara oculta.

Es más difícil que lavarse los pies en una botella.

Eso es más improbable que un concierto
de Madonna en la Plaza de San Pedro.

Está más indeciso que Bambi en el incendio.

Está tan mal la cosa que me he comprado
una escopeta para ir tirando.

RIING... RIING... RIING...
RIING... RIING... RIING...
RIING... RIING... RIING...
RIING... RIING... RIING...
RIING... RIING... RIING...
RIING... RIING... RIING...
RIING... RIING... RIING...
RIING... RIING... RIING...
RIING... RIING... RIING...
RIING... RIING... RIING...
RIING... RIING... RIING...
RIING... RIING... RIING...
RIING... RIING... RIING...
RIING... RIING... RIING...
RIING... RIING... RIING...
RIING... RIING... RIING...
RIING... RIING... RIING...
RIING... RIING... RIING...
RIING... RIING... RIING...
RIING... RIING... RIING...
RIING... RIING... RIING...
RIING... RIING... RIING...
RIING... RIING... RIING...
RIING... RIING... RIING...
RIING... RIING... RIING...
RIING... RIING... RIING...
–SERVICIO DE URGEN-
CIAS, ¿DÍGAME?

Matrimonio

Antes: Dos por noche.
Después: Dos por mes.

Antes: ¡Me dejas sin aliento!
Después: ¡Me estás ahogando!

Antes: ¡No pares!
Después: ¡No empieces!

Antes: Fiebre del sábado por la noche.
Después: Football del sábado por la noche.

Antes: Estar a tu lado.
Después: ¡Échate a un lado!

Antes: Me gustan las mujeres rellenitas.
Después: Nunca me gustaron las gordas.

Antes: Me pregunto, ¿qué haría sin él?
Después: Me pregunto, ¿qué carajo hago con él?

Antes: Erótica.
Después: Neurótica.

Antes: Parece que estamos juntos desde siempre.
Después: ¡Siempre estamos juntos, carajo!

¿ES RACISTA LA MÚSICA POR DECIR QUE UNA BLANCA ES IGUAL A DOS NEGRAS?

ESTOY DISPUESTO A RECONOCER LA SUPERIORIDAD DE LA MUJER CON TAL DE NO ADMITIR *SU IGUALDAD CON LOS HOMBRES.*

EL HOMBRE EMPIEZA A DOMINAR LA TEORÍA DEL AMOR, *CUANDO YA NO DOMINA LA PRÁCTICA.*

—OIGA, DON MANOLO, ¿A CUÁNTO TIENE LOS HUEVOS HOY?
—¡JODER, MUJER, PUES COMO TODOS LOS DÍAS, A DOS CENTÍMETROS DEL CULO!

Antes: …y entonces me dio chocolate de sus dedos…
Después: ¡Deja ya de jugar con la comida!

Antes: Ella adora cómo controlo las situaciones.
Después: Ella dice que soy un manipulador egomaníaco.

Antes: ¡!!
Después: ¿??

Antes: Anoche lo hicimos en el sofá.
Después: Anoche dormí en el sofá.

Antes: Había una vez…
Después: Fin.

—*Pepe, cómprame ese vestido.*
—¿Con el cuerpo de lavadora que tienes? ¡Ni lo sueñes!
—*Pepe, cómprame ese biquini.*
—Con el cuerpo de lavadora que tienes, ¡ni lo sueñes!
Por la noche, cuando están acostados:
—María, ¿encendemos la lavadora?
—*¡Para la mierda de trapito que tienes, mejor lo lavas a mano!*

—¿Qué diferencia hay entre una hechicera y una bruja?
—*Diez años de matrimonio.*

La duración de un matrimonio *es inversamente proporcional al coste de su enlace.*

REGLA DE ORO: QUIEN TIENE EL ORO HACE LAS REGLAS.

LEVÁNTENSE, VAGOS, LA TIERRA ES PARA EL QUE LA TRABAJA. (ESCRITO EN LA PUERTA DE UN CEMENTERIO)

ERA UN AUTO TAN GRANDE QUE EN VEZ DE TENER RADIO… TENÍA DIÁMETRO.

Mejores-Mejores

El plomero entra en un chalet al que lo habían llamado para hacer una reparación.

Apenas llega al jardín, ve un cartel:

¡¡¡Cuidado con el loro!

Diez pasos más adelante, otro cartel:

¡¡¡No moleste al loro!!!

El plomero, un poco asustado, llega a la parte posterior del chalet y se encuentra con un lorito de no más de ocho centímetros de altura, desplumadito, y con una terrible cara de infeliz.

Junto al loro, otro letrero:

¡¡¡Loro muy peligroso!!!

El plomero no puede contener una risotada mientras toca la jaula.

El lorito da un golpe en el piso de la jaula y le grita a su perro:

–*¡Mata, Sultán!*

–*¡Los días que pasé en Brasil fueron impagables!*
–¿Muy maravillosos?
–*No, ¡me robaron la billetera!*

Un pobre en la playa:
–*Llevo 15 días sin comer...*
–Entonces báñese tranquilo, ya no se le va a cortar la digestión.

Se encuentran una monja y un padre cruzando el desierto del Sahara en un camello. Al tercer día, una tormenta de arena los atrapa y buscan refugio; cuando termina, se percatan de que el camello está muerto.
–Hermana, esto se ve muy mal. Difícilmente sobreviviremos dos días aquí. El campamento más cercano se en-

cuentra a una semana de camino. Ahora que sabemos que no sobreviviremos, quiero pedirle un favor. Nunca he visto los senos de una mujer. ¿Podría ver los suyos?
–*En las circunstancias en que nos encontramos, no veo el problema.*
Se los muestra.
–Hermana, ¿le importa si los toco?
–*Padre, ¿puedo pedirle ahora yo un favor, ahora que ya tocó?*
–¡Claro!
–*Nunca he visto el pene de un hombre, ¿me dejaría ver el suyo?*
–Pues… en las circunstancias en las que nos encontramos, no veo el posible daño, hija.
–*¿Lo puedo tocar?*
–¡Pues qué remedio! ¡Si quieres, tócalo!
Después de algunos minutos de gozar de la atención de la monja, el padre tiene una megaerección aguda e insoportable. Acercándose a ella, le dice al oído:
–*Hermana, ¿sabía que si inserto mi pene en el lugar correcto, puedo crear vida?*
–¿Es verdad eso?
–*¡Por supuesto!*
–¡Qué bien! Entonces, métaselo al camello y ¡vámonos de aquí!

El director de un colegio tenía un problema con algunas de las alumnas mayores, que empezaban a usar pintura de labios. Una vez que se pintaban, apoyaban los labios en el espejo y dejaban marcas. Antes de que se convirtiera en un problema mayor, pensó en cómo detenerlo.
Reunió a todas las alumnas que usaban pintura de labios dentro del baño. El director les explicó que se estaba convirtiendo en un problema para la persona del aseo limpiar el espejo cada noche.
Les dijo que probablemente no entendían cuánto problema realmente le estaban causando y quería

que fueran testigos de lo difícil que era. Tomó un largo cepillo, lo mojó en una de las letrinas y procedió a quitar la pintura de labios con él. *¡Ese fue el último día que hubo pintura de labios en el espejo!*

Guerra de Vietnam. Soldado duerme en su cabaña de bambú. De pronto, despertó y vio un letrero que decía:
"Venganza Viet-Cong número 1: Roca envenenada en el cuerpo".
Desesperado, arrojó la piedra por la ventana. En ese momento, otro papelito le cayó del cielo; decía:
"Venganza Viet-Cong número 2: huevo izquierdo amarrado a roca".
En su desesperación, se arrojó por la ventana para recuperar la piedra, e inmediatamente le cayó otro papelito que decía:
"Venganza Viet-Cong número 3: huevo derecho amarrado a pata cama".

—¿Por qué los gallegos ponen calculadoras encima del televisor?
—Para multiplicar la imagen.

—¿Por qué el equipo de fútbol gallego no ha subido a la primera división?
—Porque apenas sabe sumar, ¡mira si va a dividir!

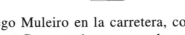

El gallego Muleiro en la carretera, con un carro y dos mulas. Como está muy cansado, para y se pone a dormir. Cuando se despierta se da cuenta de que le faltan las mulas.
—Si yo soy Pepe me han robado las dos mulas. Y si no soy Pepe he encontrado un carro.

ANTES DE ENCONTRAR A UN PRÍNCIPE HABRÁS TENIDO QUE *BESAR A MUCHAS RANAS.*

LA VIDA SEXUAL DEL HOMBRE ATRAVIESA TRES ETAPAS: SIN PAGAR, PAGANDO Y... *¡NI AUNQUE PAGUE!*

Mentirosos

Una pareja recibe la invitación para ir a una fiesta de disfraces.

La noche de la fiesta, la mujer tiene un dolor de cabeza horrible y le dice a su marido que vaya solo. Aunque el hombre protesta, la mujer lo convence de que ella se iba a tomar una aspirina e iba a ir a la cama y que no era necesario que él se perdiera la fiesta y se divirtiera un rato.

Al final, el hombre se pone su disfraz y se va. La mujer, después de dormir una hora, se despierta sin dolores y, como todavía era temprano, decide ir a la fiesta.

Como su marido no sabe de qué se va a disfrazar, piensa que puede divertirse un rato viendo cómo se comporta cuando ella no está.

Llega pronto a la fiesta y ve a su marido bailando con otras chicas, ligando y dando besos a todas. La mujer se acerca y, como es una mujer atractiva, empieza a ligar con él. Deja que él tome la iniciativa y que haga lo que quiera.

El hombre acaba haciéndole una proposición, así que se van al estacionamiento y hacen el amor en el coche.

Antes de que acabe la fiesta, la mujer se va, se quita el disfraz y se mete en la cama, preguntándose qué iba a decir el hombre para justificarse.

El marido llega cuando está leyendo en la cama y ella le pregunta:

–¿*Qué tal la fiesta?*

–¡Bah!, lo mismo de siempre. Ya sabes que no me divierto cuando no estás conmigo.

–¿*Y bailaste mucho?*

–La verdad, no bailé nada. Cuando llegué allí, me encontré con Pepe, Luis y los demás, y nos fuimos a una habitación a jugar a las cartas y allí estuve toda la noche. ¡Pero no te vas a creer lo que le pasó *al chico que le presté mi disfraz...!*

CUANDO UNA MUJER APRENDE A ENTENDER A SU ESPOSO, POR LO GENERAL DEJA DE ESCUCHARLO.

LA VEREDA DE *ENFRENTE* VISTA DESDE LA VEREDA DE *ENFRENTE*, ES LA VEREDA DE ENFRENTE.

Mexicanos

Un compadre visita a otro compadre y le dice:
—*Compadre, ¡qué pena!, no puedo creer que no tengas los pantalones para mandar en tu casa.*
—¿Sí, verdad compadre?
—*Pues sí, mira, en mi casa mando yo, y cuando digo: tengo hambre, sirven de comer y cuando digo tráiganme el agua caliente, me la traen de inmediato y me...*
—Oiga, compadre, ¿y para qué quiere agua caliente?
—*Ay, compadre, ¡no me diga que usted lava los platos con agua fría!*

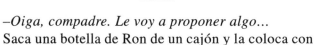

—*Oiga, compadre. Le voy a proponer algo...*
Saca una botella de Ron de un cajón y la coloca con fuerza sobre la mesa.
—*Ahora sí, nos la vamos a "chupar".*
—¿Y la botella es para darnos valor?

—Oiga, compadre, ¿y si vamos a comer por ahí?
—*¿Qué dice, compadre? ¡Por "ahí" no se come!*

En la cantina el clásico borracho comienza a despedirse.
—*Compadre, ya me voy, ya son casi las 12 y mi vieja se va a enojar.*
—No sea marica, compadre, háblele por teléfono, ¡que se aguante!
—*No, ¿cómo crees? Nno la conoces...*
—Lo que pasa es que no sabes tratar a las mujeres, te voy a enseñar.
Saca con trabajo su celular y comienza a marcar:
—¡Vieja!, no voy a llegar a dormir hoy. ¿Cómo que

UN TIPO VA POR LA AUTOPISTA CON SU MERCEDES BENZ A 200 KILÓMETROS POR HORA. DE REPENTE, VE A UN TIPO EN UN CICLOMOTOR QUE SE ACERCA. EL TIPO DEL CICLOMOTOR SE PONE AL LADO DEL MERCEDES. EL CICLOMOTOR VIBRA. PARECE QUE VA A ROMPERSE. EL TIPO LE HACE SEÑAS AL DEL MERCEDES PARA QUE BAJE LA VENTANILLA.
—*¿TENÉS UN CIGARRILLO?*
—PERO LOCO, ¡TE VAS A MATAAAAAAR!
—*¡NOOO! ¡SI FUMO MUY POCO!*

quién habla? ¡Soy yo! No te hagas la loca, nos vemos mañana. Adiós.

—*Oye, yo no sería capaz de hablarle así a mi esposa.*

—Yo tampoco, ¡era la tuya!

—Oye Pancho, préstame tu cara.

—*¿Para qué?*

—Para disfrazarme de imbécil.

—*Y tú, préstame un vestido de tu madre.*

—¿Para qué?

—*¡Para disfrazarme de la puta madre que te parió!*

Un compadre y una comadre mexicanos descubren que sus esposos les son infieles. Se reúnen en la casa del compadre para planificar la venganza:

—*Comadre, ¡vamos a echarnos una vengadita!*

Entonces se meten en la cama y se echan una buena vengadita. A la comadre le gusta la cosa y replica:

—*Compadre, pues, ¡estos desgraciados se merecen que nos echemos otra vengadita!*

—Ni modo pues.

Así llegan hasta la cuarta *vengadita.* Al final la comadre, más emocionada que nunca, le pide al compadre:

—*¡Nos queda pues otra vengaditita!*

A lo que el compadre le contesta:

—¡Comadre, ya no me queda *ni una gotita de rencor!*

Tres mexicanos muy holgazanes duermen la siesta debajo de un árbol. De pronto, pasó un caballo. Un mes más tarde, uno dijo:

—*¡Pasó un caballo blanco!*

A los tres meses, el segundo le contesta:

—*¡No era blanco, era negro!*

A los cinco meses, el tercero dice bastante enojado:

—*¡A no! ¡Si se siguen peleando yo me voy!*

Miliquitos

Un capitán andaluz, un cabo valenciano y un soldado gallego, en misión de inteligencia. Como era zona enemiga, acordaron camuflarse de campesinos.
Efectivamente, los paró la guerrilla.
Primero interrogaron al capitán:
−*Usted, ¿qué hace?*
−Yo soy campesino, señor.
Le preguntaron al cabo:
−*¿A qué se dedica usted?*
−También soy campesino.
Finalmente, le preguntaron al gallego a qué se dedicaba y contestó:
−Yo también soy campesino *como mi capitán y mi cabo.*

Sargento en la formación:
−*Soldado... ¿qué es la patria para usted?*
−¡¡¡Mi madre, señor!!!
El sargento interroga al soldado siguiente:
−*Soldado... ¿qué es la patria para usted?*
−¡¡¡Mi tía, señor!!!
−*¿Cómo que su tía?*
−Lo que pasa es que él y yo somos primos, mi sargento.

En un cuartel ha desaparecido la cartera del capitán. El capitán manda formar a la tropa en el polideportivo y dice:
−*Ha desaparecido misteriosamente mi cartera y no quiero castigar a nadie... Voy a darles una oportunidad antes de tomar una medida más drástica. Pondremos una manta en el medio de la habitación, apagaremos la luz, se irán acercando a ella, y el que tenga algo que devolver lo dejará encima, sin hacer ruido.*

−¡PERMISO, MI SARGENTO! ¿LOS LAGARTOS VUELAN?
−¡NO SEA IGNORANTE! ¡LOS LAGARTOS NO VUELAN!
−PERDONE, MI SARGENTO, PERO EL CORONEL ¡DICE QUE SÍ VUELAN!
−¿AH, SÍ? BUENO, VALE: PERO VUELAN MUY, MUY BAJITO.

EN EL AMOR, LA MUJER NUNCA CONSIGUE LO QUE ESPERA Y EL HOMBRE *NUNCA ESPERA LO QUE CONSIGUE.*

Ponen la manta, apagan la luz, y se empiezan a acercar los soldados a la manta...
Al rato grita el sargento:
—Mi capitán, ¡ya está!
—¿*Ya apareció la cartera?*
—No, ya han robado la manta.

—¿*En qué se parecen los espermatozoides y los militares?*
—Ambos tienen una oportunidad entre millones de convertirse en humanos.

—Soldado: si ve a un teniente coronel y a un miserable, ¿a quién saluda primero?
—*Al teniente coronel, señor.*
—No, soldado. A la miseria.
—¿*Por?*
—¡Porque la miseria *es general*!

Los gallegos paracaidistas en su primer salto.
Manolo con tanta mala suerte, que la anilla se rompe sin que se abra el paracaídas.
El sargento grita desde el avión:
—¡Tira de la anilla de emergencia, desgraciado!

–¡¿Y dónde está, coño?!
–¡Cerca de los huevos!
Manolo, desesperado, se echa las manos al cuello y grita:
–¡No la encuentro, joder, no la encuentro!

Un marica en la milicia ve pasar a un tipo y le dice muy entusiasmado:
–¡Adiós, guapo!
–¿Pero cómo que "adiós guapo"? ¿No has visto estas estrellas? (Y se señala los galones de capitán.)
–¡Ah, bueno! ¡Adiós, cielo!

–Sargento, ¿qué podemos hacer si pisamos una mina?
–El procedimiento habitual es esparcirte en trocitos por un círculo de treinta metros.

Un sargento de hierro hablando a uno de sus soldados el día que acaba el servicio militar.
–Bueno, ahora que ya eres por fin un civil, me imagino que lo único que deseas es que me muera para poder mear en mi tumba, ¿no?
–¡No, sargento! Ahora que he acabado la colimba, no quiero volver a hacer más colas en toda mi vida.

EL GALLEGO MANOLO CAMINABA CON LAS PIERNAS MUY ARQUEADAS.
–AYER FUI AL MÉDICO Y ME DIJO QUE TENÍA EL COLESTEROL MUY ALTO.
–¿QUÉ TIENE QUE VER EL COLESTEROL CON CAMINAR DE ESA FORMA?
–ES QUE ME DIJO QUE LOS HUEVOS ¡NI TOCARLOS!

Monstruitos

–¿Qué se comió el monstruo después de que el dentista le sacó una muela?
–*Al dentista.*

–¿Qué sale si cruzás un Hombre Lobo con un Vampiro?
–*Un tapado de piel que te muerde el cuello.*

–¡Doctor, tiene que ayudarme! ¡Me siento como el Hombre Lobo!
–*¡¡¡Sit, sit!!!*

–¿Qué dijo el gallego cuando vio a cuatro Hombres Lobo, con lentes de sol, subiendo por la colina?
–*Nada, no los reconoció.*

Locutor de la tele: *¡Lamentablemente, esta noche no podremos ver al "Hombre Invisible"!*

–¿Cómo se le dice a un monstruo que se come a su papá y mamá?
–*Huérfano.*

–¿Cómo hacen los tiburones para enviar mensajes a través del océano?
–*Usan el código "Morsa".*

–¿Por qué un dragón es grande, verde y escamoso?

—*Porque si fuera chiquito, marrón y suave, sería un bocadito Cabsha.*

Diálogo entre monstruos.
—Mami, ¿puedo comer las papas fritas con los dedos?
—*No, nene. Primero cómete las papas, después te comes tus dedos.*

—¿Qué tiene 16 ruedas y respira fuego?
—*Un dragón con rollers.*

—¿Dónde guarda su efectivo el Conde Drácula?
—*En el Banco de Sangre.*

—¿Qué obtienes si cruzas a Frankenstein con un zorrino?
—*¡No lo hagas! A Frankenstein no le gusta que lo crucen.*

—¿Qué es lo que jamás podrías decirle al hombre invisible?
—*Desaparece.*

—¿Cómo tratas a un monstruo enfurecido?
—*Con mucho respeto.*

—¿Qué obtenés si cruzás un tiburón con una cebra?

—¿QUÉ LE DIRÍAS A KING KONG SI SE RECIBE EN ECONOMÍA?
—¡SEÑOR KONG-TADOR!

—¿CÓMO BESAN LOS VAMPIROS?
—*CON MUCHO CUIDADO.*

—¿CÓMO SE SUICIDA UN GALLEGO?
—*SE PONE GIMONTE EN EL CORAZÓN.*

—Un asesino dientudo con traje a rayas.

—¿Qué hora es cuando King Kong golpea a tu puerta?
—Hora de conseguir otra puerta.

—¿Por qué el fantasma se tapó la cabeza con una sábana?
—Practicaba para agente encubierto.

—¿Cómo le dices a un gigante con mal carácter?
—Señor.

—¿Qué se hace si se encuentra a un monstruo durmiendo en tu cama?
—Te buscas otro lugar donde dormir.

—¡Mamá! ¡En el colegio me dicen que soy un vampiro!
—No les hagas caso, nene. Y toma tu sopa antes de que se coagule.

—Mamá: ¿es cierto que soy un vampiro?
—Nene, no digas tonterías. Cállate y métete en tu ataúd, y sigue durmiendo.

—¿Cómo se sabe que un gorila está durmiendo en tu cama?
—Porque usa pijama con una gran "G" bordada.

208

Musicales

–¿Qué es un caballero?
–*Alguien que sabe cómo tocar un trombón, pero no lo hace.*

–*¿Cuántos trombonistas hacen falta para cambiar una bombilla?*
–Sólo uno, pero lo hará *muy ruidosamente.*

–*¿Cuántos técnicos de sonido hacen falta para cambiar una bombilla?*
–¡Uno, dos, tres! ¡Uno, dos, tres!

–¿Qué hay que hacer para que un guitarrista baje el volumen?
–*Ponerle una partitura delante.*

Los arpistas gallegos pierden la mitad de su tiempo afinando su instrumento y la otra mitad *tocando desafinado.*

–¿Qué tienen en común los dedos de un violinista gallego y un rayo?
–*Que es un milagro si caen dos veces en el mismo lugar.*

–Si estás perdido, ¿quién puede indicarte el camino correcto? ¿Un saxofonista gallego afinado, un saxofonista gallego desafinado, o Papá Noel?…

–¿CÓMO HACER QUE UN CELLO SUENE HERMOSO?
–*VENDIÉNDOLO Y COMPRANDO UN VIOLÍN.*

–¿CUÁL ES LA DIFERENCIA ENTRE UN SAXO BARÍTONO Y UNA MOTOSIERRA?
–*EL CANSANCIO.*

LA ÚNICA SATISFACCIÓN QUE DA LA EXISTENCIA DE LA POLUCIÓN AMBIENTAL, *ES QUE GRAN PARTE DE ELLA ATRAVIESA LOS SAXOFONES.*

—*El saxofonista gallego desafinado, los otros dos son alucinaciones.*

—¿Cuál es la diferencia entre un violín y una viola?
—*Ninguna, el violín parece más pequeño porque los violinistas son más cabezones.*

—¿Por qué los chistes de violas son más cortos?
—*Para que los violinistas puedan entenderlos.*

—¿Cuántos segundos violinistas hacen falta para cambiar una bombilla?
—*Ninguno, ¡ellos no pueden llegar tan alto!*

El violinista le dice a su mujer:
—Cariño, podría tocarte como a mi violín.
—*Preferiría que me tocaras como a una armónica.*

—¿QUÉ DIFERENCIA HAY ENTRE UN CONTRABAJO Y UN ATAÚD?
—*QUE EN EL CONTRABAJO EL MUERTO ES EL DE AFUERA.*

—¿CUÁNTOS TROMPETISTAS HACEN FALTA PARA CAMBIAR UNA BOMBILLA?
—*CINCO, UNO PARA SOSTENER LA BOMBILLA Y CUATRO PARA DECIRLE QUE ELLOS LO HARÍAN MEJOR.*

—¿CUÁL ES LA DIFERENCIA ENTRE LOS TROMPETISTAS Y LOS BONOS DEL ESTADO?
—*LOS BONOS DEL ESTADO EVENTUALMENTE MADURAN Y GENERAN DINERO.*

Negros

–Papá, los niños cuando mueren, ¿adónde van?
–*Los niños van al Cielo y cuando están allí les po-nen unas alitas y son ángeles.*
–Papá, ¿y los niños negros adónde van?
–*Los niños negros también van al Cielo pero cuan-do están allí les ponen unas alitas y son moscas.*

–¿Qué es negro rojo negro rojo negro rojo negro ro-jo negro rojo blanco?
–*Un negro masturbándose.*

–¿Quién llega antes al fondo de un pozo, un blanco, un negro o un gitano?
–*El gitano, porque le roba las cadenas al negro.*

–¿Qué es un negro con un puñal clavado en la espalda?
–*Un pin del Ku Klux Klan.*

–¿Cuándo un negro sube en la vida?
–*Cuando explota el gas.*

Partido de fútbol entre alemanes y judíos en una cá-mara de gas, ¿quién gana?
–*Los judíos porque juegan en casa.*

Va un negro por un callejón oscuro y de noche, de repente le salen 20 skin-heads. Se le acerca el líder.
–Hoy estamos de buen humor. Toma este dado. Lo

VAN UN HIJO DE PUTA Y UN CABRÓN POR LA CALLE Y LE DICE *EL NEGRO AL JUDÍO...*

211

tiras, y si sacas del uno al cinco te damos una paliza, negro de mierda.

–*¿Y si saco un seis?*

–Vuelves a tirar.

Tengo un amigo que es *medio judío y medio italiano.* Si no puede comprar algo con descuento, *lo roba.*

Tengo otro amigo que es *medio alemán y medio polaco.* Odia a los judíos, pero *no sabe por qué.*

–¿Quién es el 101 Dálmatas?

–*Michael Jackson: porque es blanco con las bolitas negras.*

–¿Cómo pavimentan las calles en Sudáfrica?

–*Ponen varios negros acostados uno al lado del otro y les pasan una aplanadora por encima.*

–¿Y sabes cómo le hacen la línea discontinua?

–*Les dicen: tú te ríes, tú no, tú te ríes, tú no, tú te ríes, tú no...*

–¿Qué dijo Dios cuando hizo el primer negro?

–*¡Mierda! Creo que éste se me quemó.*

–¿En qué se diferencian un blanco con delantal blanco de un negro con delantal blanco?
–*En que el blanco es doctor y el negro es heladero.*

–¿Si van un negro y un blanco a la nieve, cuál llega primero?
–*El negro, porque tiene cadenas.*

–¿Con cuántos negros pintas una pared?
–*Depende de con qué fuerza los estrelles.*

–¿Cuánto tarda un negro en caer de un décimo piso?
–*¿Qué importa?*

–¿Por qué los negros no comen chocolate?
–*Porque se muerden los dedos.*

–¿Qué es un negro en la Luna?
–*Uno menos en la Tierra.*
–¿Qué son 100 negros en la Luna?
–*Un eclipse.*
–¿Qué son todos los negros en la Luna?
–*Regreso al Paraíso.*

–*¿CUÁL ES EL TRANSPORTE MÁS CARO?*
–EL VIAGRA... TE CUESTA 100 PESOS LA PARADA...

–¿POR QUÉ LOS NEGROS TIENEN LAS MANOS BLANCAS?
–*POR LLEVAR TANTO TIEMPO LAS BANDEJAS.*

–¿POR QUÉ LOS NEGROS TIENEN LOS DIENTES TAN BLANCOS?
–*PARA PODER APUNTAR MEJOR A LA CABEZA.*

No

(No decirle jamás a un hombre desnudo)

Creo que será más divertido sólo mirarlo.

¿Por qué no me abrazas y seguimos siendo amigos?

¿Sabías que ahora hacen maravillas con la cirugía?

¿Quién te circuncidó?

Con lo que ha avanzado la medicina, ¡no tienes
que conformarte con eso!

Hazlo bailar.

¿Sabes que existe una torre parecida en Italia?

¿Me dejas dibujarle una "carita feliz"?

Parece que hoy tuviste un día muy pesado...

Está bien, está bien, no te preocupes.

Fíjate, le queda la ropa de la Barbie.

—HOLA, ¿ESTÁ FÉLIX?
—*NO, ESTOY TRISTEX.*

—MI ESPOSO ESTÁ
SIEMPRE DE VIAJE. SÓ-
LO SE ENCUENTRA CON
NOSOTROS UN MES AL
AÑO.
—*¡ME IMAGINO QUE DE-
BE RESULTARTE TRISTE
LA SITUACIÓN!*
—¡NO! ¡UN MES PASA
VOLANDO!

—HOLA, ¿HABLA DO-
RA?
—*¡HABLADORA TU VIE-
JA, HIJO DE PUTA!*

ARREGLAR LOS PRO-
BLEMAS ECONÓMICOS
ES FÁCIL, *LO ÚNICO
QUE SE NECESITA ES
DINERO.*

Parece que no lo usas hace mucho tiempo.

¡Hummm! Mi último novio era diez centímetros más grande.

¿Crujirá si te lo retuerzo?

¡Oooohhhhhh, se está escondiendo...!

¿Puedo ser honesta contigo?

Mi hermanito de 8 años tiene uno igualito.

Déjame ir a buscar mis pinzas de depilar.

¿Qué es eso?

Pásame una lupa.

¡Ohh! Tus pies se veían tan grandes.

¿Has pensado trabajar en un circo?

NEGRO POR DENTRO, BLANCO POR FUERA Y SE COME A LOS NIÑOS: MICHAEL JACKSON.

No es lo mismo...

... Anita siéntate en la hamaca,
que siéntate en la macanita.

No ES LO MISMO LO
QUE AYER NOS UNIÓ
HOY NOS SEPARA, QUE
LO QUE AYER NOS UNIÓ
HOY NO SE PARA.

... tener un hambre atroz,
que un hombre atrás.

No ES LO MISMO EL
NEGRO CREPÚSCULO,
QUE LOS NEGROS PE-
LOS DEL *CULO DE
CRESPO.*

... Huele a traste,
que atrás te huele.

No ES LO MISMO QUITA
LA BELLA ROSA, QUE
ROSA LA VELLAQUITA...

… dormirse al instante,
que dormirse en el acto.

No ES LO MISMO LA
REINA DE JAVA, QUE
SE DEJABA LA REINA.

... ¿qué motivo tuvo?,
que qué tubo te han metido.

EL GERENTE, AL TIPO
QUE BUSCA EMPLEO:
—*LO QUE PASA ES QUE
AQUÍ HAY MUY POCO
TRABAJO...*
—¡JUSTAMENTE, ESO
ES LO QUE ANDABA
BUSCANDO!

... la estrella de cine tuberculosa,
que ver tu culo estrellado en la loza de un cine.

...tres hoyos en el techo,
que te echo tres en el hoyo.

... tubérculo,
que ver tu culo.

... decir un pájaro de alto vuelo,
que el pájaro de tu abuelo.

...un chorizo en una sartén,
que te ensarten un chorizo.

...una vieja mesita de noche,
que de noche me excita una vieja.

...living la vida loca,
que una loca sin vida en mi living.

...el cura Melchor lo hizo,
que curarme el chorizo.

...el auto Mercedes Benz,
que Mercedes ven al auto.

...calculo Pi,
que pical culo.

...te mandé a guardar un yate,
que ya te lo mandé a guardar.

...Madre Dora,
que mama-dora.

...Paquita, vete arriba y pon al fresco este besugo,
que Paquita, vete arriba y ponte fresca que ya subo.

NO ES LO MISMO UN CABALLO EN LA META DE LARGADA, QUE LA LARGA *TE LA META UN CABALLO.*

NO ES LO MISMO HUEVOS DE ARAÑA, QUE *ARAÑAME LOS HUEVOS.*

NO ES LO MISMO TUBERCULOSO, QUE VER *TU CULO HERMOSO.*

EN EL HOMENAJE A UN CONOCIDO ACTOR, UN AFICIONADO HIZO UNA IMITACIÓN DEL ACTOR EN SU PRESENCIA. AL TERMINAR, PREGUNTÓ: *–¿QUÉ LE HA PARECIDO?*
–NO SÉ. ESTOY PENSANDO QUE UNO DE NOSOTROS DOS DEBE SER TERRIBLEMENTE MALO.

...échele un polvo jabonoso Camello,
que el camello te eche un jabonoso polvo.

...un cura con sotana negra,
que un cura en el sótano con una negra.

...Ramona Cabrera,
que ramera cabrona.

...paloma a las brasas,
que me abrazas la paloma.

...el sabio sesos tiene,
que el sabio se sostiene.

...Chicha, poneme sal,
que poneme la salchicha.

...meter la negra bola ocho,
que te la metan ocho negros en bolas.

...una culebrilla negra,
que una negra que le brilla el culo.

...que un negro llegue primero a la meta,
que te la meta el primer negro que llegue.

EL CAPITÁN, EN PLENO VUELO, LE GRITA AL COPILOTO:
—¡ESTAMOS PERDIDOS! ¡ME QUIERO MORIR! ¡OH, NO! MIRÁ ESA LUZ: NOS QUEDAMOS SIN COMBUSTIBLE. ¡NOS QUEDAMOS SIN COMBUSTIBLE! ¡NOS VAMOS A ESTRELLAR! ¡NOS VAMOS A ESTRELL...! ¡UY, NO, QUÉ TONTO SOY! ¡SI ES NADA MÁS QUE LA LUZ QUE INDICA QUE NOS ESTÁN ESCUCHANDO LOS PASAJEROS!

218

...subir al pináculo de una montaña,
que subir la montaña con un pino en el culo.

...estrecharte,
que echarte tres.

...Judas pende de una argolla,
que una argolla pendejuda.

...un ruiseñor en el monte,
que te monte el señor Ruiz.

...tener un cartón de huevos,
que los huevos de cartón.

...por el recto proceder de la ley,
que la ley de proceder por el recto.

...que celosa es Amparo,
que que se lo zamparon.

...yo no soy partidario de Ford ni Carter,
que yo no soy partidario de fornicarte.

...tengo los ovarios encogidos,
que me he cogido a varios.

NO ES LO MISMO UN METRO DE TELA NEGRA PARA HACERLE UN TRAJE AL BURRO, QUE *TE LA META UN METRO EL NEGRO BURRO QUE TE TRAJE.*

–LOS ENFERMOS DEL MANICOMIO ARMARON UNA ORQUESTA.
–¿Y CÓMO ES?
–¡TIENE UN RITMO DE LOCOS!

No, no y no

El arquitecto Máximo Gilabert fue citado para una investigación fiscal en la oficina de Impuestos. Asustado, le preguntó a su contador de qué manera vestirse.

–*¡Usa harapos!, que piensen que eres mendigo.*

Cuando le preguntó a su abogado, éste le dio exactamente el consejo contrario:

–*¡No dejes que te intimiden! Usa tu traje y corbata más elegantes.*

Confundido, el hombre fue a ver al cura de la parroquia, el padre Pepe Muleiro.

–Padre, me dieron dos consejos totalmente opuestos y no sé qué hacer.

–*Déjame contarte una historia, hijo. Una mujer, a punto de casarse, le preguntó a su madre qué ponerse en su noche de bodas:* "Ponte una bata pesada, de franela, que te llegue al cuello", *le dijo la madre. Pero cuando le preguntó a su mejor amiga, ésta le dio otro consejo opuesto:* "Ponte el camisón más pequeño y transparente que tengas, con un escote que te llegue hasta el ombligo".

–Pero padre, ¿qué tiene que ver eso con mis impuestos?

–*Esto quiere decir: te vistas como te vistas, ¡¡¡igual te van a romper el culo!!!*

LA PALABRA ANO *SUENA COMO EL CULO.*

TODO HERMANO SE INTERESA POR UNA HERMANA, SOBRE TODO SI ESA HERMANA ES DE OTRO.

LOS JAPONESES QUIEREN ABRIRLE LOS OJOS AL MUNDO.

Una mujer pidió al doctor que le recomendara algo para adelgazar.

Es simple. Tiene que hacer este ejercicio: mueva la cabeza de izquierda a derecha y después al revés.

–*¿Cuántas veces?*

–Cada vez que le ofrezcan comida.

¿Te sientes solo? *¡Hazte esquizofrénico!*

Ñoños

Había una vez un perro que se llamaba borrador. *Un día se rascó y se borró.*

Había una mujer tan chiquita, que en lugar de tener matriz, *¡¡¡tenía sucursal!!!*

Reunión en el Centro Gallego.
–Mucho gusto, *el mayor* de los placeres.
–*Encantado,* el menor *de los Muleiro.*

En la veterinaria, el gallego Manolo:
–*Hola, buenas, quisiera un perro.*
–¿Pequinés?
–*Bueno, es pa mi madre, que le gustan mucho los animales.*

Dos mercaditos volando.
Un mercado mira al otro y le dice:
–*Pero los mercados no volamos.*
–Es que nosotros somos ¡supermercados!

DESPUÉS DE MÍ, FA.
BACH

PAGO MIL DÓLARES POR MI SUEGRA... *MUERTA.*

–NO SE LO TOMEN A PECHO...
Y PECHO QUEDÓ EN EL FONDO DEL VASO.

Ñoquis
(Sabrosos y con salsita)

—Pepe, te veo preocupado, desencajado. ¿Qué te ha sucedido?
—*Es que por poco atropello a mi suegra con el auto.*
—¡Joder! ¿Te fallaron los frenos?
—*No, no, ¡el acelerador!*

Manolito en una fiesta.
—*Nena, ¿vas a bailar?*
—Sí.
—*Bueno, prestame la silla.*

—¿Por qué se casan las mujeres?
—*Por falta de experiencia.*
—¿Por qué se divorcian?
—*Por falta de paciencia.*
—¿Por qué se vuelven a casar?
—*Por falta de memoria.*

—En una empresa trabajan un negro y un blanco. Se detecta un desperfecto. ¿Quién es el responsable, y por qué?
—*Obviamente el blanco, porque "errar es humano".*

En el funeral de un albañil, un hombre desconocido por la familia llora amargamente. Se le acerca la mujer del difunto:
—*¿Era usted amigo suyo?*
—Sí.
—*¿Lo quería mucho?*
—Sí, sus últimas palabras fueron para mí.

–*¿Ah, sí? ¿Cuáles fueron?*
–Manolo, ¡no muevas el andamio *imbéciiiiiiil!*

–*¿En qué se parece una computadora a un hombre?*
–Ni idea.
–*En que ninguno de los dos es capaz de pensar por sí mismo.*

–Quiero que se case conmigo, María.
–*¿A usted le gustan los chicos, Roberto?*
–Mucho, muchísimo.
–*¡Qué bueno! ¡Porque yo ya tengo tres!*

–¿Sabes, Pepe? Eso de que los elefantes tienen buena memoria es una mentira.
–*¿Por qué lo dices, Manolo?*
–Pues porque ayer fui al zoológico, me encontré al mismo elefante del año pasado y ¡ni me saludó!

–Manolito, ¿por qué miras el televisor apagado y tirado en la cama?
–*Para no tener que levantarme después a apagarlo, mamá.*

La mamá cóndor había decidido acompañar a su hijito, el condorcito, en su primer vuelo largo.
Pensó que lo mejor era hacerlo volar hacia el atardecer. Y allá fue la dulce *mamá-ave* con su hijito,

ÁRBOL QUE NACE TORCIDO... PERRO QUE *MEA JODIDO.*

CUANDO MIS AMIGOS SON TUERTOS LOS MIRO *DE PERFIL.*

LOS POLÍTICOS SON COMO LOS CINES DE BARRIO: TE HACEN ENTRAR Y DESPUÉS *CAMBIAN EL PROGRAMA.*

LA AMISTAD ES COMO LA MAYONESA: *CUESTA UN HUEVO Y HAY QUE TRATAR DE QUE NO SE CORTE.*

volando hacia el sol.

Llegaron bastante lejos.

–*Bueno, hijito. Ahora yo volveré al nido. Tú regresa solo.*

–Sí, mamita.

Y así pasaron las horas.

Cerca de la medianoche, mamá cóndor estaba desesperada. Condorcito no regresaba.

Ya estaba a punto de salir a buscarlo cuando el pichoncito apareció.

–*¿Qué te pasó, hijo mío? ¿Te perdiste acaso?*

–No, mamá. Es que la noche estaba tan linda ¡que aproveché para venirme caminando!

Manolo, en el bar:

–*¿Quieres otra copa, como la que tienes vacía, Paca?*

–¿Y qué voy a hacer yo con dos copas vacías?

–Mamá, ¿para qué tengo dos agujeros en las narices?

–*Para que puedas respirar mientras te comes los mocos.*

El gallego Muleiro fue a tomar una clase de inglés en Londres.

–Vamos a hacer frases con la palabra "evidentemente". ¿A ver, Perkinson?

–*Hoy he venido a clase en la Ferrari, "evidentemente" el Rolls estaba estropeado.*

–Muy bien, muy bien... ¿A ver, Kensington?

–*Hoy no desayuné caviar... "evidentemente" a mi mayordomo se le olvidó comprarlo.*

–¿A ver usted, Muleiro?

–*Hoy he visto a mi abuela con la revista Times debajo del brazo... Como no sabe leer, y mucho menos en inglés, "evidentemente" iba a cagar...*

Obvios

Acaba de hundirse un barco mercante y toda la tripulación flota en el agua.
El capitán grita:
—*¡Maaarineeeeeeerooooooos, el quee sepaaa nadaaaar encontrará tierra cinco millas al norteeeeee...!*
—Capitáaaaaan... ¿y el que no sepaaaaa?
—*A cincuenta metros para abajoooooo...*

Dos gallegos en África encuentran el rastro de un león. Pepe se queda mirando, acojonado, el tamaño de las huellas.
—*Manolo, tengo una idea... Tú sigues las huellas para ver adónde ha ido el león, y yo voy en la dirección contraria y averiguo de dónde ha venido. ¿Vale?*

—Papá, quiero una Magnum.
—*¡No!*
—Papá, ¡quiero una pistola Magnum!
—*¡Basta ya! Eso no es cosa de niños.*
—¡Quiero una pistola Magnum!
—*¡Que no! Además... ¿Quién manda aquí?*
—Tú, papá. Pero *¡si yo tuviera una Magnum...!*

Cazador que se va de safari y contrata a un guía.
Al cabo de diez días, el cazador se da cuenta de que están dando vueltas en círculos, así que le pregunta al guía:
—*¿Estamos perdidos?*
—Me parece que sí.
—*Pero yo creí que usted era el mejor guía de África.*
—Sí, bueno, pero creo que ahora estamos en Australia.

EL HOMBRE, CUANDO ES ANIMAL, ES *PEOR QUE EL ANIMAL.*

EL POBRE PUEDE MORIR. LO QUE NO PUEDE, *ES ESTAR ENFERMO.*

¡Olé!

Un español entra en un restaurante de París.
Se acerca el camarero y el español toma la carta y pide:

—*Un platé de macarronés, después un fileté con patatés y de postré una manzané al horné.*

El camarero toma nota muy serio y seguidamente le va sirviendo los platos solicitados. Ya en los postres, el camarero, muy solícito, se acerca al cliente:

—¿*Le ha gusté la cené al señoré?*

—*Muy buené. Gracié. Parecé usté españolé. ¿No es verdé?*

—Sí, señoré, yo soy de Segovié. ¡Y olé!

—*¡Vaya, hombre, y aquí los dos haciendo el tonto hablando en francés...!*

Aladino limpia la Lámpara Mágica. Al cabo de un rato se escucha, desde el interior, una fuerte voz que dice enfadada:

—*¡¡¡A ver si dejan de frotar, joder!!! ¡Intento dormir!*

—¡Ole! ¡Ya le salió el genio!

¡Oooh!

En las fiestas del pueblo gallego sorteaban un jamón:
—*¡¡¡El 458!!! ¡Salió el 458!*
Todos revisaron su número. El mudo del pueblo por allí, se movía mucho:
—*¡¡MMmmUmmmmDDDnn!!*
El cura repite el número:
—*¡¡¡El 458!!!*
Nadie decía nada, sólo el mudo, con gestos:
—*¡¡MMmmUmmmDDDnn!!*
El cura volvió a repetir el número ganador. Entonces, el mudo se decidió por una acción heroica. Se bajó la bragueta y les enseñó la polla a todos los que estaban alrededor.
—*¡¡¡Se la sacó el mudo!!! ¡¡¡El mudo se la sacó!!! ¡¡¡El mudo se la sacó!!!*

Esta es la historia de la familia *Verde*: papá *verde*, mamá *verde*, los hijitos *verdes*.
Vivían en una casa *verde* rodeada de un verde jardín en el país de *Verde*.
Las habitaciones eran *verdes*, los muebles eran *verdes*, comían *verdura* y mascaban chicles *verdes* de menta.
Un día la familia *Verde* subió a su coche *verde* y salió para hacer una excursión a las montañas *verdes*.
Pero cuando iban por una carretera *verde*, el coche derrapó y chocó contra un árbol *verde*.
Entonces llegó la Cruz *Roja* y *¡cagó todo el cuento!*

Un loco rasca la cuerda de un violón con un dedo y siempre en el mismo sitio. Otro lo observa y le dice:
—*Yo siempre he visto que los violinistas mueven continuamente los dedos sobre las cuatro cuerdas...*
—Sí, tiene razón. Eso es porque ellos buscan el sitio y la nota. Yo, en cambio, la encuentro enseguida.

Orgasmos
(Las mujeres según van acabando)

Asmática: ¡Ahhhh! ¡Ahhhhh! ¡Me ahogoooo!

Geográfica: ¡Ahí, ahí, ahí!

Matemática: ¡Más... más... menos... más...!

Estacionadora de autos: ¡Más a la izquierda... un poquito más atrás, ahora adelanteeee.

Suicida: ¡Me muero! ¡Me muero!

Veterinaria: ¡Macho! ¡Sí, machooo! ¡Sos un verdadero animal!

Profesora de inglés: ¡Oh, yesss! ¡Oooh, my god!

Homicida: ¡Te mato... te mato... te mato!

Negativa: ¡Noooo! ¡No, no, no, no! ¡Noooo!

Positiva: ¡Síííí! ¡Sí, sí, sí! ¡Síííí!

Ambiciosa: ¡Dame todo! ¡Dame todo, todo, todo...!

Curiosa: ¿¿¿Qué me hacés??? ¿Qué me hacés?

Serpiente: ¡Shhhhh...! ¡¡¡Shhhhh!!!

Didáctica: Así... muy bien... ¡per-fec-to!

Dependiente: ¡¡¡Ay, mi madre!!! ¡¡¡Ay, mi madre!!! ¡¡¡Ay, mamita querida!!!

Edípica: ¡Papiiiiito! ¡Sí, papáááá!

Mística: ¡Ay, mi Dios! ¡Ay, Dios! ¡Ay, diosito! ¡Ay Dioooooooooooos!

Comilona: ¡Qué palito más rico!

Peluquera: ¡Tirame de los pelos! ¡De los pelos!

Asesina: ¡Si me la sacás, te mato!

Viajera: ¡Me vooy... me voy... me voy!

Universal: Dame de todo. ¡Dame de todo!

Policía: ¡No te muevas! ¡Ahora no te muevas!

Misión imposible: ¡En cinco segundos me destruyoooo!

Perezosa: Despacitoooo... Despacito....

Médica: ¿Te dolió? ¿Estás bien?

Autodestructiva: Me acabo... me acabo... me acabooo...

Insensible: ¿Ya la metiste?

Gourmet: ¡Mmmmm, qué rico... qué bueno está...!

–OYE, MANOLO, EL TABACO NO ES TAN MALO COMO DICES. MI ABUELO FUMA COMO UN CARRETERO Y TIENE 90 AÑOS.

–PUES SI NO FUMARA, TENDRÍA POR LO MENOS 100.

QUIEN NO ENCUENTRA NINGÚN FALLO EN SÍ MISMO, NECESITA UNA SEGUNDA OPINIÓN.

LO BUENO, SI BREVE, EYACULACIÓN PRECOZ.

Originales

—¡Hola, buenas! ¿Cuánto cuestan esas muñecas?
—Bien, ahí, en ese estante, tiene usted a la Barbie Fantasía, que vale 3.000 pesetas, y un poco más abajo a la Barbie Acuática que cuesta 2.500 pesetas.
—¿Y esa otra?
—Esa es la Barbie Divorciada, que cuesta 30.000 pesetas.
—Pero, ¿cómo 30.000 pesetas?
—Bueno, es que viene con el coche de Ken, la casa de Ken, el yate de Ken...

—Hola, María, ¿adónde vas tan arreglada?
—A misa. ¿Y tú?
—Al cine. Se estrena *Los cojones de Navarro one.*
—¡Uy, chica, si no es así! La película se llama Los cañones de Navarone.
—Pues ¡hala! ¡Me voy contigo a misa!

Me gustaría que seres extraterrestres conquistaran la Tierra y convirtieran a la gente en sus mascotas. *Me encantaría tener una de esas canastitas con colchoncito y mi nombre bordado.*

El gallego Aíto siempre llegaba tarde a trabajar. El jefe le dio un ultimátum para que fuera a ver al médico de la empresa:
—Usted tiene una forma especial de sueño que no le permite descansar bien y por eso se queda dormido por las mañanas. Tómese estas pastillas, que le permitirán dormir descansando.
Aíto se las tomó y al despertarse comprobó que eran las 8 y que tenía tiempo de sobra para llegar

—¿POR QUÉ LOS GALLEGOS NO TEMEN A LA MENINGITIS?
—PORQUE ATACA AL CEREBRO.

LA MANERA MÁS COMÚN DE PROPONER MATRIMONIO:
—¿¿¿QUEEE ESTÁS QUÉÉÉÉÉEEEEEEE???

229

al trabajo. Entró con orgullo a las 8.55.
—¿Qué le parece mi puntualidad hoy, jefe?
—Bien, bien, pero ¿dónde estuvo ayer?

A veces pienso que estaría mejor muerto.
No, un momento. Espere.
No quiero decir que *yo* estaría mejor muerto. Pienso
que *usted* estaría mejor muerto.

Tuve amnesia una o dos veces... *no, tres.*

— — — — — —
CONGRESO SOBRE
OVNIS EN GALICIA.
PEPE Y PACO CREEN
EN LOS EXTRATERRES-
TRES Y EXPONEN LAR-
GAMENTE. LOS ABU-
CHEAN.
SALEN DEL RECINTO Y
AL ENTRAR EN UN BOS-
QUECILLO DIVISAN UN
OVNI.
*—¿TE DAS CUENTA,
PACO, LO AVANZADO
DE SU TECNOLOGÍA?
SÓLO APARECEN
CUANDO NO HAY ES-
CÉPTICOS ALREDEDOR.*
— — — — — —

Los fines de semana no tienen los suficientes días.

Vaya donde vaya siempre me encuentro allí conmigo.

El Paco, de 82 años, y el Pepe, de 85, están sentados
en un banco de tablillas. Paco se pone de lado.
—¿Qué, estás poniendo un huevo?
—No, estoy intentando sacarlo.

Nunca pude encontrar sinceridad en una mujer...
tampoco su clítoris.

Pedos

Un francés, un inglés y un gallego en un concurso de pedos.

El francés agarra el micrófono, se lo acerca al culo y ¡suena la Marsellesa!

El público aplaude a rabiar y lanza vítores al concursante.

El inglés coge el micrófono, se lo acerca al culo y... ¡¡suena el himno británico!!

El público se vuelve loco. *"Bravo, Artista..."*

Llega el español y coge el micrófono. Se lo pone en el culo y...:

—Prrr, Prrrr, Prrrr...

El público lo abuchea:

—¡Fuera, malo, más que malo!

Pero el español sigue:

—Prrrr, Prrrr... ¡¡¡Prrrrrrobandoooooo!!!!!

Una chica con problema de gastritis había quedado en salir esa noche con su novio, pero sucede que su problema había ido aumentando y andaba soltando gases a cada rato. Al llegar su novio:

—Hola, mi amor, ¿cómo estás?

—Muy bien... ¿vamos?

—Sí, vamos.

Iban caminando hacia el auto y a la chica le vinieron unas ganas terribles de soltar un pedito y pensó: "En el momento que él me cierre la puerta del coche, suelto el pedo y no lo escuchará y para cuando dé la vuelta y entre, el olor ya se habrá ido".

Así lo hizo, el novio abrió la puerta del auto, ella se sentó y cuando él le cerró la puerta ella soltó el ruidoso pedo. Para cuando el muchacho dio la vuelta y entró, el olor ya se había ido. Ni bien subió al coche el novio, miró hacia el asiento trasero y dijo:

—Mi amor, te presento a mi mamá y a mi papá.

Pene

−*¡Compañeras! ¡Nos hemos reunido esta tarde para cambiarle el nombre al aparato reproductor masculino!*
Gritos y aplausos de las diez mil mujeres de la Convención Internacional Femenina.
−*¿Por qué decirle pito, si no suena?*
Gritos y aplausos.
−*¿Por qué decirle pájaro, si no vuela?*
Gritos, aplausos y aullidos.
−*¿Por qué decirle palo si no es de madera?*
Gritos, aplausos, aullidos y más aplausos.
−*¿Por qué decirle pistola, si no mata?*
Gritos y muchííííísimos aplausos.
−*¿Por qué decirle banana, si no es fruta?*
Gritos, aplusos, aullidos, alaridos y más aplausos.
−*¡Desde hoy lo llamaremos Bill Gates!*
Silencio total.
De pronto una mujer en el fondo del salón, levanta la mano y pregunta:
−¿Por qué ese nombre?
−*Muy simple, compañera: porque es ¡¡¡¡asquerosamente rico!!!!*

−¿Por qué el hombre es tan aburrido y la mujer tan feliz?
−*Porque el hombre siempre tiene* el mismo pene *entre las piernas.*

En la noche de bodas:
−*¡Me mentiste, Juan! Me dijiste que tenías el pene del tamaño de un recién nacido. Y ahora, en mi noche de bodas, ¡esto!*
−¡No te mentí, flaquita querida! ¡Lo tengo del tamaño de un recién nacido! ¡Pesa tres kilos y mide cincuenta centímetros!

Peores

El nene Cocodrilo y su padre Cocodrilo.
–Dime, papá, ¿algún día tendré mucho dinero?
–*Sí, hijo.*
–¿Cuándo, papá?
–*Cuando seas billetera, hijo mío.*

El vasco Patxi era una verdadera bestia. Un día subió una señora al autobús que él manejaba y le preguntó:
–*Señor, ¿hasta dónde llega este autobús?*
Y el muy bruto contestó:
–¿Pero es que no lo ve, coño? *¡¡¡Hasta el paragolpes, señora!!!*

Londres.
El policía detiene al jovencito que conducía un impresionante auto spor y empieza a hacerle la boleta.
–*¿Cómo se atreve a detenerme? ¡Lo voy a hacer echar! ¿Usted sabe quién es mi padre?*
–Yo no. ¿Y usted?

Dos presas:
–*A mí el juez me dio 25 años.*
–No te habrá visto las arrugas.

En el zoológico.
Pepe llora amargamente sentado en un banco.
–*Discúlpeme que me entrometa. Pero lo veo llorando casi a los gritos. ¿Qué ha sucedido?*
–Es que se acaba de morir el elefante.
–*¿Y era su amigo? ¿Usted lo quería mucho?*

–¿QUÉ LE DIJO UN TESTÍCULO A OTRO?
–*CUIDATE QUE ESTAMOS RODEADOS DE PENDEJOS.*

A LOS AHORCADOS SE LES HACE *UN NUDO EN LA GARGANTA.*

CUANDO UN MÉDICO SE EQUIVOCA, LO MEJOR ES *ECHARLE TIERRA AL ASUNTO.*

–No, ¡qué va! ¡Es que yo soy el que tiene que enterrarlo!

–¿Quién huele peor de viejo? ¿El hombre o la mujer?
–*El hombre: porque tiene un pájaro muerto y dos huevos podridos.*

–Desde que te conocí, no como, no duermo y no bebo.
–*¿Y por qué no?*
–No me queda un peso.

–*Oye, Manolo, ¿tú puedes conseguirme una tortuga? La necesito para fabricarme un charango.*
–Pero qué bruto eres, Paco. ¡Un charango se hace con el caparazón de una mulita, no con el de una tortuga!
–*Lo sé, Manolo. Pero es que este charango yo lo quiero para tocar música lenta.*

–¿Cómo se le dice a veinte gallegos arrojándose juntos en paracaídas?
–*Contaminación ambiental.*

Pepe Muleiro
(Filósofo)

Cuando estoy en la cama por la noche y miro a las estrellas, pienso:
—*¡Joder! ¡Realmente tengo que arreglar ese techo!*

Quizás para entender a la Humanidad deberíamos estudiar la palabra: *Humanidad.*
Básicamente está formada por dos palabras: *"huma"* y *"nidad"*. ¿Qué significan estas dos palabras? Es un misterio. *¡Eso es la Humanidad!*

Si tú tienes que educar a pequeños murcielaguitos lo primero que debes decirles es:
—*Murcielaguito, ¡no corras con esa astilla de madera en la mano!*

Si tú vuelas en el tiempo hacia atrás y de pronto te cruzas con alguien que vuela hacia el futuro, *¡ni lo saludes!*

Mientras la luz cambia de rojo a verde, a amarillo, y vuelve a rojo otra vez, yo estoy ahí sentado pensando en la vida. Y pienso: ¿la vida es solamente este montón de gilipollas *gritándome y tocándome* la bocina? A veces parece que sí.

Si está en una guerra, en lugar de arrojarle una granada a su enemigo, *arrójele un pañal*. Quizás esto haga pensar a todo el mundo *lo estúpida que es una*

—¿QUÉ ES UN AUTO SACRAMENTAL, PACO?
—PUES, EL COCHE DEL OBISPO.

━ ━ ━ ━ ━

INTENTÉ SUICIDARME Y *CASI ME MATO.*

━ ━ ━ ━ ━

HAY QUIENES ESTROPEAN RELOJES, *PARA MATAR EL TIEMPO.*

━ ━ ━ ━ ━

¡JUSTO A MÍ ME TOCÓ SER YO!

━ ━ ━ ━ ━

TENGO UN SUEÑO QUE NO ME DEJA DORMIR.

━ ━ ━ ━ ━

guerra. Y mientras el enemigo esté pensando, ¡usted puede arrojarle una buena granada!

Me imagino un mundo sin guerra, un mundo sin odio. Y me imagino atacando a ese mundo, porque *¡los tomaríamos totalmente por sorpresa!*

Cada vez que lees un buen libro es como si el autor estuviese ahí en el cuarto hablándote. Ésa es la razón por la cual *no me gusta leer buenos libros.*

–OYE, PACO, ¿QUÉ ES SU ALTEZA REAL?
–*PUES, ¡SU ALTURA VERDADERA!*

— — — —

–¿POR QUÉ TEMBLA-RÁ LA GELATINA? ¿SERÁ QUE SABE LO QUE LE ESPERA?

— — — —

DESPUÉS DE LOS 60, TODOS PERTENECEMOS AL SEXO DÉBIL.

— — — —

Cuando encontré una calavera en el bosque, mi reacción fue llamar a la policía. Pero inmediatamente se me despertó la curiosidad. La levanté y pensé:
–*¿Quién era esta persona? ¿Y por qué tenía estos enormes cuernos de ciervo?*

Si un niño pregunta de dónde viene la lluvia, creo que una bonita respuesta es decirle:
–*Dios está llorando.*
Y si el niño pregunta por qué Dios está llorando, otra bonita respuesta podría ser:
–*Seguramente por algo que tú le has hecho.*

Es injusto que una familia sea discriminada sólo por el simple hecho de poseer *cuatro o cinco dobermans salvajes.*

El explorador, cansado y sediento llegó arrastrándose al borde del oasis. Pero cuando miró a su alrededor vio *calaveras y huesos por todas partes.* Entonces pensó:

—¡Ajá! Este oasis está reservado exclusivamente a los esqueletos.

¿Saben cuál sería una buena historia? Algo sobre un payaso que hace feliz a la gente, pero interiormente él es una persona triste. Es más: *tiene muchísima diarrea.*

Mi novia se ofendió porque dije la palabra *"mierda".* Pero les aseguro que a eso tenía sabor su cena.

Si yo fuese el presidente de un país que perdió una guerra y tuviese que firmar un tratado de paz, mientras estuviese firmando, de pronto me detendría y diría sorprendido:
—¡Un momento! ¡Yo pensé que habíamos ganado!

Me encantaría que cuando muriese la gente dijese de mí:
—¡¡¡Ese tipo me debía un montón de dinero!!!

La semana pasada me olvidé de cómo andar en bicicleta.

Si usted define la cobardía como huir al primer signo de peligro, chillando de horror, agitando los brazos histéricamente, y pidiendo piedad, está bien don Valiente, *supongo que soy un cobarde.*

Para mí, los payasos no son graciosos. En realidad

LE HABÍAN VENDIDO UN PERRITO GALLEGO. EL PRIMER DÍA QUE LO SACÓ A PASEAR LO ASALTARON. LE ORDENÓ AL PERRO.
—¡ATAQUE, ATAQUE!
EL PERRO SE LLEVÓ LAS MANOS AL PECHO, SE TIRÓ AL SUELO Y GRITÓ:
—¡AHHH, AHHH, AHHH, AAAAAH!

me asustan un poco. Y siempre me pregunto dónde comenzó este temor. Entonces pienso que quizás en el pasado, aquella vez que fui al circo y *aquel payaso mató a mi mamá. Pero no sé.*

Querría tener una cruz de *kriptonita.* De ese modo mantendría alejados a Superman y a Drácula a la vez.

Para mí, el boxeo es como un ballet, excepto que no hay música, no hay coreografía y que los bailarines *no se pegan.*

¿Qué es lo que hace que un completo extraño se zambulla en un río helado para salvar a un bebé de oro macizo? *Quizás nunca lo sabremos.*

La cara de un niño puede decirlo todo. *Especialmente la parte de la boca.*

Si los árboles gritasen, ¿tendríamos la valentía de cortarlos? Quizás... *sobre todo si estuviesen gritando idioteces todo el tiempo.*

A veces, cuando tengo ganas de matar a alguien, recurro a un pequeño truco para calmarme. Voy a la casa de esa persona y toco el timbre. Cuando la persona abre la puerta yo ya me marché pero dejé en el umbral un muñequito con un cuchillo clavado en el corazón. El muñequito lleva una inscripción: *Usted.* Después de eso, generalmente me siento mucho mejor: *sin que nadie haya sufrido ningún daño.*

Pis
(Dime cómo meas y te diré quién eres)

Científico: Mira al suelo mientras mea y al mismo tiempo examina las burbujas.

Débil: Busca desesperadamente entre la camisa y el pantalón y luego renuncia.

Despreocupado: Mea en el lavabo si todas las tazas están ocupadas.

Distraído: Se desabrocha el chaleco, se saca la corbata y se mea en los pantalones.

Fanfarrón: Se desabrocha cinco botones para sacársela cuando con desabrochar sólo dos sería más que suficiente.

Infantil: Dirige el chorro hacia arriba y hacia abajo, intentando cazar moscas o tratando de llegar más alto.

Malvado: Deja escapar un silencioso pedo, luego olfatea y mira acusadoramente al vecino.

Nervioso: No encuentra la bragueta, desgarra el cinturón y se arranca los botones.

Práctico: Mea sin tocársela y mientras mea, se arregla la corbata.

Pulcro: Se la saca con un ligero pellizco y dirige el chorro tratando de limpiar la taza.

Sociable: Se junta con los amigos para una meada social y colectiva, tenga o no tenga ganas.

Soñoliento: Se mea dentro de los pantalones y hasta ensucia los zapatos. Luego se va con la bragueta abierta y no se da cuenta hasta que alguien se lo advierte.

Tímido: No puede mear cuando alguien le mira, hace como si ya hubiera meado, se cierra la bragueta y se escabulle sigilosamente.

ESTABA DECIDIDO A GANAR PERO AQUÍ NADIE RESPETA MIS DECISIONES.

UN TRATADO DE PAZ IMPRESIONA MÁS CUANDO LLEVA DOS FIRMAS.

−¿Por qué la cerveza americana se sirve tan fría?
−*Para no confundirla con pis.*

Políticos

—Las cosas están muy mal, presidente.

—*Mira, viejo: las cosas están realmente mal cuando vas a la plaza y las palomas están alimentando a la gente. ¿Has visto alguna paloma alimentando a la gente? Bueno... no estamos tan mal, entonces.*

La manicura era bellísima.

El político atacó.

—*¿Qué tal si después tomamos un trago?*

—Estoy casada.

—Bueno, llamá a tu marido y decile que vas a dormir a la casa de una amiga.

—*Dígaselo usted: es el que lo está afeitando.*

No querían mucho al ministro.

—Desde chico supo que podría ser lo que quisiese.

—Sí... y eligió ser un hijo de puta.

—¿En qué se parecen las putas y los políticos?

—No sé.

—Por una buena cantidad de dinero los dos te chupan hasta dejarte seco.

Era hijo único y ni así consiguió ser el favorito de sus padres.

Dos políticos del partido en el gobierno en la Argentina.

—*Flaco, ¿sos boludo? Con la miseria que hay vos vas por ahí haciendo ostentación con una caja de habanos. ¿Estás en pedo, boludo?*

—¡Qué haciendo ostentación! ¡Me estoy mudando, pelotudo!

—Las cosas están tan mal que en esta casa no hay ni un gramo de comida.

—*¿Y qué hacen aquellos ratones en el rincón?*

—Ah, ¿ésos? Sólo duermen aquí. Comen afuera.

Las máquinas de fax pueden tener un gran efecto sobre los políticos.

Alguien envió un fax a todos los senadores y diputados.

Cada fax era exactamente igual. Tenía este texto:
"La prensa descubrió todo."
En menos de treinta minutos, las dos Cámaras *quedaron vacías.*

Dos leones escaparon del zoológico.
Se separaron en la noche en direcciones opuestas.
Dos meses después volvieron a encontrarse.
–¿Cómo te las arreglaste para comer?
–Fue difícil, ¿y vos?
–A mí me resultó facilísimo. Me metí en el Congreso y me comí un político por semana. Creo que tardarán años en advertir que falta alguno.

Decían de Pinochet:
–Mira cómo será este tipo, que de chico sus padres lo encerraron en el placard y él, hasta los 15 años, pensó que era un sobretodo.
–Cómo será Pinochet que cuando fue a ver *Blancanieves*, hinchaba por la bruja.

–Dirás lo que quieras pero Pinochet no conoce el significado de la palabra miedo.
–Es verdad: en realidad tampoco conoce el significado de otras diez mil palabras.

–Presidente, ¿cuál cree usted que es la más grande invención de los últimos tiempos?
–Sin duda, la computadora. Con la computación se cometen tantos errores como siempre, pero ahora nadie tiene la culpa. ¡Eso me parece lo mejor!

LA POLÍTICA ES COMO EL SEXO.
NO HAY QUE SABER HACERLO PARA DISFRUTARLO.

—————

–¿QUÉ SE OBTIENE SI SE CRUZA UN POLÍTICO ARGENTINO CON UNA PUTA TAILANDESA?
–No sé.
–SÍFILIS.

—————

DEMASIADO AL ESTE *ES EL OESTE.*

—————

TENGO EL CABELLO MUY SEDOSO. *LO MALO SON LOS GUSANOS.*

—————

Prohibiditos

–Dime, Manolo, ¿cuánto me cobras por un lavado de cabeza?
–*Y... cinco pesos.*
–Ajá... ¿y por la polla entera?

–¿POR QUÉ UN QUESO ESTÁ CORRIENDO POR LOS BOSQUES DE PALERMO?
–*POR SALUT.*

GUARDAESPALDAS... *¡LA VIDA ESCOLTA!*

–¿DE QUÉ SE MURIÓ LA MADRE DE KUNG FU?
–*DE KUNGFUNTIVITIS.*

VENTAJAS DEL ALTZHEIMER: *AMIGOS NUEVOS CADA DÍA.*

DIOS DIJO:
–¡¡¡NO, GALLEGO NO TOQUES ESOOOOO!!!!
Y ENTONCES ¡BIG BANG!

–¿Qué es chiquito, rojo, negro, tiene plumas y es peligroso?
–*Un pollito sith.*

Un tipo es detenido por un oficial de policía por exceso de velocidad.
–¡Documentos! Tengo que hacerle una multa.
–*Jefe, perdone, la verdad es que no me di cuenta de la velocidad. Deme otra oportunidad, por favor.*
–Okey. Como yo soy amante de las adivinanzas, le voy a hacer una, si usted adivina no le pongo la multa.
–*¡Muy bien, dígame!*
–Es de noche, usted ve a lo lejos dos faros de forma redonda. ¿Qué es?
–*¡Pues yo diría que es un auto!*
–Síí, pero es muy general, podría ser un Mercedes, un BMW o un Honda. Bueno le tengo que poner la multa.
–*¡No, por favorrr, una más, deme otra oportunidad!*
–Está bien. Es de noche, a lo lejos ve un faro de forma cuadrada, ¿qué es?
–*Pues yo diría que puede ser una moto.*
–Síí, pero es muy general, podría ser una Kawasaki, una Harley o una Suzuki. Ahora sí le tengo que poner la multa.
–*Está bien, colóqueme la multa, pero antes quiero hacerle una adivinanza a usted, visto que le gustan mucho.*
–Muy bien dígame.
–*Es de noche, al lado de la carretera ve unas mu-*

242

jeres. ¿Qué son?
–Pues yo diría que son prostitutas.
–Sííí, pero es muy general, podrían ser su madre, su mujer, su hermana.

Entra un pato en un bar y dice:
–Un sándwich de milanesa y una Coca, por favor.
El barman se queda estupefacto y con la voz temblorosa le dice:
–¿Cómo puede ser que un pato hable?
–¿Y qué?, ¿usted no habla acaso?
–Sí, bueno... ¿Y cómo decidió honrarme entrando en mi bar?
–Es que trabajo de albañil en la obra de acá a la vuelta y vine a comprar la comida. ¿Qué tiene de raro?
El Pato paga y se va. Acto seguido el barman se va corriendo al circo y le cuenta lo sucedido al dueño. Juntos se van para la obra a buscar al pato y lo encuentran fratachando una pared. El dueño del circo le dice:
–Por favor, señor pato, véngase conmigo a trabajar en el circo.
–¿Y para qué necesitan a un albañil en el circo?

Estaba el tigre en medio de la selva, cuando pasa la jirafa y lo ve puliéndose las uñas con mucho esfuerzo. Le pregunta:
–Tigre, ¿qué hace?
–Arreglándome las uñas para cuando venga el león, matarlo.
Al rato pasa el mono y le pregunta:
–Tigre, ¿qué hace?
–Preparándome las uñas para destrozar al león.
Pasa el elefante:

–¿QUÉ LE REGALÓ BATMAN A LA MAMÁ EN EL DÍA DE LA MADRE?
–UNA BATI-DORA.

–¿POR QUÉ LA BOMBITA TIENE PANZA?
–PORQUE VA A DAR A LUZ.

–¿QUÉ ES UN PUNTO DENTRO DE UN ATAÚD?
–UN PUNTO MUERTO.

–LA VIDA ES DEMASIADO CORTA COMO PARA LIDIAR CON GENTE IDIOTA, ¡IDIOTA!

–¿CÓMO SE ESCRIBE CERO EN NÚMEROS ROMANOS?

—Tigre, ¿qué hace?
—*Arreglándome para arrancarle la cabeza al león.*
Pasa la cebra:
—Tigre, ¿qué hace?
—*Preparándome para acabar con el león.*
Pasa el león:
—*Tigre, ¿qué hace?*
—¡Aquí, mariconeando nomás! ¡Je!

Hay un borracho en la barra de un bar tomando los últimos vasos de vino que su cuerpo soportaría esa noche. Cuando termina el último, le vienen unas ganas enormes de vomitar y no encuentra mejor recipiente que el gran vaso de vino que bebía.
El encargado del bar se lo lleva al baño para que termine de vomitar.
En ese mismo momento entra al bar el gallego Muleiro, sediento.
Ve el vaso en la barra y se lo bebe...
Lo saborea y le grita al barman:
—¡Jefe!.. ¡Otro clericó! Pero esta vez no le ponga tanta mortadela.

—¿Cuál es la diferencia entre la menstruación y la arena?
—*Que con la arena no se puede hacer gárgaras.*

—¿Oye, Pepe, tú sabes cuál es la diferencia entre el papel higiénico y la cortina del baño?
—*Pues no.*
—¡Ajá! ¡Entonces has sido tú, gallego de mierda!

—¿En qué se parecen los carteros y los huevos?
—*En que golpean, pero nunca entran.*

¿Qué le dijo?

–¿Qué le dijo el gato a la gata?
–*Vamos a joder un ratón.*

–¿Qué le dijo el ratón a la rata?
–*Hagamos un ratito.*

–¿Qué le dijo la pelota a la raqueta?
–*Lo nuestro es imposible, siempre me estás pegando.*

–¿Qué le dijo el azúcar a la leche?
–*Estando contigo me derrito.*

–¿Qué le dijo el sordo al sordo?
–*¿Es que no he hablado claro?*

–¿Qué le dijo la vagina al pene?
–*¿Qué hacés ahí parado? ¡Entrá!*

–¿Qué le dijo la leche al chocolate?
–*Vos te hacés el valiente porque venís en barra.*

–¿Qué le dijo la oreja al dedo?
–*Pasá que ya está encerado.*

–¿Qué le dijo una mosca a la otra?
–*Te invito a mi caca.*

–¿QUÉ LE DIJO UN HUEVO AL OTRO?
PARECE QUE VA A LLOVER: EL PELADO SE PUSO EL PILOTO.
TRAELE UNA SILLA AL FLACO QUE ESTÁ PARADO.
ESTE FLACO SIEMPRE NOS DEJA AFUERA.

–¿QUÉ LE DIJO UNA NALGA A LA OTRA?
–*¿QUÉ MIERDA PASA ENTRE NOSOTRAS?*

Quirófano
Frases que odiaríamos escuchar en un quirófano

Mejor guarden eso, lo vamos a necesitar
para la autopsia.

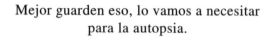

*Acepta este sacrificio, ¡¡oh, Gran Maestro de las
Tinieblas!!*

¡Agarren a ese gato y traigan lo que se llevó!

*A ver, enfermera, dígame: si éste es el páncreas...
¿¿¿esto qué es???*

¡Pero!, ¿este paciente no era el del cambio de sexo?

*¡Ay, se me fue la mano!... ¿saben si alguien antes
sobrevivió a 500 milímetros de esto?*

¡Nadie se mueva! ¡Perdí mis lentes de contacto!

*Pagan muy bien por los riñones y...
¿éste para qué quiere dos?*

¡Uf! ¡Qué cagada! ¡Te juro que detesto cuando se
me cae algo aquí adentro!

PREGUNTA MULEIRO:
–¿PARA QUÉ QUIERO
UNA PENTIUM SI YA
TENGO TOSTADORA?

EN UNA TRAGEDIA RU-
SA TODOS MUEREN. EN
UNA COMEDIA RUSA
TAMBIÉN MUEREN TO-
DOS... PERO FELICES.

DESDE LUEGO, LA ÚNI-
CA SOLUCIÓN RACIO-
NAL A TU PROBLEMA
ES EL SUICIDIO.

Quisquillosos

–Oye, Manolo: ¿tú conoces a la novia de Paco?
–*Sí, es muy mona.*
–¿Cómo, exactamente?
–*Pues bajita, encorvada, manos enormes y muy, muy peluda.*

–*¿Cuál es el colmo de un barman?*
–Ni idea.
–*Tener una enciclopedia y no saber qué tomo.*

–Manolo, ¿sabes cuál es el colmo de la gana de discutir?
–*Pues sí: decirle a otro que dos más dos son tres cuando sabes perfectamente que son cinco.*

–¿Qué le dijo un español a un chino?
–*¡Hola!*
Y el chino le respondió:
–*Las dos en punto.*

La gallega pasaba todos los días por la puerta de una veterinaria. El loro le gritaba:
–*¡Gallega! ¡Qué fea eres! ¡Qué fea eres!*
A la mañana siguiente se encontró el mismo loro y le volvió a decir:
–*¡Gallega! ¡Qué fea eres! ¡Qué fea eres!*
La gallega no aguantó y entró en la tienda:
–¿Usted es el dueño? Si ese loro me sigue insultando, lo voy a demandar y haré que le quiten el loro.
El dueño se disculpó una y otra vez y prometió que se aseguraría de que el loro no se lo volviera a repetir.

–¿QUÉ LLEVAS PEGADO A LA CARA?
–¡LO QUE ME SALE DE LOS HUEVOS! –RESPONDIÓ ALIEN.

ENTRE PERROS, AÚN EL DE MEJOR RAZA ES UN HIJO DE PERRA.

LAS TORTUGAS VIVEN ALREDEDOR DE 450... METROS.

Cuando la mujer pasó por la tienda esa misma tarde, el loro la llamó:

–*Oiga, señora...*

–*¿Sí?*

–*¡Usted ya sabe!*

–*¿Cuál es la diferencia entre "Preocupación" y "Pánico"?*

–"Preocupación" es la primera vez que no lo puedes hacer *a la tercera*. "*Pánico*" es la tercera vez que no lo puedes hacer a la *primera*.

CONECTARSE A INTER-NET CUESTA UN WEB-O.

–BUENO, Y CUANDO LO SEPA TODO, ¿A QUÉ ME DEDICARÉ?

UN DÍA SIN SOL ES CO-MO... *NOCHE.*

EJECUTIVO AGRESIVO BUSCA *MONEDAS ANTI-GUAS PARA PARTIRLES LA CARA.*

–*¿Qué es una lesbiana?*

–Una mujer indecisa... porque no sabe *qué coño quiere.*

Encuesta callejera:

–¿Usted, qué opina de la soledad, señora?

–*La verdad es que no me gusta meterme con la gente, pero para mí que* es una cerda.

Viva ahora: ya tendrá un montón de tiempo luego para estar muerto.

Una guerra puede comenzar por un pequeño detalle... *como ser un puntito en el cielo tirando bombas.*

Religiosos

Una monja iba caminando con un grupo de alumnas internas por el parque. De pronto ve un hombre desnudo tirado por el pasto boca arriba.

La monja, preocupada, piensa que sus alumnas no deben ver esa vulgaridad y decide sentarse sobre el hombre y taparlo con su hábito.

Al poco tiempo después comienza a decir:

¡Ay, San Marcelino, algo siento que no adivino!

¡Ay, San Pantaleón, me está rompiendo el calzón!

¡Ay, San Fernando, siento que me estoy mareando!

¡Ay, San Bernardino, siento que me orino!

¡Ay, Santa Teresa, qué hermosa cabeza!

¡Ay, Santa Brígida, qué cosa más rígida!

¡Ay, Santa Marta, le calculo más de una cuarta!

¡Ay, Santo Tomás, ya no aguanto más!

¡Ay, San Alejo, me está rompiendo el pellejo!

¡Ay, San Ciriaco, me la meto me la saco!

¡Ay, Santa Magdalena, qué rica melena!

¡Ay, San Clemente, me turba la mente!

¡Ay, San Benito, qué es esto tan bonito!

¡Ay, San Antonio, que esto no sea el demonio!

¡Ay, San Juan, siento calambres que vienen y van!

¡Ay, San Orlando, siento que me estoy regando!

¡Ay, San Marcos, ya estoy sintiendo los charcos!

¡Ay, San Vicente, siento algo muy caliente!

¡Ay, Santa Canuta, me estoy volviendo una puta!

¡Ay, San Agustín, esto es el fin!

¡Ay, San Jeremías, me siento aquí todos los días!

¡Ay, Santo Tomás, quiero *más y más y más!*

—Perdóneme, padre, porque he pecado.

—Bueno, hija, cuéntame tus pecados.

—El otro día estaba caminando por la calle cuando me encontré con un viejo amigo. Fuimos a tomar un café, empezamos a charlar, fuimos a su apartamen-

MSDNFJHWKW4JQDWE RJÑQWELQ2ELDLD`WL W D M L P U O R E N ÑÑMMAM0999 ¡'¡',MJHHGBN —MIRA, MAMÁ: ¡YA SÉ TECLEAR A CIEGAS!

to e hicimos el amor. Y como yo soy tan *frúgil...*
—*Frágil, hija, se dice frágil.*
—Bueno, al día siguiente estaba sentada en la plaza cuando de repente se aparece otro amigo. Empezamos a charlar. Terminamos en mi apartamento e hicimos el amor. Y como yo soy tan *frúgil...*
—*Frágil, hija, frágil.*
—Y ayer estaba con mis amigas cuando se apareció mi novio. Empezamos a conversar. Después fuimos a su apartamento y como yo soy tan... tan... ¡ay! ¿Cuál es esa palabra, padre?
—*¡Puta, hija, puta!*

Un sacerdote se bañaba en el río cuando de repente pasaron algunos jóvenes feligreses por el lugar que al verlo le gritaron:
—¡Ajá, padre! Con que masturbándose, ¿eh?
—*Joder, hijos, ¡cada quien se lava el miembro a la velocidad que quiere...!*

El cura joven llega a la parroquia y el cura viejo, para ir entrenándolo le dice que se haga cargo del confesionario.
—*Padre, yo no tengo experiencia en el confesionario. Soy muy joven en esto. No sabría qué penitencia poner a cada pecador y podría equivocarme.*
—No te preocupes, hijo. Te voy a hacer una lista de pecados y de penitencias.
Así lo hizo y al llegar el domingo, el cura joven se hace cargo del confesionario. Varios minutos después de entrar en el mismo, llega una joven a confesarse:
—Padre, vengo a confesarme porque he pecado.
—*Muy bien, hija. Cuéntame tus pecados.*
—Sucede padre que anoche me quedé sola con mi novio en la sala de casa, él se sacó su cosa y yo me la metí a la boca...
Rápidamente el curita revisa su lista, pero no en-

cuentra el pecado por ningún lado.

–Un momento, hija.

Sale del confesionario y se dirige donde el padre viejo, que está desayunando y distraído.

–Padre, perdón, ¿cuánto por una mamada?

–Yyyyy... ¡Dale veinte pesos!

El padre Manolo conduce el coche hacia su parroquia, cuando en la carretera se encuentra con una monja conocida.

–Madre, suba que la llevo al convento.

La monja sube y se sienta en el asiento del copiloto, hace un cruce de piernas y el hábito se le abre un poquito y se le ve la pierna. El padre se le queda mirando y sigue conduciendo. Al rato le toca la pierna y la monja le dice:

–Padre, acuérdese del Salmo 129.

El padre le pide disculpas y sigue conduciendo. Al rato otra vez le toca la pierna y la monja le dice:

–Padre, acuérdese del Salmo 129.

El padre se excusa diciendo:

–Perdóneme, hermana, pero usted sabe que la carne es débil.

Después de un rato la monja se baja. El padre llega a su parroquia y se va rápidamente a buscar en la Biblia el *Salmo 129.* Encuentra el salmo y decía: *"Seguid buscando y allá arriba encontraréis la Gloria...".*

La Virgen María y San José llegan a Judea:

–¡Anda, Sanjo, déjame salir esta noche, porfa!

–No, mujer.

–Sí, porfa.

–Bueno, pero regresa temprano.

A las 2 de la madrugada llaman a la puerta:

–¿Quién es? ¿Eres tú, Virgen María?

–Simplemente María...

–¿CÓMO SE HACE MILLONARIA LA COMPAÑÍA TELEFÓNICA?
–PASO A PASO.

–¿CÓMO SE LLAMA LA MUJER DEL QUE INVENTÓ EL CHUPA CHUS?
–CHUS.

ESTÁ BIEN SER ABSTEMIO. PERO CON MODERACIÓN.

NO QUIERO TRABAJAR COMO CONDUCTOR DE AUTOBÚS, PORQUE NO ME GUSTAN LAS COSAS PASAJERAS.

Ridículos

–¿CUÁL ES EL SANTO DE LOS ACCIDENTES DE TRÁNSITO?
SAN POTRAO

– – – – – –

–¿PARA QUÉ HACER INFELIZ A UNA SOLA MUJER CUANDO SE PUEDE HACER FELIZ A MUCHAS?

– – – – –

–SI EL MUNDO ES UN PAÑUELO, NOSOTROS... ¿QUÉ SERÍAMOS?

– – – – –

ALGUNOS MATRIMONIOS ACABAN BIEN; OTROS, DURAN TODA LA VIDA.

– – – – – –

–No puedo salir de casa. Tengo a los acreedores esperándome fuera porque les debo 9 millones.
–¿Y por qué no cambias de imagen? ¿Por qué no te dejas barba?
–No, ¡con barba les debo 18 millones!

–Tengo 25 ovejas y no tengo macho, ¿qué puedo hacer, Pepe?
–Pues llévatelas al monte, las cubres tú, y si al día siguiente están al sol, están preñadas y si están en la sombra, es que no.
El Paco las cargó en su camioneta y se las llevó, y procedió con las ovejas. Al día siguiente le pregunta a la mujer:
–¿Dónde estan las ovejas? ¿En el sol o en la sombra?
–En el sol.
Así que Paco procedió a cargarlas en la camioneta y se las llevó un día, otro, un mes, otro... otro mes. Hasta que volvió a preguntar a la mujer:
–¿Dónde estan las ovejas? ¿En el sol o en su sombra?
–No están ni al sol ni a la sombra. Desde las 5 de la mañana están en la camioneta tocando el claxon.

Miles
El gallego Muleiro se fue un día a la peluquería.
Tardó ¡siete años en volver a su casa!
Lo recibió su esposa:
–¡¡¡Pepeeee!!! ¿Dónde te metiste? ¡Me dijiste que ibas a la peluquería!
Muleiro juntó las puntas de los dedos de la mano y contestó:
–Es que estaba ¡así de lleno!

¡Ring, ring!

¡Ring, ring!
–*Ayuda al suicida, buenas tardes.*
–Buenas tardes. Ustedes ayudan al suicida, ¿verdad? ¿Podrían ayudarme, por favor?
–*Desde luego. Tranquilícese, ¿qué le sucede?*
–Necesito que me ayuden a *conseguir un crédito* para comprarme un revólver.

¡*Riiiinnnng!*
–*Oiga, ¿es la Real Academia de la Lengua?*
–No, ¡pero como si lo *fuesiérase*!

¡Ring, ring, ring!
Hola, no puedo ponerme ahora al teléfono porque... bueno, sí, o sea, sí puedo, ahora sí puedo ponerme, de hecho estoy grabando este mensaje, lo que quiero decir es que lo estoy haciendo ahora... o sea... antes... bueno, que cuando usted lo escuche luego, que será ahora... no... luego... no, espere, usted está escuchando esto luego, digo ahora... no... la estoy cagando... Joder, esto es un lío. ¡Biiiip!

¡*Ring, ring!*
–¿Hola?
–*Muy buenas, ¿es el uno-uno-uno-uno-uno-uno?*
–No, esto es el once-once-once.

–Hola, ¿cuál es su apellido?
–*Zchernotsiki-Sryzymbawchuk.*
–Pero... ¿me podría decir cómo se escribe?
–*Con un guión en el medio.*

¿QUÉ CULPA TENGO YO DE QUE EL TIPO TENGA LOS PIES GRANDES? *LA MISMA PIEDRA*

SALVARÍA A LAS BALLENAS SI SUPIERA *DÓNDE PONERLAS.*

EL DINERO NO TRAE LA FELICIDAD, PERO CUANDO SE VA, *SE LA LLEVA.*

EL TIEMPO ES EL MEJOR MAESTRO. LÁSTIMA QUE MATE A *TODOS SUS ALUMNOS.*

NACEMOS DESNUDOS, HÚMEDOS Y HAMBRIENTOS. DESPUÉS LA COSA *EMPEORA.*

Rubias

–¿En qué se parecen un filósofo y una rubia?
–*En que al filósofo le pasan muchas cosas por la cabeza y a la rubia muchas cabezas por la cosa.*

–¿Por qué se dice que las rubias tienen las tetas de agua?
–*Porque cuando se las tocan se mojan.*

–¿Cuál es la diferencia entre una rubia y un hombre?
–*La rubia tiene más semen.*

–¿Cómo podés saber si le gustás a una rubia?
–*Si se acuesta con vos dos noches seguidas.*

–¿Por qué una rubia enterró su permiso de conducir?
–*Porque había expirado.*

–¿Por qué una rubia no escucha la radio después de las 12?
–*Porque tiene una radio AM.*

–¿Cuál es la diferencia entre una rubia y un perro gimiendo en la puerta de la casa?
–*El perro para de gemir cuando lo dejas entrar.*

Una rubia queda embarazada por segunda vez y le pregunta a su marido:
–*¿Tenemos que casarnos otra vez?*

Sexo

—Me fui de vacaciones con Andrés, volvimos ayer. *¡Stuff!* (escupe), ¡qué bien maneja ese hijo de puta! Veníamos de Rosario por la ruta y *¡stuff!*, ¡qué bien maneja ese hijo de puta! Delante de nosotros había dos camiones *¡stuff!*, ¡qué bien maneja ese hijo de puta! Entonces Andrés gira a la izquierda para *¡stuff!*, ¡qué bien maneja ese hijo de puta! pasarlos y justo venía un autobús de esos gigantes de dos pisos, *¡stuff!* ¡qué bien maneja ese hijo de puta! Gira igual. Yo me cagué todo y le dije: "Pará, que no pasamos" *¡stuff!*, ¡qué bien maneja ese hijo de puta! Y él me contestó: "¡Sí que pasamos!" *¡stuff!*, ¡qué bien maneja ese hijo de puta!

Y yo le dije: "¡¡¡No vamos a pasar!!! Si salimos de ésta, te chupo la polla!". *¡Stuff!*, ¡qué bien maneja ese hijo de puta!

—*Doctor, cada vez que hablan de comida, acabo.*
—¿Eso le pasa a *menudo*?
—*¿Menudo? ¡Aaaah! ¡Mmmm! ¡Aaaah!*

En el cine:
—*¡¡Acomodador, acomodador! ¡Me están chupando el nabo!*
—Mentiffffra, mentifffra.

—Paco, ¿te gustan las almejas con limón?
—*Sí, pero a mi mujer le arde.*

Superman tenía ganas de tirarse a la Mujer Maravilla desde hacía mucho tiempo. Un día la ve en la

—SABES, ¿CÓMO SE LLAMA EL HIJO DE MOJHAME PRIMERO?
—NI IDEA.
—SECAME DESPUÉS.

UN DIABÉTICO, ¿PUEDE IR DE LUNA DE MIEL?

SI UN LIBRO SOBRE FRACASOS NO SE VENDE, ¿ES UN ÉXITO?

azotea de un edificio desnuda y gimiendo.

–Le echaré un polvito rápido con mi súper-velocidad y me voy sin que se dé cuenta.

En un vuelo veloz, baja hasta donde está la Mujer Maravilla y le da tan rápido que ella ni se entera.

La Mujer Maravilla, asombrada, pregunta:

–Oh... ¿Qué ha pasado?

Y el Hombre Invisible le contesta:

–No sé, pero me arde el culo una barbaridad.

–¿Cuál es la diferencia entre un heterosexual y un bisexual?

–Quince cervezas.

Un tipo en un urinario le pregunta a su vecino:

–Oiga, ¿usted es judío?

–Eh... pues sí...

–¿Y de Sudbury?

–Sí... ¿Cómo lo sabe?

–Espere, espere; sus padres iban al templo de Immanuel, ¿a que sí?

–Sí, ¿pero usted cómo puede saber todo esto?

–Es que el rabino Minski de ese templo es el único que hace las circuncisiones cortando en ángulo, ¡y usted me está meando los zapatos!

–¿Sabes, María? ¡Mi marido es mesero!

–¿En qué restaurante trabaja?

–No, es mesero: ¡sólo me hace el amor una vez al mes!

Un cazador iba por la selva cuando de repente ve un indio con un 'aparato' enorme que empieza a saltar hacia adelante al grito de:

–Tonga poronga, tonga poronga...

Luego aparece otro indio de atrás con un 'aparato' inmenso pero un poco más chico que el del primero, se lo clava al primer indio por atrás y los dos van saltando hacia adelante al grito de:

–*Tonga poronga, tonga poronga...*

Después sale otro con un 'aparato' un poco más chico, se lo clava por detrás al segundo y siguen los tres saltando hacia adelante al grito de:

–*Tonga poronga, tonga poronga...*

Y así se van sumando varios indios, cada vez con el 'aparato' más chico, hasta que aparece uno con un 'aparatito' mínimo que casi no se veía. El cazador, pensando que el próximo indio tendría uno tan chiquito que ni la sentiría, se anima y se la clava al último indio de la fila. Y así se van todos saltando hacia adelante al grito de:

–*Tonga poronga, se cierra la ronda, tonga poronga, se cierra la ronda...*

Había una vez un culito que corría por todas partes a causa de un pitito que lo perseguía por tódos lados. Era así que el culito huía desesperadamente, hasta que ve a la distancia una pequeña carpita donde se encontraba una bruja; entonces el culito corrió utilizando el último puñado de fuerzas que le quedaba.

Entra en la carpita y le dice a la bruja:

–*Señora bruja, necesito que me convierta en algu-*

na cosa porque hay un pitito que me quiere violar; por favor conviértame en algún animal.

A lo que la bruja responde:

–Bueno, culito, en lo único que te puedo convertir es en un pajarito.

–Sí, sí, por favor hágalo.

Entonces la bruja realiza un pequeño pase de magia y convierte al culito en un hermoso pajarito.

Éste sale volando y se posa en la rama de un árbol, contento con su nueva apariencia.

Al rato se lo ve al pitito deambulando en busca del culito, hasta que ve en el árbol a un hermoso pajarito. Lo mira con desconfianza y le dice:

–¡Yo a ti te conozco!

–No, a mí no...

–¡¡Sí, yo a ti te conozco!!

–No, nunca nos habíamos visto, así que no puedes conocerme.

–¡¡Sí, yo a ti te conozco!!

–Te dije que no.

–A ver, canta un poco.

–Pprrrrrruuuuuu...

Una profesora pide a sus alumnos una composición corta y les propone que trabajen con conceptos como religión, nobleza, sexo y misterio.

Al día siguiente recibe el trabajo de Manolito:

–"¡Ohh, Dios mío!", dijo la condesa. "¡Estoy embarazada!... ¡y no sé de quién!".

–Paco sufre de sordera testicular...

–¿Cómo es eso?

–Oye bien... pero *se hace el boludo*.

El sexo tendría que ser como los juicios: *oral y público*.

Siglo XXI

El ingeniero Julián Khan era un hombre tímido y algo introvertido.

Ahorró dinero durante años hasta que consiguió realizar el sueño de su vida: un crucero.

Era la cosa más alocada que había hecho hasta entonces. Comenzaba a disfrutar del viaje cuando un huracán dio vuelta el barco. *Naufragio total.*

El joven consiguió agarrarse a un salvavidas y llegar a una isla aparentemente desierta y muy remota. Se encontró con una escena bellísima: saltos de agua, algunos árboles frutales, palmeras...

Se sintó desesperado y completamente abandonado. Pasaron varios meses, y un día apareció, remando, una bellísima joven.

—Yo soy del otro lado de la isla. ¿Tú también estabas en el crucero?

–¡Sí, estaba!

—Yo me llamo Gloria. ¿Cómo te llamas?

–Yo soy Julián. Pero ¿dónde conseguiste ese bote?

—Saqué alguna rama de los árboles, sangré un poco de caucho, reforcé las ramas e hice los remos con madera de eucalipto.

–Pero... ¿con qué herramientas?

—Bueno, encontré una capa de material rocoso, formada por aluviones. Descubrí que calentando este material a cierta temperatura, adquiere una forma muy maleable... Pero ¿dónde has vivido todo este tiempo? No veo nada parecido a un techo.

–Para ser franco, he dormido en la playa...

—¿Quieres ver mi casa?

El hombre aceptó, algo renuente y siempre tímido. La joven remó con enorme destreza. Cuando llegó a "su" lado, se encontraron con una hermosísima cabaña.

—No es mucho, pero es mi hogar.

Una vez adentro, lo invitó:

—Siéntate, por favor. ¿Aceptas una bebida?

EL GALLEGO MANOLO ES TAN FEO QUE CUANDO ENTRA A UN BANCO APAGAN LAS *CÁMARAS DE VIGILANCIA.*

LA GALLEGA PACA MULEIRO ERA TAN FEA QUE LE DABA MIEDO *ACOSTARSE SOLA.*

–¡No, gracias! ¡No aguanto más el agua de coco!

–Pero ¡no es agua de coco! Tengo un alambique rudimentario. ¡Podemos tomar auténticas "Piñas Coladas" o lo que quieras!

Se sentaron en el sofá de ella para conversar.

–¿Siempre usaste barba?

–No.

–Tengo una navaja encima del armarito del baño.

El hombre ya no preguntaba nada. Fue al baño y se afeitó con un complicado aparato hecho de hueso y conchas, tan afilado como una navaja.

Después tomó un buen baño, mientras se preguntaba cómo habría logrado tener agua caliente.

–¡Quedaste muy bien! Si no te molesta, subo al otro piso para ponerme algo más cómodo.

Julián bebió su piña colada. La muchacha regresó perfumada. Se había puesto un mini short verde.

–Bueno, Julián... ambos hemos pasado un largo tiempo sin ninguna compañía... ¿Te has sentido solitario? ¿Hay alguna cosa de la que tengas nostalgia? ¿Qué te hace mucha falta? ¿No te encantaría tener eso que hombres y mujeres necesitamos?

–¡¡¡Sííí!!!! ¡Hay algo que necesité más que nada todo este tiempo! Pero aquí era imposible.

–Bueno, ya no es más imposible, yo puedo hacer que tu deseo se haga realidad. ¿Me entiendes?

–¿Estamos hablando de lo mismo?

–Claro, hombre: hablo de lo que más nos hace falta cada tanto, ¿entiendes?

–¿¿¿Me estás queriendo decir que encontraste una manera de levantar los emails aquí, en la isla???

MANOLITO ERA UN BEBÉ TAN PERO TAN FEO, QUE LA MAMA LO TIRABA PARA ARRIBA Y CUANDO EMPEZABA A CAER, *SE HACÍA LA DISTRAÍDA.*

¡QUÉ DESPELOTE!
UN EUNUCO

EL SUPOSITORIO ES UNA ASPIRINA QUE SALIÓ PARA EL CULO.

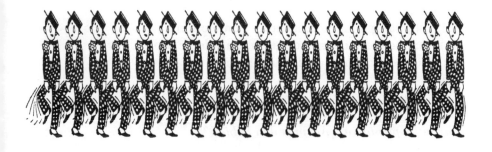

Simpáticos

Discusión matrimonial. Ella gritaba:

–*¡Si no fuera por mi dinero, este televisor no estaría aquí! Y si no fuera por mi dinero, ese sillón donde estás sentado no estaría aquí! ¡Si no fuera por mi dinero, la casa no estaría aquí!*

–¡Ay, María! ¡Si no fuera por tu dinero, *yo tampoco estaría aquí!*

–¿Ya le pusiste la silla al caballo, Manolo?
–*Sí, pero no quiere sentarse.*

–Hola, ¿hablo con el verdugo?
–*Sí.*
–Por favor, ¡no me cuelgue!

En un día de mucho viento, el policía gallego Manolo Muleiro atrapa a un ladrón. De pronto, se le vuela su gorra.

–Yo le voy a buscar la gorra, agente.

–*¡Pero, coño! ¿Crees que soy gilipollas? Si yo te dejo ir, tú te escapas y no regresas.*

–¡De ninguna manera! Vamos a hacer así: tú me esperas aquí en la esquina *¡y yo voy a buscarla!*

–¿Tú sabes qué come una virgen para desayunar, Paca?
–Pues no, Pepe.
–¡Me lo temía!

¿Noé incluyó termitas en el arca?

Un 7/8 de la gente no entiende las fracciones.

Sudáfrica

Un turista blanco en Sudáfrica quiere ir al cine. Se pone en una cola, y cuando llega a la boletería:

—¿Usted no es de aquí, verdad?

—No, he venido a pasar unos días.

—Vaya a la otra ventanilla. Ésta es para negros.

Se va a la otra ventanilla:

—¡Una platea!

—¿Usted no es de aquí, verdad?

—Pues no, he venido a pasar unos días.

—Los blancos van arriba, y los negros a platea. Así que usted debe ir a la general.

Saca entrada para la general.

Empieza la película y siente ganas de hacer pis.

—Acomodador, ¿dónde estan los baños?

—¿Usted no es de aquí, verdad?

—Pues no, pero quería ver la película, y he entrado. Ahora quiero mear, y no encuentro los baños.

—Aquí no hay. Cuando un blanco quiere mear, se acerca a la barandilla y mea. Para eso están los negros debajo.

—Pero oiga... yo no quiero hacer eso. ¡Es horrible! ¡Es asqueroso!

—No se preocupe, los negros están acostumbrados a estas cosas.

El pobre tipo piensa: *"Por lo menos ahora no me dirán que no soy de aquí. Como están las luces apagadas no sabrán quién es el que lo hace".*

Se acerca a la barandilla, y se pone a mear.

Entonces uno de los negros que estaban abajo le grita:

—¡¡Eh!! ¡¡Oigaaaa!! ¡El que está meandooo! ¿Usted no es de aquí, verdad?

—¡No soy de aquí! ¿Se puede saber que he hecho mal ahora? ¡Me han dicho que me ponga aquí y que mee a los negros que están abajo!

—Efectivamente, así es pero le han dicho ¡que los mee a todos, y no a mí solo!

EL GALLEGO MANOLO FUE AL MÉDICO CON UN AGUJERO DE BALA EN LA MANO IZQUIERDA.

—INTENTÉ SUICIDARME PEGÁNDOME UN TIRO.

—PERO NO PUEDE MATARSE PEGÁNDOSE UN TIRO EN LA MANO...

—ES QUE INTENTÉ DISPARARME EN LA CABEZA, PERO QUISE TAPARME LOS OÍDOS...

Tan, pero tan

El gordo Benítez era *tan, pero tan rico* que en la mano en vez de líneas *tenía bingos*.

El gallego Pepe era tan, pero tan largo que lo bautizaron *Continuará*.

Era una vaca *tan, pero tan flaca* que en vez de dar leche, *daba pena*.

El gallego Muleiro era un cazador tan pero tan malo que cuando salía a cazar, *las liebres en lugar de huir le pedían autógrafos*.

La Paca es tan pero tan vieja que conoció al rey de bastos *cuando era sargento*.

Míster John Mc Tee *era tan, pero tan rico* que sus hijos se lo comieron de postre.

El vasco Patxi era tan pero tan cabezón *que tenía dos piojos y no se conocían*.

–El negro López era tan pero tan supersticioso que se hizo carpintero.
–*¿Para qué?*
–Para tocar siempre madera.

EL SANTIAGUEÑO PINTOS ERA TAN PERO TAN PUNTUAL, *QUE ERA REDONDO*.

ERA UN PRADO TAN PERO TAN VERDE, QUE SÓLO PODÍAN PASTAR VACAS MAYORES DE 18 AÑOS.

ERA UN COCHE TAN PERO TAN MODERNO, QUE EN VEZ DE RADIO TENÍA DIÁMETRO.

ERA UNA ESCUELA TAN PERO TAN POBRE, QUE EL MAESTRO TENÍA QUE PONER TODO: *HASTA LOS ALUMNOS*.

Teléfonos

El gallego Muleiro llega a la clínica con las orejas quemadas.

–*¿Qué le pasó en las orejas, Muleiro?*

–Pues verá, doctor: estaba yo planchando mi camisa, cuando de repente sonó el teléfono, y en vez de agarrar el teléfono, agarré la plancha y me la acerqué a la oreja.

–*¿Y la otra oreja?*

–Es que la llamada se cortó, y aproveché para llamar a la ambulancia.

Contestador de un policía:
Todo lo que diga podrá ser utilizado en su contra.

Contestador de Bill Gates:
Le contesta la nevera, el contestador salió con la licuadora a bailar, deje su mensaje y lo pego a mi puerta con un imán.

Contestador de Santa Claus:
Has llamado al Polo Norte. Papá Noel está en estos momentos de vacaciones en Cancún. *Graba tus peticiones después de oír la señal.*

DOS GALLEGOS, CON PALAS, QUITAN LA NIEVE DEL CAMINO:
–OYE, ESTO ES DEMASIADO TRABAJO. ¿POR QUÉ NO QUEMAMOS LA NIEVE?
–¡SÍ, CLARO! ¿Y QUÉ HACEMOS LUEGO CON LAS CENIZAS?

ERA UN HOMBRE TAN PERO TAN AVARO, QUE PRESTABA ATENCIÓN CON MUCHO INTERÉS.

–PAPÁ, ¿EN QUÉ TRABAJA MAMÁ?
–¡CALLA, HIJO DE PUTA!

Telón

Sube el telón: Aparece una vaca mugiendo muy alterada.
Baja el telón.
¿Cómo se llama la película?
Muge res al borde de un ataque de nervios.

Primer acto: Un señor vende tortas.
Segundo acto: El mismo señor vende tortas en otra esquina.
Tercer acto: El mismo señor vendiendo limonada.
¿Cómo se llama la obra?
El extortista.

Sube el telón: Aparece un esqueleto con una etiqueta en la que se leía: 2.995 pesos.
Baja el telón.
¿Cómo se llama la película?
La muerte tenía un precio.

Primer acto: Una mujer haciendo sumas y restas.
Segundo acto: Una mujer filosofando.
¿Cómo se llama la obra?
Misión imposible.

Primer acto: Una señora subiendo las escaleras con la bandeja llena de tintos.
Segundo acto: La misma señora arriba, en las escaleras con la bandeja llena de tintos.
Tercer acto: La misma señora bajando las escaleras con la bandeja vacía.
¿Cómo se llama la obra?
Bajo sin tintos.

¡RING, RING, RING!
—ATENCIÓN AL SUICIDA GALLEGO: *¡UN MOMENTO POR FAVOR!*

PACO Y MANOLO QUERÍAN COMERSE EL ÚLTIMO QUESITO QUE LES QUEDABA. COMO ERA MUY PEQUEÑITO, DECIDIERON ECHARLO A SUERTES. PACO ESCONDIÓ LAS MANOS TRAS LA ESPALDA Y DEPUÉS SACÓ LOS PUÑOS CERRADOS.
—*VENGA, SI ADIVINAS EN QUÉ MANO ESTÁ, TE LO COMES TÚ.*
—PUES... ESTÁ EN LA MANO DEL QUESITO.
—*¡JODER, TÍO! ¡QUÉ SUERTE TIENES!*

Primer acto: Indiana Jones cruza la calle y lo pisa un auto.
Segundo acto: Indiana Jones cruza la calle y lo pisa un auto.
Tercer acto: Indiana Jones cruza la calle y lo pisa un auto.
¿Cómo se llama la obra?
Indiana Jones y la última "cruzada".

Primer acto: Un león intenta atacar a un mono, pero se van juntos de la mano.
Segundo acto: El mismo león intenta atacar a un rinoceronte, pero se van juntos de la mano.
Tercer acto: El mismo león intenta atacar a un elefante, pero se van juntos de la mano.
¿Cómo se llama la obra?
El gay león.

Primer acto: Un Rey en una biblioteca se lee todo lo que encuentra: enciclopedias, novelas, diccionarios, poemas.
Segundo acto: El mismo Rey pide que le traigan todos los libros del palacio para leerlos muy detenidamente y en soledad.
Tercer acto: El Rey lee *todos* los libros del reino.
¿Cómo se llama la obra?
El Rey león.

Primer acto: Monica Lewinsky ve que un sapo pequeño pasa por la cocina.
Segundo acto: Monica Lewinsky ve que un sapo pequeño pasa por el baño.
Tercer acto: Monica Lewinsky ve que un sapo pequeño pasa por la sala.
¿Cómo se llama la obra?
La Lewinsky besa pitos.

Primer acto: Una rana come caramelos y no le convida a nadie.
Segundo acto: La misma rana come alfajores y no le da a nadie.
Tercer acto: La misma rana embarazada.
¿Cómo se llama la obra?
El que come y no convida, tiene un sapo en la barriga.

Primer acto: Un té solo en una isla.
Segundo acto: Un té solo en una isla.
Tercer acto: Un té solo en una isla.
¿Cómo se llama la obra?
La isla del té-solo.

Primer acto: Un avión bombardea el Vaticano.
Segundo acto: 10 aviones bombardean el Vaticano.
Tercer acto: 100 aviones bombardean el Vaticano.
¿Cómo se llama la obra?
Puré de papas.

Primer acto: Un adolescente masturbándose en el baño.
Segundo acto: El mismo adolescente masturbándose en el baño.
Tercer acto: El adolescente está por acabar y justo entra su madre al baño.
¿Cómo se llama la obra?
Todo sobre mi madre.

Primer acto: Un pelo en un vaso de agua.
Segundo acto: El mismo pelo en un vaso de agua.
Tercer acto: El mismo pelo en un vaso de agua.
¿Cómo se llama la obra?
No me tomen el pelo.

--- --- --- --- ---
MENDIGO EN LA PUERTA DE LA MANSIÓN:
–¿PODRÍA DARME ALGO PARA COMER?
–VEAMOS... ¿SE COMERÍA UNA PAELLA DEL DÍA ANTERIOR?
–¡SÍ, CLARO QUE SÍ Y MUY AGRADECIDO!
–ENTONCES VUELVA MAÑANA POR AQUÍ.
--- --- --- --- ---

–¿QUÉ ES UNA RUBIA TEÑIDA DE NEGRO?
–INTELIGENCIA ARTIFICIAL.
--- --- --- --- ---

–¿QUÉ COME UNA RUBIA VIRGEN?
–COMIDA PARA BEBÉS.
--- --- --- --- ---

Primer acto: Un pájaro hace pipí en las garras de un león.

Segundo acto: Un pájaro hace pipí en las garras de un lobo.

Tercer acto: Un pájaro hace pipí en las garras de un tigre.

Cuarto acto: Un pájaro hace pipí en las garras de un enorme oso.

¿Cómo se llama la obra?

El pájaro me-agarras.

Primer acto: Varios putos en fila recorren la ciudad a toda velocidad, gritando, aullando y tirando papel picado.

Segundo acto: Varios putos en fila recorren la ciudad a toda velocidad, gritando, bebiendo champán y tocando cornetitas.

Tercer acto: Varios putos en fila recorren la ciudad a toda velocidad.

¿Cómo se llama la obra?

El tren bala.

Sube el telón: Una chica en top-less con los pechos mirando hacia fuera, uno a Oriente y otro a Occidente...

Baja el telón.

¿Cómo se llama la película?

Pocojontas...

―¿QUÉ OPINAN LOS GA-LLEGOS DE LOS CHISTES DE GALLEGOS?

―QUE SON GRACIO-SOS, PERO QUE PO-DRÍAN OFENDER A AL-GÚN TIBETANO.

EL DÍA DE MI MUERTE QUIERO ESTAR ABSO-LUTAMENTE VIVO.

LA CONTAMINACIÓN NO TE DA RESPIRO...

DEFINITIVAMENTE, EL AJEDREZ NO ES UN JUEGO DE DAMAS.

Primer acto: Una negra mirándose debajo de la blusa.

Segundo acto: La misma negra mirándose debajo de la blusa.

Tercer acto: La misma negra mirándose debajo de la blusa.

¿Cómo se llama la obra?

Se las vio negras.

Terapia

Dos políticos argentinos del mismo partido viven en el mismo edificio y en departamentos contiguos.
Uno tiene nueve hijos y el otro ninguno.

–¡Estoy desesperado, Ignacio!

–*¿Qué te pasa?*

–Mi mujer y yo nos hemos sometido a cientos de revisiones médicas.

–*¿Y?*

–Estamos los dos sanísimos y hemos probado de todo, pero los hijos no llegan... Vos en cambio tenés ¡nueve! ¿Cómo carajo hacés?

–*No es tan difícil como creés, Juan.*

–Bueno, viejo, ¡dame el secreto!

–*Bueno, pero tenés que seguirlo al pie de la letra.*

–De acuerdo.

–*Mirá, lo primero que tenés que hacer es comprarle un vestido nuevo a tu mujer.*

–¿Un vestido nuevo?

–*¿Vos querés resolver el tema o me preguntás por joder?*

–No, disculpá. Seguí...

–*Bueno... le comprás también un corpiñito y una bombachita de seda negra.*

–¿Estás seguro?

–*Y un portaligas. Vos dame bola. Después comprás champán importado. Bien helado. Un poquito de caviar, un poquito de salmón. Lo llevás todo al dormitorio. Ponés sábanas negras en la cama... ¡y música muy, muy romántica! Si es Luis Miguel, mejor. Perfumes en el aire, un poco de aceite para la piel, película porno...*

–¿Y...? ¿Después qué...?

–*Después das tres golpes en la pared...*

–¿Tres golpes en la pared?

–*Sí, tres golpes... ¡y ahí aparezco yo... desnudo y preparado para la solución definitiva! Te aseguro que es* ¡in-fa-li-ble!

–Oye, Paca, ¿conoces el chiste de la margarita?
–Lo conozco, no lo conozco, lo conozco, no lo conozco...

▬ ▬ ▬ ▬ ▬

–¡Qué raro! Por más azúcar que le pongo al café, no la veo.

▬ ▬ ▬ ▬ ▬

No es lo mismo blancas bolas de nieve, que Blancanieves en bolas.

▬ ▬ ▬ ▬ ▬

Tiernitos

En el jardín le preguntan al nene:
—Mi amor, ¿qué quieres ser cuando seas grande?
—*Quedo sed puto.*
—No mi amor, tú no puedes ser puto.
—*¡¡¡Sí, yo quedo sed puto!!!*
No lo aguantan más y lo mandan a la casa.
—*Hijo, ¿qué haces acá?*
—Me mandaron dei jardín podque dije que quedía sed puto.
—*Pero no mi amor, tú nunca vas a ser puto.*
—¡Yo quedo sed puto!
—*Escúchame bien, tú nunca, pero nunca vas a ser puto, ¿me entendiste?*
—¡Ufa! ¿Entonces puedo sed Mickey?

El diputado jamás tenía tiempo para estar en su casa. Pero un día su esposa se enfermó y tuvo que hacerse cargo de algunas tareas del hogar.
Por ejemplo, bañar a su hijito.
—*¿Viste cómo también podemos arreglarnos sin mamá?*
—Sí, papá. Pero mamá antes de meterme en la bañadera, me saca los pantalones, la camisa, los zapatos, las medias...

En la iglesia. Un grupo enorme de niñitos. El primero se va a confesar:
—*Padre, me bañé con esponjita.*
—Eso no es pecado, hijo, ve en paz.
El siguiente dijo lo mismo, y así quince más.
Al final se acerca una niñita:
—*Padre, vengo a confesarme.*
—¿Qué, tú también te bañaste con esponjita?
—*No, padre: yo soy Esponjita.*

Únicos

Pasó una moto y atropelló al gallego Paco.
–¡*Inclínenme, inclínenme!*
Dos o tres curiosos trataron de incorporarlo.
–*Por favor, ¡inclínenme!*
Hasta que apareció el gallego Manolo.
–Pero ¡no sean bestias! Hagan lo que el hombre pide. Inclínenlo: *¡llévenlo a una clínica!*

Un náufrago gallego llegó a una isla desierta.
No había nada de comida. A cinco metros, otra isla. Bajo una palmera, *dormía un mono rodeado de docenas de cocos.* Pero no podía llegar a la otra isla porque *el mar estaba repleto de tiburones voraces.*
El gallego pensó hasta que *se le ocurrió una idea.*
Si le tiraba una piedra, el mono se despertaría y seguramente *le arrojaría un coco.*
El gallego buscó una piedra, la arrojó con todas sus fuerzas y... *¡mató al mono!*

VA UN JOROBADO POR LA CALLE CANTANDO: –*SOY LA FLOR MÁS BELLA DE ESTE MUNDO...* SALTA UNO Y LE GRITA: –Y LO DE LA ESPALDA, ¿QUÉ ES? ¿LA MACETA?

Exploración en el salvaje Oeste con un guía gallego.
El gallego bajó de su caballo y pegó el oído al suelo.
–*Aquí estuvieron follando los búfalos.*
–¡Anda! ¿Y cómo lo sabes?
–*Oreja pegajosa.*

271

Usurpados

Existen tres clases de inteligencia: la inteligencia humana, la inteligencia animal *y la militar. (Aldous Huxley)*

—Carlos, ¿cómo te gustaría tu féretro?
—¡Qué sé yo, María! Déjame comer.
—Mi vida, ¿tú preferirías una mortaja azul o beige?
—¡Mujer, por favor!
—Carlos...
—Dime.
—¿Todavía tenemos esa parcela en el cementerio?
—Sí, María. Pero, ¿no ves que estoy comiendo?
—Mi amor...
—Sí... ¿Qué quieres, María?
—¿Qué tipo de corona te gustaría?
—¡Pero mujer!, ¿qué diablos te pasa? ¿Por qué me fastidias con esas preguntas tan tontas?
—Por nada, Carlos. Es que te eché cianuro en el pollo.
(De Isaac Asimov en *Tesoros del Humor)*

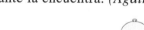

Un arqueólogo es el mejor marido que una mujer puede tener; mientras más vieja se pone, más interesante la encuentra. *(Agatha Christie)*

A mi edad cuando me presentan a alguien ya no me importa si es blanco, negro, católico, musulmán, judío, capitalista, comunista... me basta y me sobra con que sea un ser humano. Peor cosa no podría ser. *(Mark Twain)*

A un hombre sólo le pido tres cosas: que sea guapo, implacable y estúpido. *(Shirley MacLaine)*

SE PUEDE CONFIAR EN LAS MALAS PERSONAS: NUNCA CAMBIAN.
WILLIAM FAULKNER

AHORRO DEBERÍA ESCRIBIRSE SIN H... *PARA AHORRAR.*

AL SEIS LO INVENTARON EN *UN DOS POR TRES.*

ANARQUISTAS DEL MUNDO, *¡ORGANÍCENSE!*

Útiles

Sólo hay dos cosas infinitas: el universo y la estupidez humana. Y no estoy tan seguro de la primera. *(Albert Einstein)*

Si seguimos haciendo lo que estamos haciendo, seguiremos consiguiendo lo que estamos consiguiendo. *(Stephen Covey)*

–¿Cómo se hace gozar a una esposa en la habitación?
–*Se le dice: "¡Qué lindas sábanas compraste!".*

–¿Por qué a las gallegas se les florecen las puntas del cabello?
–*Porque tienen tierra en la cabeza.*

–*¡Camarero, tráigame una sopa de fideos!*
Cuando se la llevan, el hombre se queda observando el plato, agita la sopa repetidamente, y empieza a quitarse la camisa, la corbata, los pantalones, los lentes.
Cuando está completamente desnudo, se acerca el camarero:
–¡Oiga! ¿Qué le pasa?
–*Nada. Voy a bucear a ver si encuentro los fideos.*

–¿Qué le dijo una nalga a la otra?
–*¡Shhhh! Silencio, que aquí hay un soplón...*

Todos los hombres son iguales. *(Eva)*

LA INVESTIGACIÓN DE LAS ENFERMEDADES HA AVANZADO TANTO QUE CADA VEZ RESULTA MÁS DIFÍCIL ENCONTRAR A ALGUIEN QUE ESTÉ COMPLETAMENTE SANO.
ALDOUS HUXLEY.

CUANDO *TODO SUBE,* LO ÚNICO QUE BAJA ES *LA ROPA INTERIOR.*

¡Uy!

–¿Qué fue lo más inteligente que salió de la boca de una mujer?
–*El pene de Einstein.*

Los árabes *han detenido todas las excavaciones arqueológicas.* Parece que encontraron la tumba más antigua del mundo, leyeron el epitafio y descubrieron que el apellido de Adán y Eva era *Schwartz.*

–Estuve en las fiestas de Pamplona.
–*Cuenta, Manolo, venga...*
–Corrí delante de los toros. Yo iba como alma que se la lleva el viento. De pronto, sentí un toro atrás, bufándome en la oreja. Y en eso se resbaló el toro... Corrí más... Otro toro. Sentí los cuernos en mi espalda, a medio centímetro... y se resbaló el toro.
–*¡Joder, Manolo, qué valentía! Yo me hubiese cagado del susto.*
–¿Y por qué crees que se resbalaban los toros?

–Buenas, ¿puedo hablar con el dueño de este taller?
–*¿Mukenschnabl?*
El cliente se queda mirando al mecánico un momento y luego le pregunta a otro tipo.
–Hola, ¿puedo hablar con el dueño del taller?
–*¿Mukenschnabl?*
Se da vuelta y le pregunta a otro mecánico, hablando lentamente:
–¡Ho-la! Quie-ro ver a el due-ño del ta-ller.
–*¿Mukenschnabl?*
–Pero, ¿nadie aquí habla español?
–*¡Sí! ¡Yo soy Mukenschnabl!*

Variaditos

Un canibalito va al colegio para caníbales con un bebe en los brazos. La maestra caníbal le pregunta:
–*¡Qué lindo!, ¿es tu hermanito?*
–No, es el sándwich para el recreo.

–¿Tu mamá trabaja en la NASA?
–*No, ¿por qué?*
–Porque la vi en *Venus*.

Un cieguito pedía limosna en una esquina. Pasa un turista y al querer colocarle una moneda en el jarro de metal, aquella pega en el borde y cae. El ciego se agacha, la toma y la introduce en el jarro.
–¡Basura! ¡Usted es un estafador! ¡No es ciego! ¡Anda engañando a la gente, sinvergüenza!
–Cálmese, señor, el cieguito está enfermo y yo lo estoy cubriendo.
–*Ah, ¿y usted a qué se dedica?*
–Yo soy el sordomudo de la otra cuadra.

Oficina:
–*¡Muleiro! ¡¿No sabe que está prohibido beber durante las horas de trabajo?!*
–No se preocupe, jefe, *¡no estoy trabajando!*

EL GALLEGO PACO EN EL BAR. GRITA:
–*PONME UN CAFÉ ¡¡¡ME CAGO EN DIOS!!!*
–¿SOLO?
–*¡¡¡Y EN TU PUTA MADRE!!!*

Paco fue contratado para tocar su trompeta para una película. Luego de las sesiones de grabación, no pudo esperar para ver el producto terminado y *decidió ir a ver la película en su estreno.* Un mes más tarde Paco fue a la sala de estreno. *Se sentó en la última fila, cerca de una pareja mayor.* La película resultó la porquería

más *repugnante y perversa jamás filmada... sexo de grupo, sadomasoquismo, lesbianas, homosexuales...* A la mitad de la película, *un perro entra en acción. Antes de que nadie pudiera pestañear, el perro tiene sexo con todas las mujeres, por todos los orificios y en todas las poses imaginables...* y con la mayoría de los hombres, también.

Avergonzado, Paco se volvió hacia la pareja mayor y les dijo en voz muy baja:

—*Yo sólo vine por la música...*

—Nosotros sólo vinimos para ver a *nuestro perro.*

Un tartamudo y un chicato caminaban por la calle:

—*Mira qué so-so-so-berbia rubia.*

—¿Dónde?

—*Ya-ya-ya pasó. Mira qué so-so-so-berbia morocha.*

—¿Dónde?

—*Ya-ya-ya se fue. Mira qué so-so-so...*

—¿Dónde?, ¿dónde?!

—*Ya-ya-ya lo pisaste.*

—¿Por qué los gallegos tienen una neurona más que un perro?

—*Para que cuando estén en el baño, no se tomen el agua del inodoro.*

—*¿Cómo te fue en tu primer día de ventas?*

—Muy bien, jefe. ¡Hice una sola venta!

—*¿Cómo? ¿Una sola venta? ¡Pero si el promedio de ventas es de 30 o 40 por día!*

—¡Sí, pero la venta fue de 300.000 dólares!

—*¿Cómo 300.000 dólares? ¿Qué vendió?*

—Resulta que primero le vendí un anzuelo chiquito, un anzuelo más grande y uno de ésos todos coloridos. Pero le dije que tan buenos anzuelos merecían una caña buena. Así que le vendí dos chicas y una enorme. También le vendí la carnada, y como todo eso no lo iba a llevar en la mano le vendí también una hermosa valija para los artículos de pesca. Como estaba medio nublado le dije que no se descuidara de la lluvia por lo que el hombre decidió comprar también un par de botas, un capuchón de lluvia y todo un conjunto impermeable. Tampoco tenía linterna ni radio. Le ofrecí el bote con motor fuera de borda... que también compró..... cuando se iba me dijo: "¡Pero este bote me va a rayar todo el auto!". Entonces le ofrecí una Land Rover 4x4 que le encantó. Como iba a estar en el bote y el auto le quedaba en el puerto le instalamos un equipo de seguridad de última generación. Y como la pesca era mar adentro también decidió llevarse unas cuantas redes.

El jefe, atormentado, le dijo:

–¿Y todo eso se lo vendió porque vino a comprar un par de anzuelos?

–¿Anzuelos? ¡No! El tipo vino a comprar toallitas femeninas. Entonces le dije: Ya que se te arruinó el fin de semana. *¿Por qué no te vas de pesca?*

–¿Cómo va tu situación económica, Pepe?

–Imagínate: cuando Dios inventó la luz, yo ya debía tres meses.

Dice el presidente:

–Creo que convendría recalcar que con la implementación de la Ley de Patentes no habrá aumento en el precio de las drogas.

–¿Lo dice para tranquilizar a la población, presidente?

–No, a los diputados.

Si usted prefiere a los gatos antes que a los perros es porque *no hay gatos policías.*

Vascos
(Más brutos que los gallegos)

El presidente del gobierno español llamó al presidente de los Estados Unidos por teléfono:

–Bill, tengo un problema gordísimo, los de la ETA me matan a todos los concejales y por más que hago, no consigo eliminarlos. ¿Tú podrías darnos una mano?

–Tranquilo, nosotros tenemos los mejores marines del mundo. Entrenaremos un marine como sólo nosotros sabemos hacerlo y en un mes hablará euskera. Luego te lo mando a Euskadi. Verás cómo eliminas a todos los etarras.

Un mes más tarde, en una noche con niebla, el marine se tiró en paracaídas sobre el País Vasco.

Cuando llegó a tierra, escondió el paracaídas y todo su equipo de marine. Se puso una boina y un pañuelo al cuello.

Empezó a andar y entró en un bar. Pensó:

–¡De puta madre! Entro al bar y me voy mezclando con las gentes para realizar la misión.

Entró en el bar y vio a Patxi (dueño del bar) limpiando un vaso. Le dijo en euskera:

–¡Patxi, ponme un vino!

Y Patxi ni puto caso. Siguió limpiando el vaso. Entonces el marine pensó:

–Ahh, se me ha olvidado decir "ostias": Ostias, Patxi, ponme un vino.

Y Patxi ni puto caso, siguió limpiando el vaso. Entonces el marine pensó:

–¡Ahh! Se me ha olvidado decir "joder": ¡Ostias, Patxi, joder, ponme un vino!

Y Patxi ni puto caso, siguió limpiando el vaso. Entonces el marine pensó:

–Ahh, se me ha olvidado decir "pues" al final: Ostias, Patxi, joder, ponme un vino, pues.

Patxi levantó la cabeza, lo miró y le dijo:

–Que no, que aquí no servimos a los *negros*.

LA IMPUNTUALIDAD ES EL ARTE DE ESPERAR A QUE LLEGUEN LOS IMPUNTUALES.

LA FILOSOFÍA CONSISTE EN DECIR *REFRANES CON PALABRAS DIFÍCILES*.

SÓLO CONOZCO UNA PALABRA AGUDA: *¡ALFILER!*

278

–¿Qué ha pasado en el juicio, Paco?
–Pues que el juez me ha condenado a darle 100.000
pesetas a mi mujer por pegarle mientras dormía.
–¡Es que eso no se hace, Paco!
–Ah, ¿no? Pues mira: ¡te doy 200.000 pesetas a ti
si tienes los cojones de pegarle a esa vasca de mier-
da mientras está despierta!

–Oye, Patxi. ¡Me han dicho que has tenido una co-
secha de patatas acojonante!
–Pues sí, Antxon. ¡¡¡Unas patatas!!!
–Pues entonces mándame a casa cuarenta y cincuenta kilos.
–¡Sí, hombre! ¡Voy yo a cortar una patata por
cuarenta o cincuenta kilos!

–Oye. ¿Vienes conmigo a vender mi Fiat 600?
–Vale, Iñaqui.
Salen en el coche y se detienen en una farmacia.
Iñaqui compra un frasco de cincuenta kilos de vase-
lina, empieza a untar prolijamente al Fiat 600.
–Pero, ¿qué haces?
–Es que con lo que voy a pedir por él, seguramente
me van a decir que me lo meta en el culo.

Concurso anual: *¿Quién come más en el País Vasco?*
El Antxón acababa de comerse 40 docenas de hue-
vos y había ganado.
El Patxi, por molestarlo, le preguntó.
–Oye, Antxon, ¿tú te comerías una vaca ahora?
–Hombre, si está bien asada con buen adobo y cru-
jiente... ¿por qué no?

–*Y dime, ¿cuántos cerdos te comerías?*
–¿Cerdos? Pues... no sé... al horno, supongo que seis o siete o diez...
–*¿Y pollos? ¿Cuántos pollos te comerías?*
–Pues... pollos, digamos unos cincuenta... sesenta... setenta...
–*¿Y pajaritos?*
–*¿Qué pajaritos dices? ¿Los que vuelan?*
–Sí, esos...
–*Pues... no sé... ¡todos!*

El vasco Patxi ante el trailer gigantesco que se acaba de comprar Iñaki.
–*¡Qué hermoso y bien cuidado tienes el camión, Iñaki!*
–Es que sólo tiene 4 meses, Patxi.
–*Pues ¡cuando cumpla el año no te cabrá en el garaje!*

–*¿Tú tienes algún problema sexual, Paco?*
–Pues sí, escucharte *¡me rompe las bolas!*

Dos vascos pescan en un río. Uno de ellos no consigue nada, pero el otro tiene ya un par de cestas llenas de truchas.
–*Perdone, pero es que llevo toda la mañana intentando pescar y no he conseguido nada, y usted...*
–¡Hmmm mmm... hhmmm, hmhmhmhm...!
–*¿Qué dice?*
–¡Mmmmm... mm, hmhmm, mmmh! ¡Mmmm!
–*Oiga, no le entiendo.*
El otro levanta la mano, haciendo un gesto para que espere un momento, mientras saca otra trucha del río. Cuando la ha metido en una de las cestas, se lleva la mano a la boca, expulsa una cosa blanca sobre la palma de la mano, y dice:

VAN DOS MUERTOS EN UNA BARCA Y DICE UNO:
–¿TRAJISTE LOS VÍVERES?
–*QUERRÁS DECIR LOS MUÉRTERES.*
–¡JA, JA, JA, QUE ME VIVO DE RISA!

–El secreto es mantener las lombrices vivas y *calientes*.

–Oye. Tu mujer después de 20 años de casados, ¿te excita?
–¿Qué si me excita? ¡¡¡Me pone de una mala ostia!!!

–Lo que pasa, doctor, es que tengo muy mala leche. ¡Muy mala leche!
–Usted tiene que relajarse. Tiene que tomarse todo de otra manera.
–Pero si me relajo... pero el queso, ¡igual me sale hecho una mierda! *¡Qué mala leche tengo!*

El cura Patxi visitó la casa de una viejita, de su parroquia. Sentado en el sofá, mientras charlaba, el cura vio un frasco de maníes en la mesita.
–¿Le importa si como algunos?
–Por supuesto que no. Sírvase a gusto.
Charlaron durante una hora más y cuando el cura se levantó para irse advirtió que casi había vaciado el frasco.
–Realmente siento mucho haberme comido todos los maníes.
–No se preocupe, padre. Desde que perdí los dientes lo único que puedo hacer con los maníes es chuparles la cobertura de chocolate.

En el bar del pueblo del gallego Muleiro.
Alguien se tiró uno de *esos pedos terriblemente hediondos.*
Todos sacaron sus pañuelos.
El manquito Patxi gritó desesperado:
–¡No sean hijos de puta, no me dejen oler a mí solo!

Verdes

Los gallegos Pepe y Manolo se bañaban en las duchas del club.

A Manolo se le cayó el jabón y se agachó para recogerlo. Pepe aprovechó:

—¡Eh!.. *¡¡¡Me estás follando!!!*

—No.

—*Joder, Pepe, ¡que me estás follando!*

—¡Te digo que no!

—*¡¡¡Pero me estás follando, coño!!!*

—¡Vaaaale! Estoy follándote. Ya te la saco.

—*No, no me la saques... lo que no me gusta es que me discutas sin tener razón.*

—*Quisiera casarme con la mujer más recatada del pueblo, Pepe.*

—Esa es la Paca, Manolo.

A los seis meses Manolo ya se había casado con la Paca.

Diez días después, increpó a su amigo Pepe:

—*Te dije que quería casarme con la más recatada del pueblo. Ahora después de casado vengo a enterarme de que es la más puta de todas, ¡joder! ¿Cómo me has hecho esto, Pepe?*

—Tú me pediste la más recatada y la Paca es la que ha sido catada por todo el pueblo. Ha sido *re-catada.*

Tarde una noche, en un plantío de calabazas, la policía arrestó a un tal *Malcolm Davidson*, un blanco de 27 años, residente de Wilmington, Carolina del Norte, y lo acusó de conducta indecente en público y de estar alcoholizado.

El acusado declaró que cuando estaba pasando el plantío de calabazas había decidido detenerse.

—*Ustedes saben... una calabaza es tierna y húmeda*

EL GALLEGO PACO VIVÍA EN UN PUEBLO TAN PERO TAN POBRE, QUE EN LUGAR DE "CASA DE PUTAS", TENÍAN "CHOZA DE PAJAS".

—¡SIGAN ADELANTE! Y TODOS SE PERDIERON PORQUE DELANTE ERA TONTO.

—OIGA, ¿ESTE AUTOBÚS ME LLEVA AL CEMENTERIO? —HOMBRE, SI SE PONE DELANTE, ES POSIBLE.

282

adentro... y no había más nadie cerca. Al menos, pensé que no había nadie cerca. Elegí una, le hice un agujero y procedí a penetrarla y satisfacer mis 'necesidades'. Mientras estaba concentrado no me di cuenta de la llegada de una patrulla policial hasta que la patrullera Brenda Taylor se acercó.

Declaró la oficial Taylor:

–Era una situación poco usual. Me acerqué a él y le dije: *"Señor, ¿se da cuenta de que está dale que te dale con una calabaza?"*. Reaccionó con sorpresa, como se podrá imaginar. Me miró directo a los ojos y dijo: *¿Una calabaza...? ¡Carajo! Entonces, ¿ya es medianoche?*

–¿Qué resulta si se cruza un gallego y una argentina?
–Un conserje que se cree el dueño del edificio.

—

–Oye, ¡tú eres un soberbio!
–¿Sí? Pues ¡tú eres un croata!

—

–Oiga, ¿usted se la menea a menudo?
–No, no, ¡qué va!, es Menudo quien me la menea a mí.

—

Los gallegos Paco y Pepe, aburridos, se desafían a ver quién hace la mejor poesía.

–*De ventana en ventana,*
me follo a tu hermana.
De puerta en puerta.
me follo a tu madre.
–*Pero ¡eso no rima, joder!*
–Entonces, la puerta golpeamos.
y cuando sale...¡nos la follamos!

–Manolo, me han dicho que te has casado. ¡Seguro que tu mujer es muy guapa!
–*No, ¡qué va! ¡Es fea, gorda y llena de granos!*
–Bueno, pero seguro que es muy cariñosa, te mima mucho, te cuida…
–*No, ¡es insoportable! No la aguanta ni su puta madre.*
–Será muy buena cocinera.
–*No, no. Todo lo quema: no sabe hacer casi nada.*
–Entonces, ¡seguro que es multimillonaria!

–No, ¡qué va! ¡Si es más pobre que el hambre, no tiene nada!

–Bueno, pero ¿cómo te has quedado con una tía así?

–Verás: tú sabes que a mí me gusta mucho la pesca, ¿verdad?

–Sí, ¿y qué?

–Pues ¡¡¡caga unas lombrices!!!

Dos argentinos, Mario y Máximo, recorren la selva misionera, y mientras orina atrás de un árbol, uno de ellos tiene un accidente: lo pica una yarará justo en el pene. El hombre hace torniquete con las manos y pide ayuda al amigo, que afortunadamente tiene un teléfono celular. El amigo llama al Hospital de Posadas, y dialoga con un médico:

–Aplíquele suero antiofídico enseguida y se salva seguro.

–¿Qué te dice, che?

–Que te ponga jugo anteojídico.

–No tenemos, tarado. Decile que no tenemos.

–No tenemos, doctor.

–Ajá. Entonces hágale una exanguinotransfusión, mientras llega la ambulancia.

–¿Qué dice, che, qué dice?

–Dice que te haga una isandinotransgresión.

–No podemos, boludo, estamos en la selva.

–No podemos, doctor.

–Entonces dele algún fármaco antitóxico, que eso retarda el efecto del veneno.

–¿Qué te dice, idiota? ¿Qué te dice?

–Que dé una fórmica anti-óxido.

–No tenemos nada de nada, pelotudo. Decile.

–Doctor, no tenemos ni aspirina.

–Mire, haga lo siguiente. Tome la parte afectada, y succione enérgicamente para extraer el veneno.

–¿Qué dice, animal, qué dice?

–Ehhh… esteee… ¡que te vas a morir como un hijo de puta!

Viejitos

Un joven va a visitar a su abuelo de 85 años al hospital:

–*¿Cómo estas, abuelo?*

–De maravillas.

–*¿Qué tal la comida?*

–Exquisita. Las comidas son excelentes.

–*¿Y las enfermeras?*

–No podían ser mejores. ¡Estas jóvenes lo atienden a uno de maravillas!

–*¿Y de noche, duermes bien?*

–Ningún problema. Nueve horas sólidas cada noche. A las 10 me traen una taza de chocolate y una pastilla de Viagra, y con eso me apago como una lámpara hasta el día siguiente.

El nieto, alarmado con lo del Viagra, increpa a la enfermera jefe:

–*¿Qué están tratando de hacer? Me dicen que le están dando diariamente Viagra ¡a un anciano de 85 años! Seguramente, ¡no puede ser cierto!*

–¡Oh, sí! Todas las noches a las 10 le damos una taza de chocolate y una pastilla de Viagra. Funciona increíblemente bien. El chocolate lo pone a dormir y el Viagra *evita que se caiga de la cama.*

Una ambiciosa muchacha de 23 años quiere hacerse rica rápidamente. Decide casarse con un hombre de 83 años, millonario, prometiéndose a sí misma matarlo de sexo en la noche de bodas. Y llega la primera noche ...

La muchacha se quitó la ropa y esperó en la cama en pose muy sensual. Cuando el marido salió del baño, también desnudo, la muchacha observó estupefacta, que tenía una durísima erección, con un miembro de unos 30 centímetros y ya cubierto con un preservativo. Notó, además de este inesperado cuadro, que el marido tenía dos compresas de algodón en los oí-

SI TU ABUELO ES VIEJO, ES CULPA DE DIOS. PERO SI TU VIEJO ES ABUELO, ES CULPA TUYA.

— — — — —

–CUANDO ME SIENTO A PENSAR, *SÓLO CONSIGO ESTAR SENTADO.*

— — — — —

SI SONRÍES CUANDO LAS COSAS VAN MAL, QUIERE DECIR QUE YA TIENES A *QUIÉN ECHARLE LA CULPA.*

— — — — —

dos y un broche de ropa tapándole la nariz.

–*Querido. ¿Para qué es todo eso?*

–Lo que sucede es que hay dos cosas en la vida que no soporto: *una mujer gritando y el olor a goma quemada...*

–¿Qué tiene un jubilado de cintura para abajo?

–*Otro jubilado.*

–¿Qué significa viagra?

–Vi-*ejas* Agra-*decidas.*

–PEPE, MI AMOR... ¡¡¡ESTOY EXCITADA!!!

–¡¡ENHORABUENA, MUJER!!... ME ALEGRO DE TU ÉXITO.

––– ––– ––– ––– –––

–¿POR QUÉ LOS VIEJOS NECESITAN UN CONDÓN PARA FOLLAR?

–PORQUE SI SE LES MOJA LA POLLA LES DA UN ATAQUE DE REUMA.

––– ––– ––– ––– –––

Estaba sentado en el parque, tranquilo. De repente, se sentó a su lado un punkie con todos los pelos erizados, teñidos de azul, rojo y verde. El viejo se quedó mirándolo.

–*¿Qué pasa, viejo? ¿Nunca hiciste nada loco en tu vida?*

–Sí. Una vez me emborraché, y le hice el amor a un enorme pavo. Y justamente estaba preguntándome si serías mi hijo...

Paco Muleiro, de 82 años, propuso matrimonio a Maruxiña, una jovencita de 22. La muchacha aceptó pero puso como condición dormitorios separados. Paco aceptó. La primera noche en común, la chica se acostó en su propio dormitorio. Poco después, Paco llamó a su puerta. La muchacha le permitió entrar. Después de que hicieron el amor, Paco se marchó a su dormitorio.

Una hora más tarde se repitió la misma escena. Paco golpeó, hicieron el amor y se marchó.

Una hora y media después, Paco golpeó por tercera vez la puerta de su joven esposa.

–Si hubiera sabido que ibas a volver, no hubiese cerrado la puerta.

–Y si yo me hubiera acordado de que *ya había estado*, no habría vuelto...

–¿Sabes? Me casé con un viejo millonario de 80 años. No me puedo quejar. Si le pido un Mercedes Benz, me lo compra; si quiero un abrigo de piel, me lo compra, tengo una mansión, piscina, cancha de tenis, casa de fin de semana. En fin, todo lo que quiero...

–*Me alegro por ti, pero a los 80... ¿cómo hacen con el sexo?*

–Ah, estamos en tratamiento...

–*¿En tratamiento? ¿Y con qué médico?*

–No, con ningún médico. El trata, *¡¡y yo miento!!*

Doña Rosita, una viejecita de 90 años, cansada de la vida, decide suicidarse. Le preguntó a su nieta:

–*¿Sabrás decirme dónde me queda el corazón?*

–A dos dedos por debajo de la tetilla izquierda, abuelita.

Doña Rosita, sin pensarlo dos veces, tomó decididamente un cuchillo de la cocina y se lo clavó en *la rodilla izquierda*.

Parado a un lado de la carretera, un policía de tránsito está a la espera de algún infractor. De repente ve un coche que pasa a paso de tortuga. El radar indica que va a 22 kilómetros por hora. El policía piensa: "Este conductor es al menos igual de peligroso que uno que corre en exceso". Se monta en la moto, enciende las luces y la sirena y detiene al infractor. Cuando se acerca al automóvil se percata de que hay cinco viejecitas dentro, dos adelante, y tres

PEPE Y MANOLO CONVERSABAN. DE REPENTE, MANOLO SE TIRÓ UN TREMEBUNDO PEDO:

–¡PRRRRUFFFF PRRRRUTTTTFFFF PRRRUUFFFFFTTTT PURRTRTRTTTTRRRRRR RRRUUUURRTRTR-TRUUUUUUUFRTFF!

–¿POR QUÉ TE HAS TIRADO ESE PEDO TAN LARGO?

–*ES QUE SI ME LO TIRO A LO ANCHO SE ME REVIENTA EL CULO, JODER.*

en el asiento trasero, con unos ojos grandes como platos soperos, y pálidas como un fantasma. La señora que está al volante, visiblemente confundida, pregunta al patrullero:

–*Oficial, no entiendo qué pude haber hecho mal, si estaba conduciendo exactamente a la velocidad permitida. ¿Cuál es el problema?*

–Señora, usted no estaba corriendo, pero también debe saber que conducir mucho más despacio del límite de velocidad puede ocasionar peligro a otros conductores.

–*¿Cómo que mucho más despacio del límite de velocidad? ¡Yo iba exactamente a la velocidad permitida, 22 kilómetros por hora!*

El policía por fin cayó en la cuenta, y tratando de aguantar la risa le explicó: 22 no era el límite de velocidad, sino el número de la carretera, y ésta es la carretera N-22... Un poquito avergonzada, la señora se sonrió y le agradeció al policía el haberla sacado de su error.

–Pero antes de dejarla ir, señora, tengo que hacerle una pregunta: ¿están todas bien en el coche? Sus compañeras parecen muy asustadas, y no han dicho palabra en todo este tiempo.

–*No se preocupe, pronto estarán bien. Es que acabamos de salir de la N-240...*

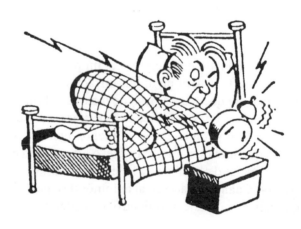

Walkman

—¿Cuántos contrabajistas son necesarios para cambiar una bombilla?...
—*Ninguno, un pianista lo puede hacer con su mano izquierda.*

—¿Cómo hacer que un contrabajo suene afinado?...
—*Cortándolo en pedacitos y convirtiéndolo en un Xilofón.*

—¿Por qué los violinistas son malos amantes?...
—*Porque sólo saben una posición.*

—¿Por qué es mejor un piano de cola que uno vertical?
—*Porque hará mucho más ruido cuando lo tires por el acantilado.*

—¿Para qué se inventó el piano?...
—*Para que los músicos tuvieran un lugar donde apoyar la cerveza.*

—¿Cómo conseguir que dos pianistas suenen al unísono?
—*Echando a uno.*

Iban a tomarle una prueba como pianista a Muleiro. Cuando lo pararon frente al instrumento, dijo:
—Pero, ¿qué clase de piano de mierda me quieren dar? *¡Este piano tiene la mitad de las teclas!*

—Paco, mi amor... ¡¡¡Quiero fornicar!!!
—¿Qué? ¿No te basta con la Medicard y la Mastercard?

Web

Webear:
Acción de usar la web. Si no se hace con ánimo, entonces se prefiere el término *webonear*.

Webos:
Sensibles y valiosos órganos que son indispensables para webear o webonear, así como para otras cosas.

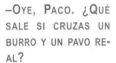
Webito:
Niño pequeño que ya sabe navegar perfectamente en la web.

Webón:
Persona adulta que usa la web.

Webonazo:
Persona que pasa la mayoría del tiempo en la web en lugar de ponerse a trabajar.

Grandísimo webón:
Usuario que espera varias horas para obtener por la web la misma información que tiene a la mano en un libro sobre su escritorio.

Webón enfermo:
Quien por estar constantemente webeando es afectado por un virus informático.

Xenófobos
La vuelta al mundo de los chistes

El vecino es un imbécil. Y nosotros, los más listos del mundo. Pero hay otros que piensan que los imbéciles somos nosotros. Y se burlan. País por país. Todos contra todos. Una vuelta al mundo chiste por chiste.
¿Entendió o es gallego?

Los argentinos se burlan de los gallegos por su ignorancia.
El hijo le dice al padre gallego:
–Papá, ¡tres niños me han pegado!
–*¿Y tú te has vengado, Manolito?*
–¡Claro que me he vengado! *Si no me vengo, me matan...*

Los gallegos se burlan de los irlandeses porque son animales.
–Si Tarzán fuera irlandés, ¿cómo estaría Chita?
–*Embarazada.*

Los irlandeses se burlan de los franceses por su alcoholismo.
–¿Dónde se toma vacaciones un francés?
–*En otro bar...*

Los franceses se burlan de los belgas por su estupidez.
–*¿Por qué este belga tira el cepillo de dientes a la basura?*
–Porque decidió volver al papel higiénico...

Los belgas se burlan de los holandeses por su avaricia.
–¿Cómo entierran los holandeses a sus muertos?
–*Con los culos al aire para estacionar las bicicletas.*

Los holandeses se burlan de los austríacos por la frigidez de sus esposas.
–*¿Cuál es la enfermedad que se transmite sexualmente y que es epidemia entre las austríacas?*
–El dolor de cabeza.

Los austríacos se burlan de los búlgaros por su suciedad.
–¿Cómo se duchan los búlgaros?
–*Meando frente al ventilador...*

Los búlgaros se burlan de los rusos por la gordura de sus mujeres.
–*¿Cómo se reconoce a una mujer rusa en una manada de vacas?*
–Porque se hace la difícil a la hora de ordeñarla.

Los rusos se burlan de los turcos por su machismo.
–¿Cómo se sabe si un turco es gentil con las mujeres en la cama?
–*Si luego de arrancarle el vestido tirándole de los pelos y aplicándole una patada en el estómago tiene un orgasmo a los 30 segundos.*

Los turcos se burlan de los griegos por su homosexualidad.
–¿Cómo hacen cuatro griegos para sentarse en un banquito?
–*Lo dan vuelta.*

Los griegos se ríen de los nigerianos por su zoofilia.
–¿Por qué se dice que los nigerianos son extremadamente prudentes cuando van al zoológico?
–Porque llevan los bolsillos llenos de preservativos.

Los nigerianos se burlan de los argelinos por su estupidez.
Un turista le dice a un argelino:
–Debe ser sana esta región, ¿no?
–¡No hay lugar más sano! Tuvimos que matar a un hombre para inaugurar el cementerio.

Los argelinos se ríen de los libaneses por su manía por los atentados.
–¿Por qué los libaneses circulan en bicicleta?
–Porque se cansaron de los motores de explosión.

Los libaneses se ríen de los iraníes porque son reprimidos.
Una mujer iraní le dice a la otra:
–¡No sabés qué horror! ¡Anoche soñé que mi marido hacía el amor con la vecina!
–Pero, ¡era un sueño!
–Sí, pero si hace eso en mis sueños, ¿te imaginás lo que debe hacer en los suyos?

Los iraníes se burlan de los afganos por su ignorancia.
–¿Cuántos afganos hacen falta para enterrar a uno de sus soldados?
–Cuatro para sostener el cajón y dos para llevar el cadáver atrás.

Los afganos se burlan de los paquistaníes por su

–TENGO QUE DARLE DOS NOTICIAS; UNA BUENA Y UNA MALA...
–¡AY, DOCTOR, NO ME ASUSTE! DÍGAME LA MALA.
–TIENE USTED HONGOS.
–¿Y LA BUENA?
–¡¡¡SON COMESTIBLES!!!

enorme estupidez.

—¿Cómo se dice en paquistaní pensar y cagar?
—Es una redundancia.

Los paquistaníes se ríen de los indios por su suciedad.
*—¿*Cuál es el principal alimento de las moscas en la India?
—El Alka Seltzer.

—Doctor, yo venía porque...
—No me diga más, usted tiene azúcar en la orina.
—¿Y cómo lo sabe?
—Por las moscas en la bragueta.

———————

Advertencia: amenaza por las buenas.

———————

En Sodoma y Gomorra inventaron las relaciones públicas.

———————

Los indios se burlan de los chinos porque son mentirosos.
El padre lo recriminaba al hijo:
—¿No te da vergüenza? ¡A tu edad no se dicen mentiras!
—Y vos, ¿a qué edad empezaste, papá?

Los chinos se burlan de los japoneses por su impotencia.
Dos japonesas cuentan sus experiencias sexuales con sus maridos.
Una de ellas confiesa:
—Cuando estoy con mi esposo, me siento una bicicleta de gimnasio.
—¿Cómo es eso?
—Sencillo: me monta, se agita como un toro, y sin embargo *no llega a ninguna parte.*

Los japoneses se burlan de los hawaianos por su torpeza.
Un hawaiano le dice a su amigo:
—Nosotros siempre ponemos cubitos de hielo sobre el televisor.
—¿Para qué?
—Para congelar la imagen.

Los hawaianos se ríen de los neoyorquinos por cómo los dominan las mujeres.
Un neoyorquino le dice a otro:
–*¿Qué tal tu vida de casado?*
–No me puedo quejar...
–*¿Te va bárbaro?*
–No, ¡mi mujer me prohíbe quejarme!

Los neoyorquinos se ríen de los portorriqueños por su brutalidad.
Una joven de Missouri llega a Nueva York. Un portorriqueño se le acerca y le pregunta:
–*¿Dónde queda el Central Park?*
–No sé.
–*No importa, la violaré aquí.*

Los portorriqueños se ríen de los haitianos porque son negrísimos.
–¿Qué es negro, con ojos grandes, blancos como platos, y golpea una puerta de acrílico?
–*Un bebé haitiano dentro de un horno de microonda.*

Los haitianos se burlan de los colombianos por su adicción a las drogas.
–*¿Cuáles son las películas que prefieren los jóvenes colombianos?*
–Las que el héroe se lleva la heroína.

Los colombianos se ríen de los brasileños por el apetito sexual de sus mujeres.
Entra una mujer blanca en un sex-shop y le pide al vendedor un consolador. El empleado le dice:
–*Tengo el modelo "Robert Redford" por 60 dólares y el "Mike Tyson" por 40.*

¡ESTOY CANSADA DE COSER BOTONES!
LA MADRE DE SÚPERMAN

ME PREGUNTO: *¿QUÉ HARÍA YO SIN MÍ?*

LOS MOCOS SON LA *PLASTILINA DE LOS POBRES.*

EL MEJOR AMIGO DEL PERRO *ES OTRO PERRO.*

295

La mujer se lleva el Robert Redford. La siguiente cliente es una joven negra. Con malicia, el vendedor ofrece el modelo "Tyson" a 60 dólares y el "Redford" a 40.

La joven negra se lleva el "Mike Tyson".

Entra una brasileña y pide también un consolador. El hábil vendedor dice:

—Tengo el modelo blanco a 40 dólares, el negro a 60 y el colorado a 95 dólares.

La brasileña se lleva el colorado y se va.

Llega el dueño del local para ver cómo iban las ventas.

—¿Y? ¿Cómo anduvo todo?

—Fantástico, vendí un modelo blanco, un modelo negro y hasta logré vender el viejo matafuegos.

Los brasileños y muchos más se burlan de los argentinos por su fanfarronería.

La secretaria le dice a su jefe argentino:

—Dice la señorita Roxana que aceptará salir con usted si está repleto de dinero, si tiene un BMW y si tiene la pija de 40 centímetros.

—Dígale que sí estoy repleto de guita, que sí tengo un BMW, pero que no pienso cortarme 20 centímetros la pija por un *caprichito de mierda.*

296

Yernos

–Doctor, llevo más de un mes soñando que mi suegra viene a comerme montada en un cocodrilo, ojos amarillos, piel escamosa, dientes afilados ...
–Pero hombre, ¡¡¡qué terrible!!!
–¡¡¡Y espere a que le describa al cocodrilo!!!

Las suegras tienen todo lo que un hombre desea: *bigotes, músculos y voz gruesa.*

Domingo por la tarde.
El novio tiene que compartir la hora del café con sus futuros suegros.
Durante el almuerzo había comido mucha cebolla y muchísimos garbanzos. Por eso, para la hora del café ya no podía aguantar los gases.
Disimulando y rogando para que no saliera muy sonoro se largó el primero. La suegra miró debajo de la silla y viendo que el perrito de la casa estaba allí echado le gritó:
–¡Fuera chucho!
El novio piensa:
–¡Uy, el perrito me salvó esta vez!
El segundo apareció incontenible. La suegra, nuevamente echó al perro:
–¡Fuera chucho!
El hombre se largó el tercero.
Otra vez la suegra:
–¡Te dije que fuera, chucho!
El novio sintiéndose a sus anchas con la culpabilidad del perro, continúa con su estrategia de largárselos sin ruido y disimulando. Hasta que finalmente la suegra dijo:
–¡Fuera, chucho! ¡Fuera, que este hombre te va a cagar encima!

AVISO GALLEGO: VENDO REGLA SIN NUMERAR PARA MEDIR A OJO.

MADRE HAY UNA SOLA, SUEGRAS TAMBIÉN... PERO PARECEN MÁS.

¡Yes!

Bar del Oeste. Un grupo de vaqueros. De pronto entra el herrero del pueblo muy alarmado, que grita:
–*¡¡¡Vienen los indios gorrones!!! ¡¡¡Vienen los indios gorrones!!! ¡¡¡Vienen los indios gorrones!!!*
Se van todos menos uno, que le pregunta al barman:
–*¿Por qué se marchan todos?*
–Porque los indios gorrones consiguen que todo el mundo los invite.
–*¡Ja! ¡Conmigo no lo conseguirán! ¡Yo jamás invito!*
Entró un indio que le dijo al vaquero:
–¿Qué tal vaquero? Ayer vi a tu amigo Tomás.
–*¿Qué Tomás?*
–Un whisky doble, gracias.
Al vaquero no le quedó más remedio que invitarlo.
–Después de ver a tu amigo Tomás, maté a una oveja con un flechazo en todos los bebes.
–*¿Qué bebes?*
–Otro whisky doble, gracias.
El vaquero no pudo resistir más tanta humillación y mató al indio gorrón.
A los dos minutos apareció en el bar toda la tribu de los indios gorrones, con sus armas y sus pinturas de guerra. Encolerizados, preguntaron:
–¿¿¿Quién lo mató???
–*¡Yo, yo solo!*
Entonces todos los indios gritaron a coro:
–¡¡¡Y para nosotros con leche!!!

–¿Cuáles son las mejores medidas de un hombre, Paca?
–*Pues 80-3-80.*
–¿Y eso?
–*Fácil: 80 años, 3 infartos y 80 millones en el banco.*

Yo

Yo te voy a contar una hermosísima fábula.

Había una vez una almeja paseándose a orillas del mar.

De repente, pasó un tipo trotando y ¡¡¡zas!!!, pisó a la almeja.

Con la concha (léase caparazón) destruida, la almejita quedó "desnudita" y sin protección del medio ambiente.

Preocupada y desesperada, fue en busca de ayuda.

Se arrastra y se arrastra por la playa con su caparazón roto, en busca de otras almejas que pudieran socorrerla.

Luego de buscar, se encuentra con la primera almeja.

–*¿Puedo vivir con vos? Me pisaron y me rompieron el caparazón.*

–No, no tengo lugar para ti.

La almejita siguió y siguió y se encontró con más almejas.

–*¿Puedo vivir con vos? Me pisaron y me rompieron el caparazón.*

–No, de ninguna manera.

–*¿Puedo vivir con vos? Me pisaron y me rompieron el caparazón.*

–Fuera de aquí, roñosa.

Pero la almejita siguió y siguió, preguntó y preguntó. Pero nadie quería ayudarla.

Entonces, se acordó de su hermanita y fue a buscarla. "Ella me ayudará", pensó.

–*Hermanita, hermanita, ¿puedo vivir con vos? Me pisaron y me rompieron el caparazón.*

–¡Cómo no, hermanita, pasa a vivir conmigo!

Y ambas vivieron felices y comieron plancton, algas y otras maravillas.

Moraleja:

Si tenés algún problema, *andate a la concha de tu hermana.*

Yo, yo
(Más chistes de argentinos)

–¿Cuál es el juguete favorito de los argentinos?
–*El yo-yo.*

–¿Por qué los argentinos se creen dioses?
–*Porque nadie los puede ver.*

–¿Cómo se hace para saber que un espía es argentino?
–*Lleva un letrero en la espalda que dice: soy el mejor espía del mundo.*

–¿Cuáles son los tres monosílabos que jamás pronuncia un argentino?
–*No lo sé.*
–Exacto.

–Che, gallego, ¿sabés cuál es el país más cercano al Cielo?
–*Argentina, supongo...*
–No, es Uruguay, que está al lado de la Argentina.

300

Zafados

Melón y Melambes jugaron fútbol, Melón fue el portero y *Melambes el delantero.*

Melón y Melambes hicieron un pastel, Melón batió la harina y *Melambes los huevos.*

María y Ponete estudiaron Medicina.
María se recibió en dos años, y *Ponete en cuatro.*

María y Chupame sacaron a pasear a la familia.
María paseo a los grandes, y *Chupame los pendejos.*

María y Temeto tuvieron un accidente.
María se cortó el brazo, y *Temeto el dedo.*

María y Teacabo fueron al otorrinolaringólogo.
María tenía problemas en el oído, y *Teacabo en la garganta.*

María y Telameto fueron a bucear.
María llegó a los cincuenta metros, y *Telameto hasta el fondo.*

María y Telameto fueron a la peluquería.
María se cortó el pelo hasta la cintura, y *Telameto hasta la nuca.*

EL GALLEGO MANOLO SUBE AL AVIÓN. NO PARA DE MOVERSE. MIRA A TODOS LADOS, TIENE LAS MANOS COMO UN FLAN.
–¿QUÉ? ¿ES LA PRIMERA VEZ?
–NO, NO, ¡QUÉ VA!... ¡YA HE ESTADO NERVIOSO OTRAS VECES...!

María y *Teacabo* se tomaron un autobús.
María se bajó en Barracas, y *Teacabo en la Boca.*

María y *Telameto* se tomaron otro autobús.
María se bajó por adelante, y *Telameto por atrás.*

María y *Telleno* se compraron alfajores.
María compró de chocolate, y *Telleno de leche.*

María y *Telameto* están yendo a un gimnasio.
María va de vez en cuando, y *Telameto, seguido.*

María y *Telameto* fueron de cacería.
María disparaba mal, y *Telameto con puntería.*

María y *Teacabo* jugaban al golf.
María colocaba la pelota en cualquier sitio, y *Teacabo en el hoyo.*

María y *Telameto* fueron al banco.
María perdió tiempo en Banelco, y *Telameto en la cola.*

María y *Teacabo* compraron carteras.
María compró la más barata, y *Teacabo en la cara.*

María y *Telameto* tomaron un taxi.
María se sentó en el asiento delantero, y *Telameto en el trasero.*

LAS DOS GALLEGAS ANTE UNA VENTANILLA CERRADA DE LA ADMIS-TRACIÓN PÚBLICA:
–¿QUÉ PASA? ¿POR LA TARDE NO TRABA-JAN?
–NO, CUANDO NO TRA-BAJAN ES POR LA MA-ÑANA. POR LA TARDE NO VIENEN.

▬ ▬ ▬ ▬ ▬

¡DEBE HABER SIDO TE-RRIBLE EL SUSTO DEL ERIZO!

▬ ▬ ▬ ▬ ▬

Zapping

–¿Qué tal el auto nuevo, Manolo?
–*¡De maravillas! Con la primera ya he hecho 100.000 kilómetros, y aún me falta gastar la segunda, la tercera, la cuarta, la quinta y la marcha atrás.*

–¿Sabes, Paco, qué exigió el terrorista que secuestró un avión de Aerolíneas Argentinas?
–*Ni idea.*
–Si no le daban lo que pedía, amenazó con ¡liberar un rehén cada hora!

–¿Sabes, Manolo? En mi pueblo, allá en Galicia, el Paco terminó la Universidad.
–*¿¡Me dices la verdad, Pepe?*
–Pues ¡te lo juro por mi madre! El Paco fue quien instaló la última ventana.

Aviso en los clasificados del diario: *"Nuevo, último modelo, Mercedes Benz, azul cielo, full equipo. Vendo 150 dólares".*
–Buenas, señora, vengo por el aviso del Mercedes.
–*Pase, véalo usted mismo.*
–El coche está impecable. ¿Cuál es la trampa? ¿Por qué lo vende tan barato?
–*Es de mi esposo y hace unos días me dejó y se fue con una jovencita. Ayer recibí un telegrama suyo que dice: "Estoy en Miami. Necesito dinero. Vende mi auto. Gira el dinero".*

Un hombre con capa y antifaz entra en un bar y dice:
–*Soy Batman.*
–¡Andá! ¡Y yo *camadedo*!

–¡PIOOOOOOOOOO
OOOOOOOOOOOO
OOOOOOOOOOOO
OOOOOOOOOOOO
OOOOOOOOOOO!
¡PIOOOOOOOOOO
OOOOOOOOOOOO
OOOOOOOOOOOO
OOOOOOOOOOOO
OOOOOOOOOOO!
¡PIOOOOOOOOOO
OOOOOOOOOOOO
OOOOOOOOOOOO
OOOOOOOOOOOO
OOOOOOOOOOO!
(CON VOZ GRAVE Y PROFUUUUUUUUUUUU UUUUUUUUUUUUUNDA)

Zoo

–¿Cómo hace un elefante para subirse a un árbol?
–*Planta una semilla y se sienta encima a esperar que crezca el árbol.*

–¿Cómo hace el elefante para bajar del árbol?
–*Se sienta sobre una hoja, espera a que llegue el otoño, y baja suavemente sobre la hojita que cae.*

–*PAPÁ... CACA.*
–¿TE HAS HECHO CAQUITA ENCIMA, HIJITO?
–¡NOOOO...! ¡TE DIGO QUE ERES UNA MIERDA!

PARA UN ERUDITO DEBE SER TERRIBLE *PERDER EL CONOCIMIENTO.*

ACLAMAR: APLAUDIR CON LA GARGANTA.

NO SE PREOCUPEN, ES SÓLO UNA NUBE PASAJERA.

NOÉ

–¿Por qué no se puede salir en la selva después de las nueve de la noche?
–*Porque los elefantes practican paracaidismo.*

–¿Por qué el cocodrilo es plano y alargado?
–*Porque salió a la selva después de las 9 de la noche.*

–¿Por qué los elefantes no juegan en la compu?
–*Porque les da miedo el ratón.*

–¿Por qué los conejos no van a la universidad?
–*Porque no terminan el secundario.*

–¿Cuál es el lado más peludo de un conejo?
–*El lado de afuera.*

–¿Qué hora es cuando ves a tres conejos caminando por la calle, vistiendo esmoquin y galera?
–*Hora de conseguir un psiquiatra, ¡urgente!*

Zoom

–¿Cómo puedes conseguir que diferentes ciudadanos de la Unión Europea suban a un bote salvavidas?
–*Di a los belgas que hay cerveza en el bote, a los franceses, que todas las mujeres ya han subido al bote, a los ingleses, que subir al bote es un deporte justo, y a los españoles, que está totalmente prohibido.*
–¿Y a los alemanes?
–*Ordenándoselo, simplemente.*

–¿Qué tipo de coche utiliza Santa Claus?
–*Un Renol.*

–¿Qué es un circuito?
–*Es un lugar donde hay payasuitos, elefantuitos y caballuitos.*

–¿Qué le dice un muerto a otro?
–*¿Quieres gusanitos?*

–¿Por qué se sabe que Adán y Eva eran argentinos?
–*No tenían ropa, estaban sin zapatos, sólo tenían para comer una manzana, y todavía decían que estaban en el paraíso.*

–Saca la lengua y preguntale a alguien: ¿qué es esto?
–*Una lesbiana empalmada.*

–¿Cuál es la diferencia entre un novelista y un periodista?

—Un novelista usa su imaginación para crear perso-
najes, mientras que un periodista usa su imagina-
ción para destruirlos.

—¿En qué se parecen el sexo y el aire?
—Se convierten en algo vital cuando no los tienes.

—¿En qué se parecen los afrodisíacos y el café?
—Te tienen levantado toda la noche.

—¿Qué diferencia hay entre un polvo del 98 y uno
del 99?
—Bueno, deberías saberlo porque ya pasamos el
2000.

—¿Qué es un urólogo?
—Es un especialista que te la mira con desprecio, te la toca con asco, y te cobra como si te la hubiese mamado.

—¿En qué se parece una cámara de fotos a un condón?
—Los dos capturan un momento especial.

—¿QUÉ ES UN ADO-
QUÍN EN UNA BOTELLA
CON AGUA?
—UN GALLEGO DE PRO-
BETA.

—¿POR QUÉ LOS GA-
LLEGOS ESCUCHAN
LOS DISCOS DOS VE-
CES?
—PARA BAILAR PASO
DOBLE.

SI MI MAMÁ ME MIMA...
MI PAPÁ, ¿ME PIPA?

TODO BICHO QUE CA-
MINA... VA A PARAR
CUANDO SE CANSE.

—¡ME VOY DE CAZA!
—LLÉVATE LOS PE-
RROS.
—NO, ME VOY PA' ZIEM-
PRE.

Zumbones

El gallego Paco toma una copa junto al gallego Manolo en la taberna.

De pronto, se abre la puerta y entra un jabalí de cuatrocientos kilos al galope.

El jabalí corre por la pared, trepa por el techo, recorre toda la barra, pide un vaso de coñac, se lo bebe, corre otra vez por la barra, sube al techo, baja por la pared, galopa hacia la puerta y desaparece.

–*¡Jooooder! ¿Has visto eso, Manolo?*

–Pues síííííí... ¡Se ha marchado sin pagar!

Hace unos años, en un pueblo de Galicia, casi todos cayeron en una loca carrera de drogas y todo tipo de vicios o placeres no cristianos. Desenfreno sexual... un infierno.

Obviamente esto escandalizó al cura, quien solicitó ayuda a las más altas instancias eclesiásticas: llamó al nuncio del Vaticano en España. El nuncio se presentó en el pueblito gallego.

Salió a la calle a los gritos:

–*¡Pervertidos! ¡¡¡Degenerados!!!*

Los gallegos le arrojaron piedras. Lo escupieron.

–*¡Pervertidos! ¡¡¡Degenerados!!!*

Lo golpearon con palas y picos.

–*¡Pervertidos! ¡¡¡Degenerados!!!*

El nuncio echó a correr como pudo. Para despistar a la furibunda chusma, se metió en una calle lateral. *¡¡¡Terrible error!!!* ¡Era un callejón sin salida! El nuncio se arrodilló frente a la masa.

Rezó y preparó su alma para morir. Pero... ¡sorpresivamente, todo el mundo se quedó paralizado! Nadie volvió a tocarlo. Pensó en un milagro divino... hasta que giró la cabeza y vio que, a sus espaldas, sobre el muro estaba escrita esta frase: "*Prohibido pegar anuncios*".

–¿SABES, PEPA? MI MARIDO MURIÓ POR DEJAR EL CIGARILLO.

–¿CÓMO FUE ESO?

–PUES LO DEJÓ ARRIBA DEL GAS.

¡NO A LOS GOLPES, SI A LOS PORRAZOS!

BOB MARLEY

–¿EN QUÉ SE PARECEN LOS HOMBRES A LOS ZAPATOS?

–EN QUE AMBOS SON HUECOS Y ARRASTRADOS.

Zzz

–Manolo, ¿que día hace hoy?
–*No tengo ni idea, ¡con tanta niebla no veo nada!*

Iba el gallego Paco junto al Manolo caminando hacia su casa cuando vio un letrero que le llamó la atención. El gallego comenzó a llorar desconsoladamente.
–A lo que hemos llegado en este mundo. Mira ese letrero: *"Se vende madre sin sentimiento"*.
–Pero Paco, tú cada vez lees peor. ¿No ves que ahí dice *"Se vende madera, zinc y cemento"*.

–¿Es esto la Asociación de Vagos?
–*Sí.*
–Pues, ¡éntrenme!

–¿Qué es un lóbulo?
–*Un animal málulo que se comió a Caperucítula.*

–¿*Qué diferencia hay entre una puta y una hija de puta?*
–Puta es la que se acuesta con todos y la hija de puta es la que se acuesta con todos menos conmigo.

Cayó un avión en pleno desierto. Quedaron tres sobrevivientes: un francés, un alemán y un andaluz. Luego de varios días sin comer, el francés propuso:
–*Soy diestro y mi brazo izquierdo no me sirve para nada. Así que me lo corto y comemos varios días.*
Y así fue. Pero los días pasaron y cuando el hambre

los volvió a fastidiar, dijo el alemán:

–Yo no uso mi pierna izquierda así que me la corto y con eso nos alimentaremos.

Pasaron los días y le tocó el turno al andaluz. Sin decir palabra, se bajó los pantalones y puso sus atributos sexuales sobre una tabla. El alemán, contentísimo:

–¡Maravilloso! ¡Hoy comeremos huevos con salchicha!

–¡De eso nada, monada! En un ratito te tomarás *la leche calentita y ¡a dormir!*

–¿Qué le dijo un semáforo a otro?
–No me mires que me estoy cambiando.

–¿Por qué la Luna es más útil que el Sol?
–Porque de noche nos hace más falta la luz.

–¿En qué se parece una toalla a las matemáticas?
–En que las matemáticas se calculan y la toalla seca el culo.

–Oye, tu novia, ¿tiene muchas tetas?
–No. Sólo dos.

Un capitán de una línea aérea pequeña estaba entrenando a una aeromoza nueva. Una rubia jovencita extremadamente bonita, alta, tetona... y *estúpida.*
La ruta que volaban tenía una noche de parada en otra ciudad.

–¿Qué es una bandeja?
–Un grupo de musiquejos.

–¿Un código?
–Por donde se dobla el brácigo.

–¿Por qué los gallegos se hacen exámenes de heces?
–¡Para saber qué clase de mierda son!

309

A la mañana siguiente se reunió la tripulación y el capitán notó que la aeromoza nueva no estaba. La llamó por el teléfono interno preocupado.
–*¡Es que no puedo salir de mi habitación!*
–No llores. ¿Por qué no puedes salir?
–*Hay tres puertas en mi habitación. Una es el baño, la otra es el armario y la tercera tiene colgado un cartel que dice "No molestar". ¿Por dónde salgo?*

Se escapan dos galleguitos del consultorio del pediatra y empiezan a recorrer el sanatorio.
Llegan a la sala de partos y se quedan mirando cómo una mujer da a luz.
Cuando el médico saca al bebé, lo levanta y le pega una palmada en la cola, uno de los chicos codea al otro y le dice:
–*¿Viste lo que le hizo ese hijo de puta?*
–¡También! ¡Mira dónde se había metido ese gilipollas!

–¿Por qué en Cuba no hay piscinas?
–*Porque todos los que saben nadar se han ido a los Estados Unidos.*

–*¿Qué le dijo el Nesquik a la leche?*
–Ponte caliente que te voy a echar un polvo que te va a cambiar el color.

El vasco Antxon fue a ver a un doctor al que nunca había visitado.
Al entrar en el consultorio vio un letrero que decía:
Primera consulta, $200. Consultas siguientes, $100.
Para ahorrarse unos cuantos pesos, saludó con mucha familiaridad:

–*¡Qué gusto volver a verlo, doctor!*
El médico respondió a su saludo con una inclinación de cabeza y procedió a examinarlo. A medida que lo auscultaba, su expresión se iba tornando cada vez más grave.
–*¿Qué tengo, doctor? ¿Qué debo hacer?*
–Bueno, continúe con la misma medicación que le di la última vez que me vino a ver.

–Enfermera, en el quirófano dicen que se está acabando el alcohol.
–*Ya mando a buscar, doctor, mientras tanto, dígales que beban otra cosa.*

–¿Qué es una monja?
–*Una mujer que se casa con Dios porque no hay Dios que se case con ella.*

–*Hijo, ¿quedó buena la sopa de mamá?*
–Sí, papá, pero la vamos a extrañar mucho.

–¿Qué hace un gallego corriendo alrededor de una universidad?
–*Una carrera universitaria.*

La víctima atropellada por un auto se estaba levantando con dificultad cuando un policía llega corriendo para ayudarlo.
–Esa vieja de mierda de mi suegra me acaba de atropellar.
–*El auto le dio por atrás, ¿cómo puede saber que fue su suegra?*
–¡Le reconocí la risa a esa hija de puta!

CHISTES DEL TERCER MILENIO

La ranita paseaba con su novio, el sapito, junto a las vías del ferrocarril. De pronto, pasó un tren y *¡¡¡zaaas!!!*, le rebanó las nalguitas a la ranita.

El sapito corrió para ayudarla. Pero justo en ese momento pasó otro tren y le cortó la cabeza al sapito. Moraleja:

Nunca pierdas la cabeza por un culo.

–¿Por qué los gallegos nunca sacan cubitos de hielo del freezer?

–Porque creen que los cubitos son los que lo mantienen frío.

–¿Cómo es tu esposa para el arte culinario, Paco?

–¡Estupenda! ¡Y además también sabe cocinar.

–¿Cuáles fueron las últimas instrucciones de Cristo al pueblo gallego?

–Ustedes háganse los idiotas hasta que yo regrese...

Esta es la transcripción textual de una conversación radial entre un buque de la Armada de los Estados Unidos y autoridades costeras gallegas.

Los americanos: Por favor, cambien su curso 15 grados al norte a fin de evitar colisión.

Los gallegos: Recomendamos que usted cambie su curso 15 grados al Sur a fin de evitar la colisión.

Los americanos: Les habla el capitán de un buque de la Armada de Estados Unidos. Repito: cambien su curso.

Los gallegos: No. Repetimos: ustedes deben cambiar su curso.

Los americanos: Éste es el portaaviones Abraham Lincoln, el segundo buque en tamaño de los Estados

–¿QUÉ CARA HABRÁ PUESTO MAHOMA *CUANDO LA MONTAÑA FUE HACIA ÉL?*

–¿QUÉ VE UN BIZCO CON BINOCULARES?

PACO Y LOS ANIMALES: –ME ENCANTAN LOS GATOS. *TIENEN GUSTO A POLLO.*

EL ARGENTINO: *–QUISIERA SER VOS PARA TENER UN AMIGO COMO YO.*

Unidos de América en el Atlántico. Nos acompañan tres destructores, tres cruceros y numerosos buques de apoyo. Demando que usted cambie su curso 15 grados al Norte, o tomaremos medidas para garantizar la seguridad de este buque.

Los gallegos: Entendido. Éste es un faro. Así que ustedes verán.

Baloncesto en Galicia.

Juegan los gallegos contra los catalanes.

Cuando el árbitro pitó la primera falta personal, el entrenador de los gallegos hizo entrar a un nuevo jugador a la cancha.

Otra falta personal, otro jugador.

Así hasta que el árbitro detuvo el partido.

–Oiga: ¡que usted ha metido un montón de jugadores! Ustedes son 26 y los rivales, cinco.

–¡Joder! Usted decía "falta personal", ¿y qué iba yo a hacer?

Llega el argentino al Infierno.

–Buenas... ¿Vos sos el Diablo? Decime, flaquito, ¿dónde están las minas?

–Aquí no hay minas...

–¡Dejate de joder, che! ¿Y esos cuernos que tenés? ¿Te los ganaste en una rifa, loquito?

El Ejército estaba de maniobras. De pronto, les corta el paso una enorme charca.

El teniente le pregunta al campesino Pepe:

–Dígame: ¿esta charca es profunda?

–No, señor. No ha de tener más de veinte centímetros de profundidad.

El militar ordenó que los tanques siguiesen adelante. Apenas los aparatos entraron al agua se hundieron por completo.

FILOSOFÍA GALLEGA: "NO DES TU BRAZO A TORCER. TE DOLERÁ".

PREGUNTA MULEIRO:
–LA TERCERA EDAD, ¿ES LA VENCIDA?

–VOY A TENER TRILLIZOS.
–ESO ES ALGO RARÍSIMO, ¿NO?
–SÍ, MI DOCTOR ME HA DICHO QUE OCURRE UNA VEZ EN CADA MILLÓN.
–¿Y TENÍAS TIEMPO PARA IR AL TRABAJO?

316

–Pero ¿no me dijo que la charca no era profunda?
–Es que esta mañana vi ahí unos patos y el agua les llegaba al cuello.

El mejicano Pancho consiguió trabajo en una obra.
–Pancho, toma ese pico y abre una zanja.
A las dos horas, regresó el capataz y allí estaba Pancho, sentadito.
–¡Pero Pancho! ¡Ni has empezado a abrir la zanja!
–Es que a usted se le ha olvidado decirme dónde enchufo el pico.

El mariquita fue al médico a hacerse un reconocimiento.
Al día siguiente se encontró con un amiguito.
–Ayer fui al médico.
–¿Y te reconoció?
–¡A la primera! Apenas me vio, dijo: Tú, mariquita, pasa y desnúdate.

–Oye, me he enterado de que tu mujer ha tenido un hijo de otro.
–¡Sí, bueno... bah! Pero es muy chiquitito, feúcho, arrugadiiito.

Una pareja de millonarios va a una recepción.
En la casa queda el mayordomo.
Durante la fiesta, la mujer le dice al marido que estaba aburrida y se va sola para casa.
Al llegar, ve al mayordomo tirado en el sofá, bebiéndose un whisky y viendo tele. Se sienta a su lado y le dice:
–El vestido.
El mayordomo se lo saca.

EL GALLEGO PACO ERA *TAN DESAFORTUNADO* QUE UN DÍA LO ASALTÓ UNA DUDA Y *LE ROBÓ 50.000 PESETAS.*

HAZ ALGO A PRUEBA DE IDIOTAS Y ALGUIEN ENCONTRARÁ UN *IDIOTA MEJOR.*

EL QUE RÍE ÚLTIMO PIENSA *MÁS DESPACIO.*

−El sujetador...

El mayordomo se lo saca.

−¡La bombachita!

El mayordomo se la saca. Entonces ella le grita:

−Y la próxima vez que te pesque usando mi ropa, *¡¡¡te despido!!!*

−Oye... ¿por qué no nos vamos a casa y hacemos algunas cosillas, María?

−¿Tienes cable?

−No, pero ¡tengo unas sogas viejas que pueden servirnos!

−¿Cuándo se independizó la India?

−Cuando el indio le dio el divorcio.

¡Cómo serán de malos los programas de televisión que *mi televisor escucha la radio.*

Dijo el presi en la tele:

"Lo peor que nos podría pasar, *ya nos ha pasado...* lo malo es que nos *podría volver a pasar".*

El gallego Paco había ido a Brasil a cazar pájaros. Nunca había visto un loro parlanchín. De repente, en medio de la selva, ve uno en lo alto de un árbol. Al no saber de qué especie era, comenzó a perseguirlo.

El loro bajaba.

El gallego bajaba.

El loro subía.

El gallego subía.

Así un rato hasta que el loro se cansó y dijo:

UN DÍA EL GALLEGO MANOLO SE LEVANTÓ A LAS CUATRO DE LA MAÑANA Y *ENCONTRÓ SU WALKMAN CAMINANDO POR LA CASA.*

−CUANDO UN ABOGADO SE VUELVE LOCO, *¿PIERDE EL JUICIO?*

–¡Oiga! ¿Por qué me sigue?
–*Perdone usted, señor, ¡pensé que era un pájaro!*

La vida es como el palo de un gallinero: *corta y llena de mierda.*

Ayude a la policía: *¡¡¡tortúrese!!!*

Los campesinos de este pueblo pertenecen al *jeep-set.*

¿Puedo pagar mi *Visa* con mi *Mastercard*?

Existe otra versión de este chiste que en Los Mejores Chistes del Siglo I se le atribuye a Clinton, pero esta versión es mucho más divertida.
Cansadísimo de que las encuestas lo diesen posible perdedor en las elecciones, Menem llamó al SIDE.
–*Mándenme al mejor hombre que tengan.*
Tres horas después, el agente más audaz y astuto estaba en el despacho del presi.
–*Mire, viejo, la cosa es muy sencilla. Quiero que recorra todo el país. Quiero que vaya a cada pueblo, a cada capital de provincia. A los lugares más lejanos. No puedo creer en lo que dicen los que me rodean. Para ellos todo está bien.*
–¿Entonces?
–*Quiero que averigüe qué es lo que la gente desearía que pasase en este despacho de la casa de gobierno para que los dejara satisfechos. ¿Ha entendido?*
Dos meses después el hombre del servicio secreto regresó al despacho del presidente.

–¿*Ha averiguado qué es lo que la mayoría de los argentinos quieren?*
–Así es, señor.
–*Muy bien, ¡exprese el deseo de la gente!*
El agente dio un paso atrás, sacó la pistola... y lo meó.

Los homosexuales al poder: *ya tenemos la Casa Rosada.*

¡¡¡Estoy muuuuuy caliente!!!
Un bonzo

¡Y sin embargo se mueve!
(Resultado del encefalograma de Pepe Muleiro)

Un español (madrileño) que *odiaba* a los gallegos se encuentra una lámpara con un genio dentro. El Genio dice:
–Te concedo tres deseos.
–*Que toda la provincia de Galicia se hunda en el mar.*
El genio hace un ademán y *¡zas!*, toda la provincia de Galicia desaparece bajo las aguas.
–¿El segundo?
–*Que Galicia, ahora toda desierta de gente, vuelva a emerger del mar.*
¡Zas! Y Galicia emerge sin una sola alma.
–¿El último?
–*Que Galicia se vuelva a hundir.*
–Hombre, pero eso no es lógico. ¿Por qué quieres eso de nuevo?
–*Para que todos los gallegos que estaban fuera de Galicia y que han ido a ver qué ha pasado en su provincia, se hundan ahora ellos.*

Un francés desayunaba tranquilamente en el bar del hotel en Niza.
Un típico norteamericano, mascando chicle, se sienta a su lado. El francés ignoró al americano.
–*¡Sorry!* ¿Usted se come todo el *bread?*

–¡*Oui, por supuesto!*
–Nosotros, no. Nosotros sólo comemos la miga. La parte de afuera la ponemos en un container, la reciclamos, la transformamos en *croissants* y la exportamos a Francia.

El francés escuchaba en silencio, imperturbable.
El americano insistió:
–¿Y ustedes se comen la mermelada *with* el pan?
–*Oui, por supuesto.*
–Nosotros, no. Nosotros, al *breakfast* comemos fruta *fresh* y ponemos la cáscara y las semillas en un container, las reciclamos, la transformamos en mermelada y la exportamos aquí, a Francia.

El francés, ya un tanto alterado, pregunta:
–*Y ustedes, ¿qué hacen con les condones después de usarlos?*
–Los tiramos a la basura, desde luego.
–*Nosotros, no. Nosotros los ponemos en un container, los reciclamos, los transformamos en chicle y los exportamos a los Estados Unidos. ¡Adieu, monsieur!*

–¿Cómo se sabe que uno está en una boda gallega?
–*La madrina aparece con una raqueta para juntar el arroz.*

–¿Sabes qué le dicen las mujeres a los que tienen la polla bien grande?
–*No.*
–Yo sí.

Resulta que había un trolo que tenía el culo muy roto, ya no podía aguantar más. Le dan un dato de un médico que hacía transplantes de culo y hacia allá se dirige.

El médico lo revisa y decide que estaba todo bien para el transplante, así que manos a la obra, consiguen un culo en buen estado y lo operan.

Después de varios días de recuperación en la clínica y de realizar todas las pruebas, el médico decide que está para ser dado de alta. Le dice:

—*Bueno, amigo, ya está listo para salir. Esta operación nos costó mucho trabajo así que espero que ahora lo cuide bien.*

Y el trolo responde:

—*Ni lo sueñe, doctor, si no cuidé el otro que era mío, ¡menos voy a cuidar éste!*

En la Argentina no puede existir el Sida. Hay 32 millones de forros.

—¿Cuál es el refresco preferido de Mónica Lewinsky?

—*Semen Up.*

Al fin y al cabo un espermatozoide *es una partícula de polvo.*

—¿Qué tal te fue en la pelea de sumo?

—*Horrible. Primero se me paró enfrente un monstruo de 500 kilos, me puso una mano en la nuca, la otra en la espalda, un pie sobre mi culo, el otro sobre mi nariz. De repente, vi enfrente de mí un pene.*

—¿Por que no se lo mordiste?!?!

—*No jodás... ¡¡¡Si era el mío!!!*

Había una vez una viejita que vivía en el séptimo piso, y una noche se le apareció un Genio y le dijo:

–Viejita, por cumplir sus cien años le voy a conceder tres deseos.
Emocionada solicitó el primero:
–*Quiero tener treinta años; el segundo: quiero que mi departamento se vuelva penthouse; y el tercero que mi gato se convierta en un príncipe.*
El genio le concede sus deseos y se va. La nueva viejita se queda feliz con su príncipe y este mismo le dice:
–Ahora... ¿no te arrepientes de haberme *castrado*?

Antes de criticar a otro, debes caminar diez kilómetros en sus mocasines. (*Proverbio indio*)
¡Claro! ¡¡Así, si se llega a enojar, está a diez kilómetros y descalzo!! (Pepe Muleiro)

El jorobado Valdez, un paraguayo bastante optimista, iba comiéndose un yogur y cantando:
–*¡Soy la flor más bella de este mundo... soy la flor más hermosa, la más linda!*
Al escucharlo, el Boca de Polenta le gritó:
–¿Y lo de la espalda que es, che paraguayo? *¿La maceta?*

Dos gallegos fueron a asaltar un banco. Encerraron a todo el mundo en un baño y se fueron directo a la sala de los cofres de seguridad. Allí, Manolo forzó la cerradura del primero, al abrirlo exclamó:
–¡Paco, ven acá! Este cofre no tiene dinero. ¡Está lleno de yogur!
–*Bueno, Manolo, si lo guardaron aquí debe ser un yogur muy bueno, ¡pues comámoslo todo, joder!*
Después de comerlo todo, Manolo partió para forzar el segundo cofre.
–¡Coño! ¡Yogur de nuevo! ¿Y ahora, Paco?
–Y bueno, Manolo, ¡comámoslo también!
Y los dos comieron hasta que no aguantaban más,

entonces Paco fue hacia el tercer cofre y lo abrió.

–*Putas... que lo parió... ¡yogur de nuevo! ¿A qué porquería de banco me has traído, que sólo tienen yogur?*

–Pues ahí bien claro lo dice: *Banco de esperma...*

Sherlock Holmes y el doctor Watson se fueron en un viaje de camping. Después de una buena comida y una botella de vino se despidieron y se fueron a dormir. Horas más tarde, Holmes se despertó y codeó a su amigo:

–Watson, mira el cielo y dime qué ves...

–*Veo millones y millones de estrellas...*

–¿Y eso qué te dice?

–*Astronómicamente, me dice que hay millones de galaxias y potencialmente billones de planetas, astrológicamente, veo que Saturno esta en Leo. Cronológicamente, deduzco que son aproximadamente las tres y diez. Teológicamente, puedo ver que Dios es todopoderoso y que somos pequeños e insignificantes. Meteorológicamente, intuyo que tendremos un hermoso día mañana... ¿Y a usted qué le dice?*

Tras un corto silencio, Holmes habló:

–Watson, eres un imbécil... ¡nos han robado la carpa!

Pedos

El tonto: Se tira un pedo dormido y se levanta a ver quién toca a la puerta.

El engreído: Adora el olor de sus propios pedos.

El amigable: Adora el olor de los pedos ajenos.

El orgulloso: Cree que sus pedos son los mejores.

El prepotente: Cree tener derecho a tirarse los pedos más fuertes.

El caradura: Se tira un pedo y después se ríe.

El científico: Embotella un pedo para examinarlo luego.

El desgraciado: Intenta, con todo entusiasmo, tirarse un pedo y después se caga.

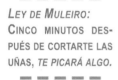

LEY DE MULEIRO: CINCO MINUTOS DESPUÉS DE CORTARTE LAS UÑAS, *TE PICARÁ ALGO.*

EL HUMOR ES LA OPORTUNIDAD QUE TIENEN TODOS LOS HOMBRES DE *VOLVER EN SÍ.*

–¿CUÁL ES EL PAÍS MÁS INÚTIL DEL MUNDO?

–*PAKISTÁN.*

El cínico: Se tira un pedo y te mira fijo.

El nervioso: Se para cuando se tira un pedo.

El honesto: Se tira un pedo previo aviso.

El cobarde: Se tira un pedo y le echa la culpa a otro.

El idiota: Confunde un pedo con un suspiro.

El avaro: Se guarda los pedo adentro.

El prevenido: Siempre tiene un pedo en puerta.

El inconsciente: Se tira un pedo después de purgarse.

El músico: Se tira un pedo sinfónico y lo acompaña con una carcajada.

El desilusionado: Piensa tirarse un pedo fenómeno y le sale un pedito que ni siquiera tiene olor.

El estratega: Cubre el ruido de sus pedos moviendo una silla o tosiendo.

El inteligente: Descubre la comida de sus vecinos por el olor de sus pedos.

El sincero: Se tira un pedo delante de la novia.

El iluso: Goza con los pedos de los demás y piensa que son suyos.

El vivo: Se tira un pedo y pregunta quién se cagó.

El perverso: Se tira un pedo en la cama y sacude las sábanas para que huela su mujer.

El infantil: Se tira un pedo en la bañadera y se divierte mirando las burbujitas.

Entró en un bar un viejo cowboy, vestido muy de cowboy. Pidió un trago en la barra. Mientras bebía su whisky, una joven se acomodó a su lado.

–*¿Es usted un vaquero de verdad?*

–Bueno, he pasado toda mi vida en un rancho, enlazando vacas, domando caballos, construyendo y arreglando cercas, por lo que creo que lo soy.

Después de un rato él le pregunta a ella qué es. Ella responde:

–*Yo nunca he estado en un rancho. Soy lesbiana. Paso el día entero pensando en mujeres. Me despierto en la mañana pensando en mujeres, cuando como, pienso en mujeres, bañándome, viendo la te-*

le, todo me hace pensar en mujeres.
Un rato después ella se marchó y un joven se sentó a su lado.
—¿Es usted un vaquero de verdad?
—Yo siempre pensé que lo era, pero me acabo de dar cuenta de que *soy lesbiana.*

La vasca Marutxa era tan, pero tan celosa, que cuando su marido fue a sacar el pasaporte, *ella salió con él en la foto.*

—Doctor, mi mujer tiene un problema auditivo grave. Es muy terca y no hay manera de convencerla para que venga a atenderse. ¿Por qué no me recomienda unos audífonos?
—No, si no la reviso no puedo saberlo. Va a tener que venir ella.
—Ni lo piense, doctor. Ella jamás vendrá, le teme a las revisaciones.
—Bueno... está bien. Hagamos otra cosa, ¿cómo se llama su mujer?
—Amanda, doctor...
—Bueno, ahora usted vuelve a su casa, ni bien abre la puerta la llama por su nombre. Si ella no le contesta, se acerca unos pasos y la llama de nuevo. Si tampoco le contesta, se acerca otro poco. Así hasta que le responda. Después usted mide la distancia a la que ella le contestó, me llama por teléfono y me pasa los datos, ¿de acuerdo?
El tipo vuelve a su casa, abre la puerta y grita:
—¡Amandaaa!
No pasa nada. Camina unos pasos y vuelve a gritar:
—¡Amandaaa!
Y nada... Sigue caminando hasta estar detrás de su mujer, y le dice:
—¡Amandaaa!
Entonces oye:

–¡Hace media hora que te estoy contestando: ¡¡¡sordo de mierda!!!

Muere Menem. Dios y el Diablo pelean. Ninguno lo quiere recibir. Gran batahola. Discusiones. Hasta que a alguien se le ocurre que Menem alterne un mes en el cielo y otro en el infierno.

El primer mes, Menem va al cielo. Dios no sabe qué hacer, se vuelve loco.

El riojano le da vuelta todo: privatiza los elementos de la oración y liturgia, disuelve el sistema de asesoría personal de los ángeles, subasta las nubes, le regala un kilómetro cuadrado de cielo al Infierno, nombra arcángeles provisionales, les interviene las comunicaciones a los santos y envía un proyecto de ley a los apóstoles para reformar los diez mandamientos y darle amnistía a Lucifer. En el cielo todo es privatizado, *hasta los santos lo odian.*

Cuando Menem va al infierno, Dios respira aliviado, pero al acercarse el día 20 comienza a sufrir nuevamente pensando que pronto tendrá que volver a verlo. Sin embargo, llega el primer día del siguiente mes y nada, el quinto día y nada, no aparece.

Dios decide llamar por teléfono al Infierno para preguntarle al diablo qué es lo que ocurre.

–Por favor, ¿me da con el demonio?

–¿Cuál de los dos? ¿El colorado con cuernos o el negro de mierda?

327

LOS BOLUDOS DEL SIGLO

Usted, ¿qué clase de boludo es?

En la Argentina a un tipo desenfrenadamente imbécil se le dice *boludo*. En España, *gilipollas*; en Estados Unidos, *nerd*; en México, *pendejo*. También se les dice *huevones, giles, pelmazos, mamilas o estúpidos*. En todos los casos, *religiosamente*, son unos *reverendos boludos*.

Boludo abanderado: Va delante de todos los boludos.

Boludo abatido: No ganó el concurso de boludos por boludo.

Boludo absorto: Hace una boludez y se queda pensando.

Boludo abúlico: Hace boludeces sin apuro.

Boludo acelerado: ¡Ahí viene el boludo! ¡El boludo ya pasó!

Boludo agónico: Boludo hasta la muerte.

Boludo cotillón: Es un boludo alegre.

Boludo alérgico: Si no hace boludeces, se brota.

Boludo amansado: "Y... aquí... boludeando".

MULEIRO EN EL BAR.
—*DADME UN PUNTO DE APOYO Y ME BEBERÉ OTRO VINO.*

MULEIRO DE RODILLAS:
—*DIOS ME PERDONARÁ. ES SU OFICIO.*

CONSEJO DE PEPE MULEIRO:
SI LA SOCIEDAD TE DA LA ESPALDA... *TÓCALE EL CULO.*

Boludo amaestrado: Si le gritan "¡Boludo!", da la patita.

Boludo ambicioso: Sueña con llegar a ser *muy boludo.*

Boludo ametralladora: Es ta-ta-ta-ta-ta-ta, ¡tan boludo!

Boludo amigable: Se hace amigo de todos los boludos.

Boludo analizado: Necesita que le expliquen qué es boludo.

Boludo anestesia: Boludo inconsciente.

Boludo antena: Recepciona toda la boludez que hay en el aire.

Boludo aplicado: Se preocupa por aprender boludeces.

Boludo aritmético: Hace boludeces cada 2 x 3.

Boludo atlético: Hace 1000 boludeces en 1'12''.

Boludo auxiliar: Ayuda a todos los boludos.

Boludo benigno: No hizo falta extirparle la boludez.

Boludo barrabrava: ¡Qué boluuuu! ¡Qué boluuuu!

Boludo bromista: Cree que ser boludo es una joda.

Boludo bus: Con capacidad para 20 boludos sentados y 40 parados.

Boludo camaleón: Según con quien esté, es boludo, muy boludo, tremendamente boludo o irremediablemente boludo.

Boludo campana: Es ton, tan, ton, ¡tan boludo!

Boludo canonizado: Es San Boludo.

Boludo cash: Hace boludeces y queda pagando.

Boludo cagón: Hace boludeces y le salen para la mierda.

Boludo ceremonioso: Pide permiso para decir boludeces.

Boludo changuito: Cuando hace boludeces no le importa que lo carguen.

Boludo Chiquititas: Haga la boludez que haga, desentona.

UN HUEVO LE DICE A UN TOMATE:
—¿QUÉ VAS A SER CUANDO SEAS GRANDE?
—UN TOMATÓN, ¿Y VOS?
EL HUEVO SE PUSO A LLORAR...

— — — — —

CUANDO MI MADRE Y MI PADRE SE CASARON TODOS ÉRAMOS JÓVENES: ÉL TENÍA 18 AÑOS, MI MAMÁ 16 Y YO 3.

— — — — —

PEDIDO DEL GALLEGO PACO:
—DIME CON QUIEN ANDAS... Y SI ESTÁ BUENA, ME LA MANDAS.

— — — — —

Boludo chismoso: Cuando hace una boludez se entera todo el mundo.

Boludo cholulo: Le pide autógrafos a cuanto boludo se le cruza.

Boludo chupacirios: Confiesa sus boludeces.

Boludo clavel: ¡Flor de boludo!

Boludo Compacto: ¡Q' bolú!

Boludo comunista: Quiere que todos sean tan boludos como él.

Boludo con anteojos: Boludo en aumento.

Boludo conservador: "Yo nací boludo y no quiero otra cosa que morir boludo".

Boludo converso: Antes era pelotudo.

Boludo cortés: "¿Me permitiría una boludez?".

Boludo creyente: Cree en un montón de boludeces.

Boludo de alto vuelo: Antes de hacer una boludez dice: "¡Su atención, por favor!".

Boludo de boda: Es boludo en la pobreza y en la riqueza, en la salud y en la enfermedad.

Boludo de emergencia: Es el boludo que uno tiene cerca… por si acaso.

Boludo del Proceso: Boludo y humano.

Boludo depresivo: "¡Si yo fuera más boludo me iría mucho mejor!".

Boludo de referencia: Este es un boludo tan fácil de distinguir que se lo usa para dar direcciones: "*¿Ve aquel boludo que está allá? A la derecha*".

Boludo desertor: Ahora es un imbécil.

Boludo destrozón: Boludo y rompebolas.

Boludo diabético: Si uno es muy dulce con él, el muy boludo se muere.

Boludo disidente: Está exiliado por boludo.

Boludo disléxico: "¡Soy un dolubo!".

Boludo divo: Boludo con todas las luces.

Boludo ecuánime: Es igual de boludo con todo.

Boludo ejecutivo: Le decís una boludez y te asciende.

Boludo elefante: Si le dicen boludo, se entrompa.

Boludo en desgracia: Ya ni se aviva de que es boludo.

Boludo enciclopédico: Sabe un montón de boludeces.

Boludo equilátero: Vista su boludez desde tres lados, siempre tiene la misma magnitud.

Boludo estatua: Es el monumento al boludo.

Boludo estupefacto: ¡No puede creer lo boludo que es!

Boludo evolucionado: Ya es un boludo virtual.

Boludo fanfarrón: "Nadie, ¡entiéndanme bien! Nadie es más boludo que yo".

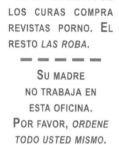

DECÍA MULEIRO:
—EL 60 POR CIENTO DE LOS CURAS COMPRA REVISTAS PORNO. EL RESTO *LAS ROBA.*

SU MADRE NO TRABAJA EN ESTA OFICINA. POR FAVOR, *ORDENE TODO USTED MISMO.*

Boludo fantasma: ¡Buoooooooooludo! ¡Bolhuuuuuudo!

Boludo fascista: Todos deben ser tan boludos como él.

Boludo fatalista: Yo no podría ser otra cosa que boludo.

Boludo fosforescente: Hasta en la oscuridad se nota que es boludo. Apagá la luz y mirate las manos.

Boludo kantiano: A veces duda de que es boludo.

Boludo garante: Para salir de garante sí que hay que ser boludo.

Boludo gardeliano: Cada día boludea mejor.

Boludo homeopático: Se nota que es boludo pero muy de a poquito.

Boludo impaciente: Antes de terminar una boludez, ya está pensando otra.

Boludo incapaz: Hace boludeces… pero mal.

Boludo increíble: ¿Cómo se puede ser *tan* boludo?

DECÍA LA PACA MULEIRO:
—VIVE CON TUS PADRES HASTA QUE PUEDAS VIVIR CON TUS HIJOS.

—¿SABES, PACO? LO PEOR DEL SUICIDIO ES QUE SI TE GUSTA, NO PUEDES REPETIR.

337

Boludo Internet: www.boludo.com.

Boludo jabonoso: Le resbala ser tan boludo.

Boludo jubilado: Vive recordando, como un boludo, los tiempos en los que era mucho más boludo.

Boludo neutro: Cuando le pregunta si es boludo, contesta: *"Bueno, ni sí, ni no"*.

Boludo Nike: Just do boludeces.

Boludo Judas: Hace una boludez y se lava las manos.

Boludo quiosco: Está lleno de boludeces.

Boludo Lázaro: Se levanta y anda para hacer boludeces.

Boludo legal: Hizo poner en su documento, *Profesión: boludo.*

Boludo limítrofe: Vive al borde de las boludeces.

Boludo Paulo Coelho: Escribe un montón de boludeces.

Boludo madrugador: Boludo, pero al pedo.

Boludo maduro: Se cae de boludo.

Boludo malabar: Siempre está haciendo equilibrio entre la boludez y la pelotudez.

Boludo mamarracho: Hace boludeces que no se entienden.

Boludo matón: Te amenaza con boludeces.

Boludo menemista: Hace sólo boludeces pero ya a nadie le importa.

Boludo Mc Donald's: Cada boludez sale con fritas.

Boludo menstrual: Boludo en toda la regla.

Boludo meteorológico: Boludea llueva o truene.

Boludo mimado: Todos le dicen "boludito".

Boludo místico: ¡Dios! ¡Qué boludo!

—¿SABES QUÉ SUCEDE, PEPA? NO ES QUE EL GALLEGO MANOLO SEA FEO: *ES INCÓMODO DE VER.*

—NO PIENSES EN MÍ COMO TU JEFE, PACO. PIENSA EN MÍ COMO EN UN AMIGO QUE *SIEMPRE TIENE RAZÓN.*

Boludo MTV: Hace boludeces cortitas, muy rapidito y a todo volumen.

Boludo navideño: Es boludo hasta las bolas.

Boludo Neardenthal: Antes era un animal.

Boludo Ogino: Es boludo algunos días de cada mes.

Boludo necesitado de ternura: "¡Decime que soy un boludo, mamita!".

Boludo avestruz: Más que boludo, huevón.

Boludo objeto: Sólo lo quieren por su boludez.

Boludo optimista: Cree que no es boludo.

Boludo Papá Noel: Hace una boludez al año, pero no te la olvidás nunca.

Boludo pasmado: "¡No puedo ser *tan* boludo!".

Boludo perplejo: "¿Yo? ¿Boludo yo? ¿Yo boludo?".

Boludo pesimista: Cree que sólo él es boludo.

Boludo Picasso: Cada boludez la pone en un marco.

Boludo sangre azul: Es hijo, nieto y bisnieto de boludos.

Boludo semáforo: En cada esquina hace una boludez.

Boludo polaroid: Instantáneamente boludo.

Boludo por cable: Más de 66 opciones de boludo.

Boludo predestinado: Nació con tres bolas pero lo operaron.

Boludo predicador: Todos los boludos son sus hermanos.

Boludo prelavado: Hace boludeces y no se achica.

Boludo profiláctico: Además de boludo es un forro.

Boludo reversible: Lo mires por donde lo mires es un boludo.

—TE DIRÉ, MANOLO: YO PREFIERO LOS GATOS A LOS PERROS PORQUE *NO HAY GATOS POLICÍAS.*

SABIDURÍA GALLEGA: PRIMERO NOS GUSTAN TODAS; DESPUÉS SÓLO UNA; Y FINALMENTE, TODAS MENOS UNA.

Boludo regresivo: Para que haga una boludez faltan 5-4-3-2-1...

Boludo Seven Up: La imagen no es nada, la boludez es todo.

Boludo Sheakspeare: Cada acto de boludez es un drama.

Boludo Sherlock Holmes: Elemental, boludo.

Boludo silencioso: ¡Callate, boludo!

Boludo Sinatra: La Voz de los boludos.

Boludo Canal Sony: Cada media hora una boludez diferente.

Boludo submarino: Profundamente boludo.

Boludo suicida: "Señor juez: sé que esto es una boludez".

Boludo sutil: Ni él se da cuenta de sus boludeces.

Boludo telegráfico: Es b-o-l-u-d-o.

Sɪ LA SOCIEDAD TE DA LA ESPALDA, MUÉSTRALE EL CULO.

–¡¡¡No VAMOS A PAGAR LA DEUDA EXTERNA CON RECESIÓN!!! ELLOS SÓLO ACEPTAN DÓLARES.

EL DULCE ES LA SAL DE LA VIDA.

¿Es CIERTO QUE LOS BUZOS TRABAJAN BAJO PRESIÓN?

GRAFFITIS A DOMICILIO. DEMOSTRACIÓN SIN CARGO.

¿HAY VIDA ANTES DEL CAFÉ?

UNA PREGUNTA: ¿HAY PECES VIVOS EN EL MAR MUERTO?

Boludo tenaz: Es boludo y es boludo y es boludo...

Boludo testaferro: Da la cara por otros boludos.

Boludo trasvesti: Esconde una boludez.

Boludo tirabuzón: Siempre se destapa con alguna boludez.

Boludo tortilla: Primero rompe los huevos y después hace boludeces.

Boludo vestido de seda: Boludo queda.

Boludo víctima: Cree que es un pobre boludo.

Boludo virtuoso: Con una sola mano.

Boludo vocacional: Eligió ser boludo.

Boludo xenófobo: La mejor boludez está en su país.

Boludo Zip: Diez veces más boludo de lo que parece.

Boludo Zorro: Te deja marcado para toda la vida.

Índice

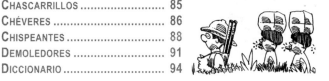

¡HASTA EL MILENIO QUE VIENE!